A MELHOR HORA PRA VOCÊ

CARO LEITOR,

Queremos saber sua opinião sobre nossos livros.
Após sua leitura, acesse nosso *site* (www.editoragente.com.br),
cadastre-se e contribua com sugestões, críticas ou elogios.
Boa leitura!

JENNIFER ACKERMAN

A MELHOR HORA PRA VOCÊ

ENTENDA POR QUE VOCÊ FUNCIONA MELHOR EM DETERMINADOS HORÁRIOS DO DIA

Tradução de Irati Antonio

Editora Gente

Editora
Rosely M. Boschini

Coordenação editorial
Fernando Fernandes

Assistência editorial
Rosângela Barbosa

Produção
André Medella

Capa
Designing

Foto de capa
Getty Image

Projeto gráfico
Neide Siqueira

Editoração
Join Bureau

Revisão
Veridiana Maenaka

Título original: *Sex sleep eat drink dream*

Editora Gente.
Rua Pedro Soares de Almeida, 114
São Paulo, SP – CEP 05029-030
Telefone: (11) 3670-2500
Site: http://www.editoragente.com.br
E-mail: gente@editoragente.com.br

Dados Internacionais de Catalogação na Publicação (CIP)
(Câmara Brasileira do Livro, SP, Brasil)

Ackerman, Jennifer
A melhor hora pra você : entenda por que você funciona melhor em determinados horários do dia / Jennifer Ackerman ; tradução de Irati Antonio. – São Paulo : Editora Gente, 2008.

Título original: *Sex sleep eat drink dream : a day in the life of your body*
Bibliografia.
ISBN 978-85-7312-613-6

1. Corpo humano – Obras de divulgação 2. Filosofia humana – Obras de divulgação I. Título.

08-06311 CDD-612

Índices para catálogo sistemático:
1.Corpo humano : Obras de divulgação 612

Para meu pai,
William Gorham,

COM AMOR

SUMÁRIO

ANOITECER

NOITE

Reverencio meu corpo, esta matéria à qual estou confinado... Falo de mistérios!

Henry David Thoreau

PRÓLOGO

Você é o seu corpo. Ele contém e sustenta você. Ele limita e controla você, ele lhe traz prazer e também repulsa. Não obstante, suas atividades são em grande medida um mistério para nós. Se não, vejamos: em maior ou menor grau, todos temos consciência de nosso corpo, todos temos uma clara noção de nossa aparência física – a simetria e as rugas do rosto, o contorno do torso, o volume das coxas, o tamanho da barriga, a imagem dos pés. No entanto, quantos de nós conhecemos o drama que se desenrola por dentro? Como disse Santo Agostinho, saímos em busca das maravilhas que existem no alto das montanhas e no curso das estrelas, mas passamos pelo milagre de nossa vida interior sem nos maravilhar. No que diz respeito à saúde, em geral o corpo funciona tão suavemente que quase esquecemos de sua existência. Na maioria das vezes, é algum problema ou distúrbio que chama a nossa atenção. Na verdade, muitos de nós preferem *não* saber o que se passa dentro do nosso corpo. Para esses, não ter notícias é um bom sinal.

Nem sempre. Algum tempo atrás, sucumbi a uma gripe virulenta depois de um período estressante em minha vida. A gripe sugou todas as minhas energias e roubou todos os aspectos de minha existência física que mais prezo: a satisfação com o trabalho e o exercício, o cheiro doce de minhas filhas e outros prazeres sensitivos, o apetite, o sono repousante. Quando me recuperei da doença, senti não apenas alívio e alegria por ter meu corpo de volta, como também um súbito e profundo desejo de saber mais sobre ele. Qual era a natureza daqueles prazeres que meu corpo saudável tanto aprecia? E dos problemas que eventualmente o atormentam? Percebi que eu não fazia a menor idéia do que se passava dentro de mim, seja na doença, seja na saúde. Eu não sabia, por exemplo, o que determina a digestão e o que vem antes dela, a fome – aquele processo misterioso que transforma a ausência de nutrientes em voracidade por comida revigorante –, ou a sua antítese, a náusea. Eu não tinha nem a mais nebulosa idéia do que um vírus poderia fazer ao meu corpo, ou do que o álcool fazia ao meu cérebro, ou do que o estresse acumulado era capaz de fazer à minha energia e saúde. Eu sabia que meu corpo fazia algumas coisas de modo mais eficiente pela manhã, outras à tarde ou à noite, mas não tinha sequer uma vaga idéia do porquê.

Muito embora aquela gripe tenha sido uma experiência mortalmente dolorosa, ela me mostrou que o ir-e-vir de minha existência ocorreria nessa mesma carcaça de pele, osso e sangue; a parte do "ir", é claro, revelava-se mais próxima a cada dia. Mesmo as pessoas mais longevas vivem apenas cerca de 700 mil horas. Meu corpo existiria somente uma vez; eu jamais teria outro. Não seria uma boa idéia conhecê-lo um pouco?

Quando eu estava no primeiro grau, tinha uma tênue noção de minha vida interna. Eu sabia que o meu coração batia em algum lugar dentro do meu peito, no lado esquerdo, perto de onde eu colocava a mão para jurar obediência. Eu sabia que ao escovar o cabelo, eu estava eliminando células mortas, um conhecimento grotesco que eu compartilhava com amigos sempre que podia. Eu sabia que o que o meu estômago deglutia como um pequeno lanche – digamos, um saquinho inteiro de uvas-passas – poderia ter conseqüências. Eu sabia que ficaria mal-humorada se não tirasse uma soneca. Além desses fatos, eu não dava muita atenção ao assunto. E assim continuei, mais ou menos, por trinta anos. Então veio aquela gripe que me atingiu como um relâmpago na estrada para Damasco.

Para remediar a minha ignorância, logo pensei em uma faculdade de medicina. Assim, eu me imaginei perscrutando todo o manual médico *Gray's Anatomy* [Anatomia do doutor Henry Gray], memorizando nervos e ossos, cuidadosamente examinando as revistas médicas *Lancet* e *New England Journal of Medicine* [Revista de Medicina da Nova Inglaterra] em busca de estudos de caso que descrevessem misteriosas síndromes clínicas: "Uma menina de 10 anos de idade apresentando ataques recorrentes de dores abdominais" ou "Um homem de 22 anos de idade com calafrios e febre após uma viagem à América do Sul". A medicina tinha o atrativo de um trabalho de detetive: observar bem de perto, analisar, diagnosticar, oferecer tratamento. Entretanto, começar um curso de medicina a partir do zero aos 35 anos de idade impossibilitaria uma vida normal, ainda mais tendo duas filhas.

Além disso, eu sabia mais uma coisa sobre o meu corpo. Faltava a ele o pré-requisito orgânico para enfrentar a rotina exigida dos médicos: ele precisa de sono. Na noite anterior ao início de um curso pré-médico de dois anos de duração, sonhei que eu caía de uma ponte e mergulhava de cabeça em um atoleiro de lama. De manhã, cancelei meus planos de freqüentar uma escola de medicina.

Outra década se passou antes de eu abordar o tema como escritora. Ao longo dos vários anos que se seguiram, empreendi uma verdadeira caçada a notícias mais recentes e interessantes sobre o corpo humano. Li dezenas de livros e centenas de revistas. Espreitei os laboratórios de cientistas e acompanhei suas conferências, reuniões e palestras. Observei fenômenos significativos em meu corpo e o submeti a numerosos exames e experimentos.

Descobri que foi muito bom esperar todo esse tempo, pois boa parte de nosso conhecimento sobre o corpo humano só foi adquirida recentemente, a partir de uma explosão de novas descobertas. Nos últimos cinco ou dez anos, a ciência tem dado grandes saltos para compreender o funcionamento de tudo no corpo humano, da fome e da fadiga ao exercício, percepção, sexo, sono e humor. Hoje, temos informações sobre o corpo que raramente seriam imaginadas uma década atrás – para ser mais exata, quais regiões cerebrais são ativadas enquanto você lê esta frase, por exemplo, ou o que o estresse acumulado faz à sua cintura, ou como o exercício pode ajudá-lo a aprender. Esses novos achados sugerem respostas a perguntas que antes pareciam fora do alcance da ciência: por que você sucumbe a um resfriado e o(a) seu(sua) companheiro(a) não, muito embora vocês dois tenham sido expostos à mesma criança doente? Existe uma base biológica que explique as discussões conjugais sobre se aquela calça vermelha combina com uma camisa roxa? Como é possível que sua amiga possa comer tudo o que quiser sem jamais engordar um grama sequer, enquanto basta você olhar um doce para adquirir mais meio quilo?

Na última década, descobrimos que o corpo humano[1] é somente 1% humano e 99% microbiano, pelo menos em termos de contagem celular. (O fato de você e eu não *parecermos* um germe deve-se ao pequeno tamanho das células bacterianas em relação ao nosso próprio tamanho.) Sabemos que apenas pensar em exercício pode aumentar a força muscular e que dormir muito pouco pode levar a um grande aumento de peso. Começamos a compreender que "o tempo é tudo"[2] – se você deseja que seu corpo atravesse a vida em sua melhor forma, é preciso prestar muita atenção não apenas ao que você faz, mas também a quando você faz.

Alguns desses conhecimentos resultaram de estudos de caso, nos quais as funções corporais normais falharam. Como afirmou o anatomista inglês do século XVII Thomas Willis:[3] "De nenhuma maneira a natureza está mais abertamente acostumada a mostrar seus mistérios secretos do que nos casos em que ela deixa rastros de seu funcionamento fora do caminho habitual". Ao estudar um apetite errático, divisamos a essência química da fome. De um distúrbio em reconhecer rostos, recolhemos novos *insights* sobre o milagre da percepção facial; de uma pessoa que perdeu a capacidade de tocar, descobrimos a biologia do carinho.

Outros avanços científicos resultaram de instrumentos inovadores que permitiram ver o corpo por dentro. Em séculos passados, os estudos exigiam que se fizesse uma lesão bizarra para expor as vísceras até então ocultas de um paciente infeliz. A coisa mais parecida que tínhamos com uma verdadeira janela para o funcionamento de um órgão era acidental – um buraco imprevisto no estômago do caçador de peles canadense Alexis St. Martin, por exemplo, ofereceu a um médico do exército chamado William Beaumont uma visão íntima do órgão digestivo em plena atividade. Depois disso, surgiram as primeiras fotografias de raios X, já no século XX, que produziam imagens claras, porém estáticas, dos ossos em seu invólucro enevoado de carne. Nos últimos dez ou vinte anos, novas tecnologias de imagem – tomografia por emissão de pósitrons (PET) e imagem de ressonância magnética funcional (fMRI) – e métodos para "ouvir" as atividades das células têm permitido uma visão detalhada do interior do corpo vivo. Imagens cerebrais jogaram uma luz clara sobre o que acontece no cérebro em tempo real quando reconhecemos um rosto, aprendemos uma nova língua, caminhamos por uma cidade bizantina, acompanhamos uma sonata de Bach ou ouvimos uma piada. Por meio de instrumentos que nos permitem espionar as células do intestino humano, descobrimos a existência de um "segundo cérebro" ali, além de um mundo de organismos que vivem em sua topografia entrelaçada de pêlos e criptas.

Enormes saltos na genética têm nos ajudado a explorar de uma maneira inteiramente nova o funcionamento básico de órgãos, tecidos e células. Uma grande parte dos novos conhecimentos sobre os genes humanos tem sido obtida por meio de estudos de outros organismos: ratos, moscas-das-frutas, peixes-zebras (ou bandeiras-paulistas). Para a alegria dos cientistas, os mecanismos que regem as criaturas, dos fungos aos seres humanos, com freqüência compartilham uma base comum. O que vale para uma ínfima levedura vale para você também.

Entre as novas descobertas mais fascinantes está esta: uma parte essencial de nossa vida interna tem um ritmo. "Nosso corpo é como um relógio", escreveu o estudioso Robert Burton[4] em 1621. É verdade. Não apenas nossa mente é orientada pelo tempo, nosso corpo também é regido por um ritmo, até o nosso âmago. O corpo humano possui um estoque inteiro de relógios internos que regulam a nossa vida. Esses cronógrafos marcam o tempo em um relógio "mestre" no cérebro e em cada célula por todo o nosso organismo, afetando tudo em nós, da hora que preferimos acordar de manhã à precisão com a qual fazemos nosso trabalho após o meio-dia, nossa velocidade durante a caminhada de fim de tarde e até a intensidade do nosso aperto de mão em uma festa à noite. Em geral, não temos consciência desses ritmos interiores gerados por esses relógios, sentindo-os vividamente apenas quando abusamos deles, seja durante uma mudança de trabalho, seja devido ao *jet lag* ou à adaptação ao horário de verão. Além disso, eles governam as flutuações diárias de uma variedade surpreendente de tarefas corporais, da atividade dos genes até comportamentos complexos – nosso desempenho nos esportes, nossa tolerância ao álcool, a maneira como respondemos a desafios cognitivos. Se você controlar suas ações em consonância com esses ritmos, poderá maximizar o seu desempenho em uma reunião ou minimizar uma dor de dente. Se, porém, rejeitá-los, poderá causar a si mesmo um mal verdadeiro.

Este é um livro sobre a nova ciência de seu corpo, sobre os muitos intrincados e intrigantes eventos que ocorrem em seu interior ao longo das 24 horas do dia. Não existe, é claro, nenhum dia típico. Também não existe nenhuma experiência corporal típica. (Ao usar a primeira pessoa do singular, faço minhas as palavras do escritor norte-americano Henry David Thoreau:[5] "Certamente eu não falaria tanto sobre mim se houvesse alguém mais que eu conhecesse tão bem".) Os físicos podem concordar sobre coisas que são idênticas, como os elétrons e as moléculas de água. Entretanto, os biólogos devem dar conta de uma incrível diversidade. Não há dois animais iguais, mesmo quando se trata de clones. O mesmo vale para duas células e duas moléculas de DNA [sigla de ácido desoxirribonucleico]. Ao mesmo tempo em que pesquisas recentes sugerem que nós, seres humanos, somos geneticamente mais parecidos do que diferentes, somos marcados por milhões de pequenas mas significativas diferenças de anatomia, fisiologia e comportamento. Diferimos em nosso apetite, no metabolismo e na maneira como comemos e vemos. Diferimos na maneira como suportamos o estresse e processamos o álcool, e nas preferências sobre os horários de dormir e acordar. O bálsamo de um homem é veneno para outro. O que é um estímulo para uma mulher é trauma para outra. A noite de um corpo é a aurora de outro.

Até em um mesmo indivíduo, a variação reina. Ao longo de um dia, um ano, uma vida inteira, somos muitas pessoas diferentes. Como disse Montaigne, escritor francês do século XVI, há tanta diferença entre nós e nós mesmos quanto entre nós e os outros.

No entanto, todos nós compartilhamos experiências corporais comuns. Um único volume não consegue abranger todos eles, ou nem mesmo aqueles que ocorrem dentro dos limites de um único dia. A escolha dos temas que aparecem aqui reflete *minhas* preocupações, assim como apenas pressupõe aquilo que será interessante para os outros. Do carinho ao orgasmo, da multitarefa à memorização, do trabalho ao estresse, do desânimo ao sonho, tudo isso está aqui.

REFERÊNCIAS

1. Eckburg, P. B. et al. "Diversity of the human intestinal microbial flora". *Science.* N. 308, 2005, p. 1635-38.

2. __________. "Timing is everything". *Nature.* N. 425, 2003, p. 885.

3. Thomas Willis citado por Oliver Sacks em "To see and not see". *The New Yorker.* 10 de maio de 1993, p. 59.

4. Burton, R. *The anatomy of melancholy.* Disponível em: <www.psyplexus.com/burton/7.htm>. Acesso em: 12/6/2008.

5. Thoreau, H. D. "Economy". In: *Walden and other writings of Henry David Thoreau.* Nova York: Modern Library, 1992, p. 3.

MANHÃ

O brilho de uma nova página onde tudo ainda pode acontecer.

RAINER MARIA RILKE, *O livro das horas*

O DESPERTAR

1

MEUS OLHOS SE ABREM só o suficiente para focalizar o relógio: 5h28 da madrugada, dois minutos antes de o alarme tocar. Exceto pelo distante canto de um pássaro, o mundo está em silêncio. O brilho das estrelas já vai se apagando, mas levará ainda mais uma hora até que os primeiros raios de sol despontem no horizonte.

Talvez você seja igual a mim: antecipa-se ao seu despertador, acorda um ou dois minutos antes de ele disparar. Provavelmente, não foi a suficiência do sono que nos acordou. O que foi, então? Algumas pessoas afirmam que estímulos auditivos sutis[1] são os responsáveis pelo nosso despertar, aqueles sons característicos do amanhecer, como o barulho que se inicia em uma estrada, a passagem de um caminhão de entregas ou até mesmo aquele pequeno clique do relógio imediatamente antes de ele tocar. É verdade que o cérebro é bom em processar sons enquanto dormimos; é por isso que compramos despertadores sonoros. Contudo, não compramos despertadores aromáticos por uma razão igualmente boa. Muito embora algumas pessoas jurem que despertam do sono profundo ao sentir um cheiro pútrido ou o aroma pungente de café sendo coado, um novo estudo sugere o contrário: cientistas da Universidade Brown[2] registraram um completo fracasso de resposta a odores poderosos durante todo o período do sono, exceto em sua fase mais inicial, incluindo a menta e a desagradável e nociva piridina, um componente do alcatrão do carvão muito usado como herbicida para lenha. Portanto, não conte com o nariz para ser a sua sentinela, é o que afirmam os pesquisadores: "O olfato humano não é um sistema confiável capaz de despertar uma pessoa adormecida".

Em todo caso, há firmes evidências que sugerem que os estímulos disparadores podem não estar fora de seu corpo, mas dentro, como um pequeno e extraordinário despertador mental que prepara o cérebro para acordar. Quando Peretz Lavie,[3] pesquisador do sono do Instituto de Tecnologia Technion de Israel, investigava se as pessoas são capazes de despertar sozinhas a uma certa hora sem a ajuda de estímulos externos, ele fez uma descoberta surpreendente: muitos dos participantes acordaram dez minutos antes ou depois da hora determinada, mesmo que fosse às 3h30 da manhã. Esse é de verdade um fato notável de controle do tempo, que provavelmente excede a habilidade de muitas pessoas de dizer a hora enquanto estão acordadas. Um outro estudo[4] mostrou que a simples expectativa de que o sono irá terminar a uma certa hora eleva em 30% a concentração do hormônio do estresse adrenocorticotropina (ACTH) no sangue, um sinal seguro de que o cérebro se prepara para despertar.

Em algumas pessoas, pelo menos, a mente inconsciente marca a hora com cuidado, mesmo enquanto está adormecida, pois assim o cérebro "espera" um acontecimento cronometrado, como a hora marcada para acordar, justamente como ele faz durante o período de vigília, e então libera as substâncias químicas que nos mantêm despertos e em atividade. A antecipação – já considerada uma habilidade exclusiva da mente consciente – pode realmente ocorrer enquanto dormimos, permitindo-nos (ou nos condenando a) despertar espontaneamente à mesma previsível hora.

Falo sobre mistérios!

Contudo, talvez você não tenha esse problema; talvez esteja entre a maioria que acorda sobressaltada com o alarme real de um despertador real, ou com uma música ou o papo acelerado de um DJ disparados por um radiorrelógio. Nesse caso, para você o ritual das manhãs começa com um toque no "botão soneca" para ganhar mais dez minutos de sono. É bem possível que você precise deles – e de mais, até. Em um país como os Estados Unidos,[5] em que os habitantes têm em média menos de sete horas de sono, em vez das desejáveis oito, a maioria das pessoas sofre de certa privação do sono, especialmente durante os dias de trabalho. Infelizmente, as curtas sonecas[6] que você tira entre os alarmes de seu despertador não são restauradoras nem repousantes, afirmam os especialistas, mas sim leves e fragmentadas. Mesmo que você adormeça até o próximo soar do alarme, a sua expectativa de acordar afetará a qualidade de seu repouso.

Existem, é claro, aqueles que obstinadamente continuarão a dormir mesmo sob o alarme mais estridente. Para esses ferrenhos dorminhocos, foi inventada a cama ejetora, cuja patente foi concedida em 1855. Se o desobediente roncador ignorar[7] o alarme embutido na cama, a grade lateral solta-se, inclinando o colchão de maneira que o seu ocupante indolente caia no chão. Outra opção, só um pouco mais humana,[8] é um aparelho recentemente desenvolvido por uma equipe mais inteligente do Instituto de Tecnologia de Massachussets (MIT): trata-se de Clocky, um relógio despertador robótico, recheado de espuma, recoberto de felpa e guarnecido de rodas, que rola da mesa de cabeceira e chispa para um canto obscuro do quarto. A engenhoca é capaz de encontrar um novo esconderijo todos os dias. A árdua tarefa de localizar Clocky, dizem os seus inventores, deve impedir até mesmo o proprietário mais sonolento de voltar para o travesseiro.

Ah, deixar-se ficar mais um minuto naquela fronteira entre a vigília e o sono, conhecida como estado hipnopômpico (do grego *hypnos* – "sono" e *pompé* – "procissão" ou "enviar"), deixar a mente flutuar até a vigília e apreciar a agradável e lenta chegada do dia! Poucas pessoas podem se dar a esse luxo. Se acordar parece ser uma tarefa árdua, é porque ela é; o despertar é acompanhado de breves mas violentas mudanças no batimento cardíaco e na pressão sangüínea, além de uma elevação nos níveis de cortisol, hormônio do estresse.

O estado de vigília estabelece-se vagarosamente. O torpor e a desorientação que aparecem imediatamente após o despertar são conhecidos como inércia do sono, e quase todo mundo é acometido por ela. "O cérebro simplesmente não vai de 0 a 100 em sete segundos", brinca Charles Czeisler,[9] pesquisador da Universidade de Harvard. A maioria das pessoas mostra um fraco desempenho em tarefas mentais e físicas ao amanhecer comparado com o que somos capazes de fazer logo antes de nos recolher à noite. "É irônico", afirma Czeisler, "mas o desempenho cerebral na primeira meia hora após o despertar é pior do que se estivéssemos acordados por 24 horas". Essa preciosa informação foi descoberta de uma maneira custosa pela Força Aérea Americana na década de 1950. Na época, havia sido implantada a prática de fazer os pilotos dormirem no *cockpit* de seus jatos durante a noite, para que pudessem estar prontos para partir em um instante. Assim, os pilotos eram acordados de seu sono e recebiam a ordem de decolar; com isso, o número de acidentes aumentou e a prática foi abandonada.

Quando uma equipe de cientistas[10] formalmente quantificou os efeitos da inércia do sono em 2006, descobriu-se que as capacidades cognitivas dos indivíduos participantes da pesquisa, ao acordarem, eram pelo menos tão ruins quanto se estivessem bêbados. Enquanto a pior inércia do sono desaparece após cerca de dez minutos, seus efeitos podem persistir por até duas horas. A sua gravidade dependerá em parte do estágio do sono no qual você foi despertado. A equipe de Lavie[11] descobriu que as pessoas que emergem do estágio do sono chamado movimento rápido dos olhos (REM) são capazes de, em pouco tempo, orientar-se no ambiente ao redor e tendem a ser mentalmente mais ágeis e conversadoras. O sono REM é uma espécie de portal para o estado de vigília, afirma Lavie, suavizando a transição do sono para o despertar. (Esse estágio também é caracterizado pela ocorrência de sonhos intensos e vívidos, o que pode explicar a memória fresca e lúcida que temos de alguns sonhos ao acordarmos.)

Entretanto, aqueles que experimentam a infelicidade de serem catapultados do profundo sono não-REM direto para o estado de consciência pelo som exasperante de um alarme se sentirão desorientados, com aquela sensação de não saber onde estão. Para suprimir esse despertar tão rude, os Laboratórios Axon para a Pesquisa do Sono desenvolveram uma réplica mais gentil de Clocky chamada SleepSmart[12] [SonoInteligente], que monitora o ciclo do sono e acorda a pessoa adormecida em sua fase mais leve, a do sono REM. Uma faixa usada na cabeça, descrita como "mínima, confortável e macia", é equipada com eletrodos e um microprocessador que medem as ondas cerebrais durante cada fase de seu sono e transmitem essas informações a um relógio próximo à sua cama programado com uma hora de acordar a mais tardia possível. O relógio cuida do resto, despertando você durante a sua última fase de sono leve antes da hora marcada.

Se você saltita ou se arrasta[13] por toda a vigília matutina também depende de seu cronotipo, uma espécie de perfil inspirado nas aves e que descreve a sua natureza rítmica – você pode ser como uma cotovia ou mais parecido com uma coruja. Os cronotipos cotovia emitem o seu canto ao despontar da aurora; as corujas preferem a noite.

Certa vez, ouvi a escritora Jean Auel dizer que o seu cérebro funciona melhor bem depois do pôr-do-sol. Ela começa a trabalhar por volta da meia-noite e termina às 7 horas da manhã, quando vai descansar. Ela dorme até às 4 horas da tarde, quando se levanta e come com seu marido – o jantar dele, o café-da-manhã dela –, depois vai passear na cidade e, por fim, senta-se novamente para trabalhar à meia-noite. Ela afirma que essa vida radical de coruja não lhe traz nenhum problema.

Nesse mesmo padrão está o grande geneticista Seymour Benzer,[14] cujos freqüentes estudos noturnos sobre a mosca-das-frutas mutante ajudaram a desvendar a base genética dos nossos ritmos corporais diários. O dia de trabalho de Benzer é o meio da noite; ele diz que se arrisca a sofrer acidentes se for forçado a começar a trabalhar quando a maioria das pessoas começa, ou seja, pela manhã.

No extremo oposto ao de Auel e Benzer, encontram-se as radicais cotovias, aquelas pessoas adeptas do brilhante trabalho das padarias, que caem no sono às 7 ou 8 horas da noite e levantam cheias de energia às 3 ou 4 horas da madrugada. Os dois cronotipos extremos podem parecer tão diferentes um do outro quanto pessoas nascidas em séculos diferentes ou em lados diferentes do planeta – as cotovias vividamente ativas justamente enquanto as corujas dormem. Esses "pássaros" diferem de modo drástico no auge da vigília (11 horas da manhã para as cotovias, 3 horas da tarde para as corujas) e do ritmo cardíaco (11 horas da manhã para as cotovias, 6 horas da tarde para as corujas), no horário favorito para fazer as refeições e para se exercitar, e na ingestão diária de cafeína (xícaras para as cotovias, baldes para as corujas).[15]

Till Roenneberg,[16] cronobiólogo da Universidade de Munique, descobriu que os tipos corujas radicais são três vezes mais comuns do que os tipos cotovias radicais. A maioria das pessoas se situa em algum lugar entre os dois, com uma tendência para as corujas leves e moderadas – padrão que freqüentemente não se ajusta bem às rotinas de trabalho e que conduz a sentimentos de um certo "*jetlag* social". Você pode avaliar seu próprio *status*[17] respondendo a um simples questionário elaborado pela equipe de Roenneberg, que inclui perguntas como: A que horas você normalmente acorda nos dias de trabalho? E nos dias de descanso? Quando você se sente completamente desperto? A que horas você sente uma queda de energia?

Neste ponto, é preciso observar que apesar dos muitos provérbios que exaltam as virtudes das cotovias (como o de Benjamim Franklin "Cedo se dorme, cedo se levanta", ou "Deus ajuda a quem cedo madruga", entre outros), os estudos científicos sugerem que ser um madrugador não traz vantagens para a saúde ou para as finanças, nem é necessariamente um indício de bem-estar mental. Algum tempo atrás, um grupo de pesquisadores britânicos[18] propôs-se a confirmar a sabedoria proverbial, utilizando dados coletados de mais de 1.200 homens e mulheres idosos. Porém, depois de examinar os efeitos causados pela hora de dormir e de acordar na saúde, na vida material e nas funções cognitivas, os pesquisadores descobriram que, na realidade, as corujas eram freqüentemente mais ricas do que as cotovias, e havia uma diferença pequena na saúde e na inteligência das duas.

Em todo caso, é provável que você não possa escolher o pássaro ao qual mais se assemelha. Os hábitos diários de cotovias e corujas não são o resultado das diferenças de personalidade, como já se acreditou, mas da natureza de nosso relógio biológico interno. Quase uma década atrás, Hans Van Dongen,[19] da Universidade da Pensilvânia, demonstrou que o relógio biológico dos tipos matutinos é mais "adiantado" do que o relógio dos notívagos – isto é, ele começa a funcionar mais cedo, em até duas horas. Embora você possa superar a sua propensão natural, diz Van Dongen,[20] provavelmente não poderá mudá-la. É possível que a sua tendência para ser cotovia ou coruja esteja gravada em sua biologia.

"O tempo é a substância de que sou feito", escreveu o escritor argentino Jorge Luis Borges.[21] Há uma profunda sabedoria nisso. Como os biólogos aprenderam na última década, o tempo permeia a natureza de todos os seres vivos – e por uma razão poderosa: nós evoluímos em um planeta que gira.

Para compreender isso,[22] vamos voltar alguns bilhões de anos até o princípio do mundo, quando todos os organismos são unicelulares e flutuam em um oceano quente e primitivo. O sol brilhante do meio-dia alterna-se com a fria escuridão da noite, ciclicamente dia após dia, previsivelmente, por trilhões de dias. Luz e trevas, calor e frio: na matriz desses altos e baixos diários, desse entra-e-sai, a vida desperta. Sem a camada de ozônio, a radiação ultravioleta, prejudicial à vida, bombardeia a superfície da Terra durante o dia. Para evitar os raios nocivos, os organismos restringem à escuridão protetora da noite certos processos bioquímicos frágeis ou sensíveis, gerando um metabolismo rítmico. Alguns desenvolvem sensores para identificar a ocorrência de luz solar, no início meras células fotossensíveis e, mais tarde, olhos sofisticados para ajudá-los a detectar as sutis transições da aurora e do crepúsculo.

Então, acontece o extraordinário. Algumas formas de vida desenvolvem genes, células e sistemas corporais capazes de gerar os próprios ritmos diários internos, maravilhosamente afinados ao tempo planetário, conhecidos como ritmos circadianos (do latim *circa diem*, em torno do dia). Caminhos são gerados entre os sensores de luz e esses mecanismos circadianos para ajudar a sincronizar os ritmos internos com o dia solar. "Dessa maneira", afirma o biólogo Thomas Wehr,[23] "o ritmo circadiano cria um dia e uma noite dentro do organismo que espelha o mundo exterior".

Esses ritmos são tão sensíveis[24] à luz que até mesmo uma iluminação fraca é capaz de ajustá-los e acioná-los. A luz solar é o seu tempo dominante; ela fixa os seus ritmos para que permaneçam em harmonia com – ou sejam determinados por – padrões variáveis da luz e da escuridão, de maneira que, no verão, o dia biológico é longo e, no inverno, é curto. Quando você sai das sombras pela manhã, células fotossensíveis especiais[25] em sua retina medem a claridade e registram a aurora no berço escuro de seu cérebro, assim alinhando o seu relógio circadiano aos ritmos cósmicos.

Além disso, os ritmos desse ciclo são tão vigorosos e constantes que eles funcionam continuamente e persistem até mesmo na ausência de estímulos ambientais. A ciência descobriu esse fenômeno por meio de estudos nos quais os indivíduos são isolados dos estímulos ambientais durante semanas. Sem os sinais para alternar dia e noite, seus corpos começaram a se afastar do ciclo solar, mas adotaram um ciclo de 24 horas de despertar e adormecer, além de outros ritmos do corpo. (Esses padrões diários constantes são conhecidos como ritmos de livre funcionamento e estão diretamente conectados ao genoma de uma espécie.)

O novo sistema oferece duas grandes vantagens: fazer a coisa certa no tempo certo dentro do corpo e também antecipar as transições do dia e ajustar o comportamento ao ambiente de maneira adequada. Ao carregar dentro de si esse modelo do cosmo, o corpo se mantém um passo à frente das mudanças que ocorrem ao seu redor, preparando-se para o alimento, os companheiros, os predadores e para os extremos de temperatura trazidos pelo dia e pela noite.

◎ ◎ ◎

A palavra "relógio" parece insuficiente para descrever a vigorosa influência circadiana em nosso corpo. Embora as pressões para manter constantes as condições do corpo sejam poderosas, o estímulo circadiano provoca flutuações dramáticas ao longo das 24 horas do dia. Como escreveu o escritor norte-americano R. W.

Emerson,[26] todas as coisas parecem estáveis até que o seu segredo seja descoberto.

Vamos considerar a temperatura do corpo.

Digamos que você entrou no chuveiro abruptamente. Para acordar e conseguir energia para começar o dia, algumas pessoas recomendam tomar uma ducha de "contrastes", alternando água quente e fria. (Essa técnica pode ter uma dupla função, também despertando outras pessoas com os gritos daqueles que estão na fase fria do banho.) Os receptores de calor logo abaixo da superfície de sua pele detectam temperaturas até aproximadamente 45° C; os receptores de frio, até cerca de 10°. Acima ou abaixo dessas temperaturas, os receptores de dor começam a se manifestar. Contudo, mesmo se você deixar a água ficar muito quente ou muito fria, a sua temperatura corporal não mudará muito. (A propósito, o padrão para a temperatura média normal do corpo, tão bem conhecido por todos nós – ou seja, 37° – está errado. Estudos minuciosos envolvendo milhões de medidas revelaram que a média verdadeira da temperatura diária[27] para as mulheres é de 36,8° e, para os homens, de 36,7°.) Tão eficiente é o corpo para manter a sua temperatura relativamente constante, apesar das mudanças no ambiente, que a campeã de natação norte-americana em águas frias Lynne Cox é capaz de sustentar seu calor corporal nos mares congelantes do Antártico da mesma maneira que um maratonista é capaz de manter-se fresco no calor de 50° do Vale da Morte.

A capacidade de manter nossa temperatura e outras condições internas estáveis[28] – chamada homeostasia, das palavras gregas para "semelhante" e "estável" – pode ser considerada normal e sem importância, porém é um fenômeno notável. O corpo mantém seu ambiente interno monitorando constantemente os níveis de glicose, dióxido de carbono, hormônios, temperatura e até o pH do fluido espinhal. Esses níveis flutuam em torno de uma determinada marca ou norma. Uma intrincada e diversa rede[29] de nervos e hormônios em todo o corpo sente as divergências nesses padrões e retifica-os enviando uma mensagem aos sistemas capazes de ativar mecanismos de correção.

Entretanto, estudos recentes atestam que nossos padrões não estão estabelecidos afinal;[30] na verdade, eles oscilam em um ritmo circadiano que varia de acordo com a hora do dia – trazendo profundas implicações para a maneira como funcionamos e sentimos. A temperatura corporal, por exemplo, varia comumente alguns graus Celsius ao longo do dia, começando baixa, em 36,1°, bem cedo pela manhã (portanto, uma temperatura de 37° nesse período, na realidade, pode ser considerada uma febre baixa) e elevando-se até 37,2° ou mesmo 37,7° no fim da tarde e começo da noite. Essas oscilações de temperatura afetam todo tipo de experiência corporal: por exemplo, quando nossa temperatura atinge seu máximo, o mesmo acontece com nossa tolerância à dor e nossa flexibilidade muscular, velocidade de reflexos, coordenação entre os olhos e as mãos e acuidade de leitura.

O batimento cardíaco e a pressão sangüínea também variam conforme a hora do dia, o número de células brancas presentes no sangue, os níveis de hormônios e neurotransmissores e até a velocidade do fluxo sangüíneo no cérebro. O batimento cardíaco e a pressão sangüínea aumentam lentamente durante o dia; já o nível de cortisol, hormônio do estresse, declina. No começo da noite, ocorrem fluxos de melatonina, o "hormônio da escuridão", promovendo uma queda gradual na temperatura, no batimento cardíaco e na pressão sangüínea, assim como uma lenta elevação de cortisol até o seu máximo bem cedo de manhã, antes do despertar.

Essas oscilações circadianas não são uma questão sem importância. Se os médicos não as levam em consideração, as medidas em um determinado indivíduo, da pressão sangüínea ao batimento cardíaco, da contagem de esperma às reações alérgicas, tudo pode ser enormemente distorcido. (Alguns cientistas defendem[31] até que toda observação clínica deveria ser "marcada pela hora".) De qualquer forma, podemos usar o conhecimento desses altos e baixos do nosso corpo[32] para escolher as melhores opções para nossa vida. Por exemplo, para evitar sangramento excessivo, o melhor é fazer a barba às 8 horas da manhã, quando as plaquetas que formam o coágulo do sangue são mais abundantes e mais viscosas do que em outras horas do dia (o que também explica por que os ataques do coração aumentam nesse período). Para fugir do sofrimento e dos tremores na cadeira do dentista, marque a sua consulta para a tarde, quando a tolerância à dor nos dentes é mais alta. Se você quer minimizar os efeitos prejudiciais do álcool em seu corpo, tome aquela cerveja ou taça de vinho entre as 5 horas e 6 horas da tarde, quando o fígado, em geral, é muito eficiente em desintoxicar essa substância. E se você deseja estabelecer um recorde atlético, programe a sua corrida para o final da tarde ou começo da noite.

Tão penetrante é a influência[33] de nossos ciclos circadianos, afirma a cronobióloga Josephine Arendt, da Universidade de Surrey, "que seria razoável dizer que tudo o que acontece em nosso corpo é rítmico até prova em contrário".

Então, onde está o nosso pequeno relógio? Vá até o banheiro por um minuto e olhe-se no espelho. Se você pudesse enxergar o interior escuro de seu crânio, poderia divisar um par de minúsculas estruturas em forma de asas na região do cérebro chamada hipotálamo, logo atrás e abaixo de seus olhos, uma no hemisfério direito e outra no esquerdo. Esses grupamentos de 10 mil neurônios,[34] coletivamente conhecidos como núcleo supraquiasmático (SCN), contêm o relógio mestre em seu cérebro. O SCN mede a passagem de um dia de 24 horas produzindo e usando proteínas especiais em um padrão circadiano. Ele controla e organiza os grandes ritmos do corpo de maneira que as funções do sono estejam excelentes à noite e as funções de vigília operantes durante o dia. (Quando o SCN é destruído em animais de laboratório, as suas atividades – correr, comer, beber, dormir – não seguem nenhum padrão normal de 24 horas, mas são distribuídas aleatoriamente ao longo do dia.)

Com um espelho de corpo inteiro e um pouco de engenharia genética, você também poderia observar o restante de seu corpo tiquetaquear. Hoje sabemos que o corpo não tem um relógio, mas bilhões: cronógrafos circadianos tiquetaqueiam pelo corpo afora em virtualmente cada porção de carne, nos rins, fígado, coração, sangue, ossos e olhos. Em um estudo de 2004,[35] pesquisadores implantaram um gene de luciferase, proteína responsável pela luminescência dos vaga-lumes, para mostrar em tempo real os ritmos circadianos das células em tecidos periféricos. E lá estavam elas, células de todas as partes do corpo, "piscando" em uma batida circadiana.

Embora o relógio mestre[36] situado no SCN supervisione os ritmos cíclicos do corpo, os cronógrafos genéticos acondicionados nas células dos tecidos periféricos e dos órgãos podem seguir rotinas diárias próprias, disparando elevações e quedas de atividade em horas diferentes do dia em seus respectivos locais para assegurar que um determinado órgão obtenha aquilo de que precisa no momento certo, e cronometrando suas atividades de acordo com as próprias prioridades. Os relógios nas células do coração, por exemplo, estabelecem ritmos diários próprios para a pressão sangüínea, enquanto os relógios nas células do fígado fixam os padrões para a digestão e o metabolismo de toxinas como o álcool.

Os relógios periféricos do corpo podem ser comparados aos diferentes grupos de instrumentos de uma orquestra. O SCN é o maestro, coordenando os ritmos específicos gerados por esses pequenos relógios e sincronizando-os de acordo com os sinais de luz que recebe do mundo exterior. Contudo, os relógios periféricos podem deixar o conjunto para dar conta das próprias funções – um fenômeno que podemos observar quando interrompemos a sinfonia viajando por fusos horários diferentes ou trabalhando durante a noite.

O que existe no coração de todo relógio é uma constelação de genes. Pequenas variações em tais genes podem ser responsáveis pela diferença entre os pássaros matutinos felizes ao acordar na aurora e aqueles mais próximos das corujas, que lutam contra as horas matinais e atingem seu ápice à meia-noite.

Louis Ptácek[37] e seus colegas da Universidade de Utah foram os primeiros a revelar uma conexão genética direta para os pássaros matutinos radicais. A equipe descobriu que uma grande família de cotovias radicais que vivem em Utah – pacientes portadores do transtorno conhecido como síndrome familiar do sono adiantado, que adormecem às 7 horas da noite e despertam às 2 horas da madrugada – apresenta uma mutação em um gene do relógio central ativo no SCN chamado *Per2*. A equipe de Ptácek já identificou cerca de sessenta famílias com esse gene. "Fizeram essas pessoas acreditar que iam para a cama tão cedo porque elas eram deprimidas e antissociais", conta Ptácek. Agora está claro que elas têm um desequilíbrio relacionado aos genes do relógio.

Cientistas britânicos[38] mostraram que cotovias e corujas radicais também tendem a apresentar versões ligeiramente diferentes do gene *Per3*. Com uma consistência impressionante, os madrugadores apresentaram uma variação mais extensa do gene do que os dormentes tardios.

Preferências mais moderadas entre manhã e noite também foram correlacionadas a essas variações genéticas. Uma equipe de cientistas[39] submeteu 410 indivíduos a um autoteste do tipo coruja/cotovia para identificar a sua preferência por certas atividades em relação a determinadas horas do dia – hora de levantar, estado de alerta ao acordar, hora favorita para fazer exercícios e para fazer tarefas intelectuais – a fim de saber a sua classificação no espectro. A equipe também colheu amostras de sangue dos participantes e comparou um de seus genes do relógio. Os indivíduos que apresentaram uma variação do gene mostraram uma acentuada preferência para o ocaso, retardando as suas atividades preferidas em cerca de 45 minutos em relação às cotovias.

Como observaram dois pesquisadores proeminentes: "Parece que nossos pais – por meio de seu DNA – continuam a determinar a nossa hora de dormir".[40]

É evidente que os genes não são os únicos protagonistas dessa história. A idade é importante também. A transição da infância para a adolescência, sobretudo, freqüentemente é palco de dramáticas mudanças em nossas tendências emplumadas. Quando Till Roenneberg[41] estudou os hábitos de 25 mil pessoas com idades entre 8 e 90 anos, ele descobriu que, em geral, as crianças são pássaros matutinos, mas o seu comportamento começa a se aproximar ao das corujas quando entram na puberdade. A criança pequena animada para sair às 6 horas da manhã transforma-se em um adolescente que prefere não se levantar até o meio-dia – como bem sabe qualquer um que já tenha tentado arrancar um adolescente da cama para ir para a escola de manhã cedo. Nos dias de folga e nos fins de semana, os adolescentes atrasam o seu sono por quase três horas. Nas mulheres, esse padrão persiste até os 19 anos e meio e, nos homens chega quase aos 21. Na verdade, afirma Roenneberg, o apogeu do comportamento coruja pode ser usado como um marcador biológico para o fim da adolescência. Depois disso, freqüentemente o pêndulo volta a se inclinar para o padrão da cotovia.

A luz também tem o seu papel: pesquisas conduzidas por Roenneberg[42] sugerem que muitas pessoas pertencem ao tipo coruja porque não têm acesso à luz natural necessária para adiantar seus relógios. As pessoas que permanecem ao ar livre trinta horas ou mais por semana tendem a dormir e acordar duas horas mais cedo do que aquelas que se expõem apenas dez horas semanais. Entretanto, mesmo passando apenas uma hora ou duas sob a luz natural durante as manhãs você poderá avançar seu relógio em cerca de 45 minutos. Portanto, se você quiser aproximar o seu corpo do padrão da cotovia, vá a pé para o trabalho.

De qualquer maneira, jovem ou velho, cotovia ou coruja, não estamos em nossa melhor forma ao despertar. Recentemente, participei de um estudo psicológico em que fui solicitada a monitorar meu estado de vigília ao longo de um dia. Para tanto, carreguei comigo um *palm-top* o tempo todo; quando ele bipava, eu respondia a várias perguntas e, ao final, fazia um teste rápido para medir meu tempo de reação.

As manhãs foram uma vergonha.

Mesmo confirmada como uma cotovia, sei que preciso de tempo para me livrar das teias de aranha deixadas pela inércia do sono e enfrentar o dia com total disposição – tempo e uma droga, especificamente todas aquelas coisas potentes encontradas dentro de uma grande xícara de café forte.

Sou uma dependente desesperada. Certa vez, em uma viagem a uma região remota do nordeste da China, passei uma noite em um velho alojamento do exército, cujas janelas estavam quebradas, o banheiro era um buraco no chão e o colchão exibia muitas marcas de cigarro. Sabendo que café seria escasso, eu levei um pouco do produto e uma máquina francesa para fazer minha própria bebida. Porém, não havia água fervente. Confesso que para impulsionar minha manhã acabei comendo o pó seco.

O rico aroma, o barulho da água fervendo: só esse ritual já promete clareza de espírito.

Bach adorava café.[43] Também Balzac, Kant, Rousseau, Voltaire, que diziam consumir dúzias de xícaras em um dia – e a minha mãe, que modestamente bebia seis. Duzentos anos atrás,[44] o médico alemão Samuel Hahnemann, criador da homeopatia, observou que para os consumidores de café "a sonolência desaparece e uma vivacidade artificial, um estado de vigília arrancado da natureza, toma o seu lugar". Hoje, o café é o produto mais amplamente comercializado depois do petróleo, e a cafeína é a droga estimulante mais usada no mundo. Mais de 80% das pessoas[45] a consomem de uma maneira ou de outra, no café, chá, erva-mate, cacau, cola. Habitantes da tribo Achuar Jivaro,[46] das regiões amazônicas do Equador e do Peru, despertam todas as manhãs bebendo um chá feito das folhas do azevinho, uma árvore sul-americana da família *Ilex guayusa*, que contém uma quantidade de cafeína equivalente a aproximadamente cinco xícaras de café. Tão forte é o preparado que os homens normalmente vomitam a maior parte dele a fim de evitar os sintomas da *overdose*: dor de cabeça, suores, agitação.

Para eliminar meu estupor matinal, dependo de uma dose de 300 a 400 miligramas de cafeína distribuída em duas xícaras de café forte, que engulo em uma sentada. Novas pesquisas sugerem que ingerir cafeína dessa maneira – em uma grande dose, no estilo dos Achuar Jivaro – não provoca um grande efeito. O neurocientista e especialista em sono Charles Czeisler[47] e sua equipe de Harvard descobriram que uma dose única de cafeína é capaz de causar um pico no estado de alerta, mas ele cai rapidamente. A maneira mais efetiva para combater a fadiga, melhorar as funções cognitivas e evitar o nervosismo é tomar o seu café em doses menores, cerca de 60 miligramas a cada hora.

A cafeína tem um efeito potente sobre o corpo.[48] Pela circulação sangüínea, a substância se espalha por todos os tecidos e fluidos, sem se depositar em nenhum órgão particular e fluindo uniformemente pelo sangue – incluindo o líquido amniótico e o tecido fetal. Ela eleva ligeiramente a pressão sangüínea, dilata os brônquios dos pulmões e acelera o acesso do corpo à energia transportada pelo sangue. Em seus rins, a cafeína aumenta o fluxo da urina; em seu intestino, age como laxante. Ela também eleva um pouco o metabolismo, que acelera a queima de gordura. No prazo de quinze a vinte minutos,[49] 90% da cafeína contida em sua xícara deixam seu estômago e intestino e passam a afetar seu cérebro.

O segredo do poder da cafeína enquanto estimulante é este: a droga prende-se firmemente aos receptores de adenosina, uma substância química natural que exerce um papel importante no sono e na vigília. Enquanto as células consomem energia, produzem a adenosina como um subproduto; assim, quanto mais duro elas trabalham, mais produzem a substância. A adenosina adere a receptores nas células em todo o corpo e diminui a sua atividade. Dessa maneira, ela acalma as batidas do coração, reduz a pressão sangüínea, diminui a liberação de neurotransmissores estimulantes e induz à sonolência. Por sua vez, a cafeína melhora o estado de vigília ligando-se aos receptores de adenosina e desativando-os[50] – e, assim, impedindo a substância de manifestar seus efeitos calmantes. Tão forte é a ligação da droga com os receptores de adenosina que ela é poderosa mesmo em baixas doses.

Portanto, a cafeína opera não por meio da excitação de nossas células nervosas, mas anulando o processo pelo qual elas são acalmadas. Se ela de fato recupera nossas funções cerebrais permanece um tema para debate.[51]

Em 2005, uma equipe de cientistas austríacos[52] usou as imagens de ressonância magnética funcional (fMRI) para observar a ação da cafeína no cérebro. Antes do exame, um grupo de voluntários absteve-se de café por doze horas. Então, metade do grupo ingeriu duas xícaras de café, e a outra metade tomou placebo. Depois de vinte minutos, os indivíduos foram submetidos ao aparelho de fMRI enquanto desempenhavam tarefas que envolvem memória e concentração. Em todos os participantes, as regiões cerebrais envolvidas na memória de curto prazo ou de trabalho dispararam. Porém, as pessoas que ingeriram cafeína também mostraram maior atividade nas regiões do cérebro envolvidas com a atenção e a concentração (pelo menos até cerca de 45 minutos durante o experimento, quando a atividade enfraqueceu). Os pesquisadores suspeitam que o efeito da cafeína na adenosina pode ser responsável por esses aumentos localizados na atividade neural.

Existem, porém, opiniões contrárias. Roland Griffiths,[53] neurocientista da Universidade Johns Hopkins, sugere que os benefícios mentais da cafeína percebidos por muitas pessoas em seu café-da-manhã são uma ilusão: o café simplesmente reverte os sintomas da privação depois de uma noite de abstinência. Sem café, afirma Griffiths, é provável que o estado de vigília melhoraria sozinho uma ou duas horas após o despertar.

Talvez. Contudo, não posso esperar. Ilusão ou não, estou amarrada ao rápido pique químico que me sacode do torpor matinal e me ajuda a perceber as sensações do dia.

REFERÊNCIAS

1. Field, Jim; Osredkar, Radko. "Beating the bell". *New Scientist*. Cartas de 14 maio de 2005.

2. Carskadon, M. A.; Herz, R. S. "Minimal olfactory perception during sleep: why odor alarms will not work for humans". *Sleep*. V. 27, n. 3, 2004, p. 402-5.

3. Lavie, P. et al. "It's time, you must wake up now". *Perceptual and Motor Skills*. V. 49, 1979, p. 447-50.

4. Born, J. "Timing the end of nocturnal sleep". *Nature*. V. 397, 1999, p. 29-30.

5. Roenneberg, T. et al. "Life between clocks: daily temporal patterns of human chronotypes". *Journal of Biological Rhythms*. V. 18, n. 1, 2003, p. 80-90.

6. Stepanski, E., do Centro Médico da Universidade Rush, Chicago, citado em Heaner, M. "Snooze alarm takes its toll on nation". *New York Times*. 12 de outubro de 2004, p. D8.

7. "An alarming bed". *Scientific American*. Out. 1955, republicado por *Scientific American*, out. 2005, p. 16.

8. Disponível em: <http://alumni.media.mit.edu/~nanda/projects/clocky.html>. Acesso em: 12/6/2008.

9. Referência e piada sobre a Força Aérea Americana de Czeisler, C. "Sleep: what happens when doctors do without it". Charlottesville: Medical Center Hour, University of Virginia School of Medicine. 1º de março de 2006.

10. Wright, K. W. et al. "Effects of sleep inertia on cognition". *Journal of the American Medical Association*. V. 295, n. 2, 2006, p. 163.

11. Lavie, P. et al. "It's time, you must wake up now". *Perceptual and Motor Skills*. V. 49, 1979, p. 447-50.

12. Visite o *site* de SleepSmart: <www.axonlabs.com/pr_sleepsmart.html>. Acesso em: 12/6/2008.

13. Roenneberg, T. et al. "Life between clocks: daily temporal patterns of human chronotypes". *Journal of Biological Rhythms*. V. 18, n. 1, 2003, p. 80-90.

14. Weiner, J. *Time, Love, Memory*. New York: Knopf, 1999, p. 190.

15. Smolensky, M.; Lamberg, L. *The Body Clock Guide to Better Health*. Nova York: Holt, 2000, p. 40-42.

16. Roenneberg, T. et al. "Life between clocks: daily temporal patterns of human chronotypes". *Journal of Biological Rhythms*. V. 18, n. 1, 2003, p. 80-90.

17. Disponível em: <www.imp-muenchen.de/index.php?id=932>. Acesso em: 12/6/2008.

18. Gale, C. "Larks and owls and health, wealth, and wisdomsleep patterns, health, and mortality". *British Medical Journal*. 19 de dezembro de 1998, p. E3 (col. 5).

19. Van Dongen, H.P.A. *Inter- and intra-individual differences in circadian phase*. Netherlands: Leiden University, 1998. Tese de Doutorado.; Van Dongen,

H.P.A.; DINGES, D. F. "Circadian rhythms in fatigue, alertness, and performance". In: KRYGER, M. H. et al. *Principles and practice of sleep medicine*. 3. ed. Philadelphia: W. B. Saunders, 2000. Veja também DUFIR, J. F. et al. "Association of intrinsic circadian period with morningness-eveningness, usual wake time, and circadian phase". *Behavioral Neuroscience*. V. 115, n. 4, 2001, p. 895-99.

20. Veja VAN DONGEN, H. Q & A em: <www.upenn.edu/pennnews/current/2004/092304/cover.html>. Acesso em: 17/3/2005.

21. BORGES, J. L. "A new refutation of time". *In Labyrinths*. Nova York: Modern Library, 1983, p. 234.

22. ROSATO, E.; KYRIACOU, C. P. "Origins of circadian rhythmicity". *Journal of Biological Rhythms*. V. 17, n. 6, 2002, p. 506-11; FOSTER, R.; KREITZMAN, L. *Rhythms of Life*. Londres: Profile Books, 2004, p. 157f.

23. WEHR, T. A. "A 'clock for all seasons' in the human brain". In: BUIJS, R. M. et al. *Progress in Brain Research*. V. 111, 1996.

24. FOSTER, R.; KREITZMAN, L. *Rhythms of life*. Londres: Profile Books, 2004, p. 11.

25. FREEDMAN, M. S. et al. "Regulation of mammalian circadian behavior by non-rod, non-cone, ocular photoreceptors". *Science*. V. 284, 1999, p. 502-4; BERSON, D. M. et al. "Phototransduction by retinal ganglion cells that set the circadian clock". *Science*. V. 295, 2002, p. 1070-73; PROVENCIO, I. "Photoreceptive net in the mammalian retina". *Nature*. V. 415, 2002, p. 493; HATTAR, S. et al. "Melanopsin-containing retinal ganglion cells: architecture, projections, and intrinsic photosensitivity". *Science*. V. 295, 2002, p. 1065-68; PROVENCIO, I. et al. "A novel human opsin in the inner retina". *Journal of Neuroscience*. V. 20, 2000, p. 600-605; FOSTER, R. G. "Bright blue times". *Nature*. V. 433, 2005, p. 698-99; MELYAN, Z. et al. "Addition of human melanopsin renders mammalian cells photoresponsive". *Nature*. V. 433, 2005, p. 741-45; DACEY, D. M. et al. "Melanopsin-expressing ganglion cells in primate retina signal colour and irradiance and project to the LGN". *Nature*. V. 433, 2005, p. 749-51.

26. EMERSON, R. W. "Circles". *In Essays and poems*. Londres: Everyman Paperback Classics, 1992, p. 147.

27. Mackowiak, P. A. et al. "A critical appraisal of 98.6 degrees F, the upper limit of the normal body temperature, and other legacies of Carl Reinhold August Wunderlich". *Journal of the American Medical Association.* V. 268, 1992, p. 1578-80.

28. As informações sobre homeostasia vêm de Foster, R.; Kreitzman, L. *Rhythms of life.* Londres: Profile Books, 2004, p. 53-54.

29. *Site* do Laboratório de Catherine Rivier: <www.salk.edu/LABS/pbl-cr/02_Research.html>. Acesso em: 11/3/2006.

30. Os dados sobre os ritmos circadianos nas funções corporais são extraídos de Wehr, T. A. "A 'clock for all seasons' in the human brain". In: Buijs, R. M. et al. *Progress in brain research.* V. 111, 1996; Reilly, T. et al. *Biological rhythms and exercise.* Nova York: Oxford University Press, 1997, p. 50; Watanabe, Y. et al. "Thousands of blood pressure and heart rate measurements at fixed clock hours may mislead". *Neuroendocrinology Letters.* V. 24, n. 5, 2003, p. 339-40; Conroy, D. A. et al. "Daily rhythm of cerebral blood flow velocity". *Journal of Circadian Rhythms.* V. 3, n. 3, DOI: 10.1186/1740-3391-3-3, 2005; Hrushesky, W.J.M. "Timing is everything". *The Sciences.* Jul./ago. 1994. p. 32-37; Palmer, J. *The living clock.* Nova York: Oxford University Press, 2002; Foster, R.; Kreitzman, L. *Rhythms of life.* Londres: Profile Books, 2004, p. 10-21.

31. Foster, R.; Kreitzman, L. *Rhythms of life.* Londres: Profile Books, 2004. p. 71.

32. Foster, R.; Kreitzman, L. *Rhythms of life.* Londres: Profile Books, 2004, p. 11; Smolensky, M.; Lamberg, L. *The body clock guide to better health.* Nova York: Holt, 2000, p. 5-12; Hrushesky, W. J. M. "Timing is everything". *The Sciences.* Jul./ago. 1994. p. 32-37.

33. Arendt, J. "Biological rhythms: the science of chronobiology". *Journal of the Royal College of Physicians of London.* V. 32, 1998, p. 27-35.

34. Lowrey, P. L.; Takahashi, J. S. "Mammalian circadian biology: elucidating genome-wide levels of temporal organization". *Annual Review of Genomics and Human Genetics.* V. 5, 2004, p. 407-41.

35. Yoo, S. H. et al. "Period2: luciferase realtime reporting of circadian dynamics reveals persistent circadian oscillations in mouse peripheral tissues". *Proceedings of the National Academy of Sciences.* V. 101, 2004, p. 5339-46.

36. Yamazaki, S. et al. "Resetting central and peripheral circadian oscillators in transgenic rats". *Science*. V. 288, 2000, p. 682-85.

37. Jones, C. R. et al. "Familial advanced sleep-phase syndrome: a short-period circadian rhythm variant in humans". *Nature Medicine*. V. 5, n. 9, 1999, p. 1062; Toh, K. L. et al. "An h*Per2* phosphorylation site mutation in familial advanced sleep phase syndrome". *Science*. V. 291, 2001, p. 1040-43.

38. Archer, S. et al. "A length polymorphism in the circadian clock gene *Per3* is linked to delayed sleep phase syndrome and extreme diurnal preference". *Sleep*. V. 26, n. 4, 2003, p. 413-15.

39. Katzenberg, D. "A clock polymorphism associated with human diurnal preference". *Sleep*. V. 21, n. 6, 1998, p. 568-76.

40. Singer, C. M.; Lewy, A. J. "Does our DNA determine when we sleep?" *Nature Medicine*. V. 5, 1999, p. 983.

41. Roenneberg, T. "A marker for the end of adolescence". *Current Biology*. V. 14, n. 24, 2004. R1038-39.

42. Roenneberg, T. Comunicação pessoal. 8 set. 2006; Roenneberg, T. et al. "Life between clocks: daily temporal patterns of human chronotypes" *Journal of Biological Rhythms*. V. 18, n. 1, 2003, p. 80-90.

43. S. M. Somani e P. Gupta. Caffeine: a new look at an age-old drug. *International Journal of Clinical Pharmacology, Therapeutics, and Toxicology*. V. 26, p. 521-33, 1988.

44. Hahnemann, S. "Der Kaffee in seinen Wirkungen" (Leipzig, 1803), citado em Weinberg, B. A.; Bealer, B. K. *The world of caffeine*. Nova York: Routledge, 2002, p. 119.

45. James, J. *Understanding caffeine*. Thousand Oaks/Califórnia: Sage Publications, 1997; Juliano, L. Comunicação pessoal. Out. 2006.

46. Lewis, W. H. et al. "Ritualistic use of the holly *Ilex guayusa* by Amazonian Jivaro Indians". *Journal of Ethnopharmacology*. V. 33, n. 1-2, 1991, p. 25-30.

47. Wyatt, J. K. et al. "Low-dose repeated caffeine administration for circadian-phase-dependent performance degradation during extended wakefulness". *Sleep*. V. 27, 2004, p. 374-81. Esse estudo objetivou encontrar a melhor

estratégia para aumentar e manter o estado de vigília dos trabalhadores que precisam permanecer acordados por longas horas – por exemplo, médicos e motoristas de caminhão.

48. Vaugeois, J. "Positive feedback from coffee". *Nature.* V. 418, 2002, p. 734-36.

49. Blanchard, J.; Sawers, S. J. A. "The absolute bioavailability of caffeine in man". *European Journal of Clinical Pharmacology.* V. 24, 1983, p. 93-98.

50. Daly, J. W. et al. "The role of adenosine receptors in the central action of caffeine". In: Gupta, B. S.; Gupta, U. *Caffeine and behavior: current views and research trends.* Boca Raton/Flórida: CRC Press, 1999, p. 1-16.

51. Van Dongen, H, p. A. et al. "Caffeine eliminates psychomotor vigilance deficits from sleep inertia". *Sleep.* V. 24, n. 7, 2001, p. 813-19; Juliano, L. M.; Griffiths, R. R. "A critical review of caffeine withdrawal: empirical validation of symptoms and signs, incidence, severity, and associated features". *Psychopharmacology.* V. 176, 2004, p. 1-29.

52. Koppelstatter, F. et al. "Influence of caffeine excess on activation patterns in verbal working memory". Pôster científico no Encontro Anual da Sociedade Radiológica Americana. Nov. 2005.

53. Juliano, L. M.; Griffiths, R. R. "A critical review of caffeine withdrawal: empirical validation of symptoms and signs, incidence, severity, and associated features". *Psychopharmacology.* V. 176, 2004, p. 1-29.

AS SENSAÇÕES 2

"CAFÉ?" SUSSURRO para o meu marido adormecido. Sem querer sobressaltá-lo, sei que o meu sussurro é preferível ao choque de uma claridade ofuscante ou do alarme de 70 decibéis do despertador dele. Suave ou abrupto, o dia amanhece para a consciência das experiências sensoriais. Alguns segundos após despertar, você pode ver estrelas, respirar o ar fresco da manhã, sentir a leve pressão de um lençol ou o algodão macio de uma camisa recém-vestida, reconhecer o rosto da companheira ou do companheiro e responder-lhe preguiçosamente. Moléculas odoríferas deslizam pelas passagens nasais e se prendem a receptores alojados em uma minúscula porção de tecido, localizado abaixo e entre seus olhos. Terminações nervosas logo sob a superfície de sua pele detectam o peso e a textura da roupa, suave como é, e converte essa energia mecânica em impulsos nervosos que seu cérebro entende como toque, pesado ou leve, sedoso ou áspero. O som da voz ou do zumbido de um alarme chega em ondas pelo ar, que são transformadas com uma eficiência primorosa em sinais elétricos então interpretados como fala, canto de pássaros ou música. E mesmo sob a pouca luz de um quarto escuro, a floresta de células visuais localizadas na retina captura a imagem de um rosto e a dispara para seu cérebro.

Em princípio, pode parecer que nada seria mais simples do que isso: o registro correto do mundo em uma ampla varredura por meio de diferentes canais de seus cinco sentidos. Embora essa seja uma tarefa que até mesmo o computador mais poderoso executa mal, para você ela parece tão natural, tão direta quanto respirar. Entretanto, como a ciência observou recentemente, não há nada de simples nisso. Um grande número de novas e reveladoras descobertas tem tornado mais complexa a nossa visão sobre a percepção, transformando-a radicalmente como um giro de caleidoscópio.

Vamos considerar o olfato. Não muito tempo atrás, a sua capacidade para perceber os odores – por exemplo, o de lixo ou da fumaça de seu carro superaquecido – era considerada uma função de menor importância, pouco compreendida e que supostamente envolvia apenas partes limitadas de seu cérebro "inferior". Hoje, o olfato é considerado um sistema altamente sofisticado e sensível, capaz de identificar milhares de odores diferentes usando cerca de 350 tipos distintos de receptores e de analisá-los em várias regiões do cérebro, seja para avisar sobre um perigo, seja para avaliar um alimento.[1] Nosso patamar para a detecção de uma série de odores, em geral, é de uma parte por bilhão, afirma Jay Gottfried, neurocientista da Universidade do Noroeste, "e podemos identificar prontamente dois odores distintos que diferem entre si apenas por um único componente molecular".[2]

Os odores – moléculas orgânicas complexas levadas para o interior do nariz com o ar que inalamos – encontram seus receptores na mucosa do nariz. Ali, milhões de terminações nervosas olfativas, cada uma possuindo dezenas de receptores idênticos, estão preparadas para interagir com o mundo.[3] O sinal recebido pelos receptores viaja ao longo dos nervos por meio de uma extensa fibra, ou axônio, que atravessa um diminuto orifício no osso acima dele e dirige-se para a região do bulbo olfativo do cérebro. De uma maneira extraordinária, os axônios organizam-se de maneira que milhares deles ligados a neurônios dotados dos mesmos receptores convergem em aglomerações para o mesmo ponto daquela região cerebral. Cada aroma estimula uma constelação dessas aglomerações, que o cérebro então interpreta em várias regiões.

Certas características de um cheiro (fresco ou pútrido? bom ou ruim?) são classificadas no córtex orbitofrontal, uma porção importante do lobo frontal supostamente envolvida nas decisões, no controle do humor e na motivação.[4] Já a intensidade dos odores (quão forte?) às vezes é interpretada na amígdala, uma estrutura em forma de amêndoa com importante papel no controle do medo e de outras emoções – "mas só quando o cheiro desperta alguma emoção", diz Gottfried[5] (por exemplo, o fedor de um leão para uma gazela em contraposição ao aroma de uma árvore).

A capacidade de identificar um odor, se forte ou delicado, bom ou ruim, envolve as regiões cerebrais que processam a memória. Um estudo francês de 2005 mostrou que o processamento do odor ativa as regiões da memória nos dois hemisférios – provavelmente, afirmam os pesquisadores, para ajudar a mente a fazer associações relevantes que possam identificar o cheiro.[6] Como disse um dos cientistas, "primeiro temos de nos lembrar de um cheiro antes de poder identificá-lo".[7]

Alguns odores podem levar você a uma profunda, precisa e pessoal experiência com a sua memória. O cheiro de *bacon* faz isso por mim, leva-me até a minha infância, ao despertar nas manhãs de verão sentindo o cheiro do *bacon* feito na fazenda e do peixe que meu avô havia pescado bem cedinho nas águas escuras do Lago Michigan, cuidadosamente preparados para o café-da-manhã dos netos dele. Durante muitos anos, relatos sugeriram que os odores são poderosos gatilhos para evocar experiências, um efeito conhecido como fenômeno de Proust, em homenagem ao escritor francês cuja famosa madalena (uma espécie de bolo) evocou suas lembranças de infância. Mais tarde, cientistas descobriram que estímulos olfativos de fato evocam recordações autobiográficas com maior eficiência do que os estímulos de outros sentidos.[8] Além disso, a memória olfativa dissipa-se menos rapidamente do que outros tipos de memória.[9] Isso é ainda mais surpreendente quando consideramos que as células olfativas no epitélio nasal sobrevivem apenas alguns meses antes de serem substituídas por novas células, que precisam estabelecer novas conexões com as células do cérebro.

O que seria responsável pela capacidade dos odores de provocar lembranças? De acordo com a neurobióloga Linda Buck, a memória dos odores perdura porque as células olfativas que possuem um receptor para um certo odor, seja novo, seja velho, sempre envia seus axônios ao mesmo ponto no cérebro.[10]

A notável configuração do sistema olfativo, sabe-se, também é essencial para o paladar.

Não há nada melhor como aquele primeiro gole de café. Para conseguir o máximo de prazer de sua xícara, reserve um instante para saborear o aroma da bebida antes de tomá-la. Os vapores do café passarão por sua boca, alcançarão o palato mole, subirão para a cavidade nasal e, a partir daí, até o bulbo olfativo para sussurrar *café* a seu cérebro.

Talvez você acredite que sua língua é responsável pelo magnífico gosto do café. Porém, o sabor da bebida – ou qualquer outro sabor, a propósito – é constituído principalmente por cheiro: de fato, cerca de 75%. Experimente um pouco do líquido e a sua língua apenas lhe dirá que está amargo; aquele gosto agradável de café, afirma Dana Small, é, na verdade, um odor agradável entendido como gosto porque é percebido através da boca.

Small e seus colegas da Universidade de Yale descobriram que o cérebro tem um sistema sensorial especial dedicado aos odores distribuído pela boca.[11] A equipe inseriu pequenos tubos no nariz de voluntários, um nas narinas e outro na parte de trás da garganta. Então, eles introduziram quatro odores em um tubo ou no outro e, por meio de ressonâncias magnéticas (fMRI), analisaram o cérebro dos participantes. Com isso, descobriram que, para cheiros relacionados à comida, as duas rotas de distribuição ativaram diferentes regiões do cérebro – o que sugere que o cérebro possui pelo menos dois subsistemas olfativos distintos, diz Small, "um especializado em sentir objetos à distância e outro em sentir objetos na boca". Este último é ativado somente quando expiramos pelo nariz entre mastigar ou engolir.

"Um fato fundamental sobre os estímulos do paladar é que eles suscitam as mais básicas emoções humanas de prazer (doce) e desgosto (amargo)", escreve o neurobiólogo Gordon Shepherd, de Yale.[12] Essas sensações estão firmemente arraigadas no tronco cerebral desde o nascimento. Entretanto, as respostas ao odor componente do gosto "parecem ser aprendidas", observa ele, "o que presumivelmente é responsável pela enorme diversidade de sabores nas cozinhas de todo o mundo".

Muito pouco se sabia sobre a verdadeira ciência do sentido da boca até bem recentemente. Hoje, um aparato de pesquisa, como máquinas para o seqüenciamento de genes e o escaneamento do cérebro, oferece uma série de dados sobre o que gera a completa experiência do sabor. Vinte e cinco por cento do gosto vem de proteínas receptoras que residem nas células gustativas localizadas nas papilas de sua língua. Cada um desses receptores é dedicado a um dos cinco gostos: salgado, doce, ácido, amargo e *umami*. Este último (do japonês *umai* – "bom" e *mi* – "gosto") é responsável pelo agradável sabor de alimentos como caldo de galinha, queijo parmesão, cogumelo e *bacon*.

Apesar de existirem verdadeiros mapas da língua que mostram áreas distintas para cada gosto – doce é sentido na ponta da língua, ácido em suas laterais e assim por diante –, as células responsáveis pelos cinco gostos básicos estão distribuídas por todo o nosso órgão degustativo. Embora algumas células gustativas sejam encontradas também na faringe, laringe e epiglote, a maioria se situa mesmo nas papilas.[13]

Colocada sob uma lente de aumento, a papila gustativa se assemelha a uma pequena cebola. Cada uma possui até 100 células que, por sua vez, contêm os receptores que fazem o verdadeiro trabalho de gustação: substâncias químicas nos alimentos deslizam por pequenos orifícios nas papilas, onde encontram os receptores que enviam a mensagem de seu respectivo gosto ao córtex cerebral.[14] O cérebro, então, combina essas sensações com informações sobre efervescência e textura (que fazem uma batata frita crocante ser deliciosa e uma encharcada de óleo, inapetente) e, no caso das pimentas e de outros alimentos picantes, também sensações de dor, para criar a completa e exata percepção do doce e familiar sabor do pão feito em casa, por exemplo.

Até a temperatura entra na história: alimentos quentes aumentam a percepção do doce e do amargo[15] (aí está mais uma razão para que café quente seja tão bom). Na realidade, apenas alterar a temperatura da língua, esfriando-a ou aquecendo-a, é o suficiente para ativar uma sensação de gosto verdadeira em 50% das pessoas. Em 2005, uma equipe de pesquisadores relatou ter descoberto o segredo do estranho fenômeno conhecido como gosto térmico.[16] Quando os receptores da língua para doce são estimulados, um canal especial se abre. Como se mostrou, o calor também abre esse canal, ativando os receptores do gosto mesmo quando não há nada para degustar.

Sabemos que as preferências de paladar não são iguais: pensemos na loucura por doce que aflige alguns e na aversão de certas pessoas a coentro ou anchovas. Pensemos na famosa antipatia do ex-presidente dos Estados Unidos George Bush (pai) pelo brócolis. Pensemos no sabor das azeitonas, que alguns consideram uma mistura divina de salgado, ácido e amargo, enquanto para outros ele se assemelha à vida no mar, como Emerson[17] a descreveu: "sufocante como porão, fedor e óleo fervente". Entretanto, só recentemente tivemos clareza da monstruosa diferença de paladar que existe neste mundo que habitamos, especialmente quando se trata do amargor.

Nós humanos possuímos aproximadamente 25 receptores para o gosto amargo que se supõem foram desenvolvidos para detectar toxinas em plantas e alimentos. "Virtualmente toda planta, comestível ou não, contém toxinas que podem nos fazer mal",[18] afirma Paul Breslin, do Monell Chemical Senses Center. Os hábitos alimentares seletivos das crianças muito pequenas, freqüentemente avessas a frutas e legumes amargos, podem ser um mecanismo evolutivo para evitar que elas se envenenem sozinhas. Da mesma maneira, a náusea e a repulsa que certos alimentos provocam durante a gravidez podem ter evoluído para reduzir a exposição do feto a toxinas naturais. Mais mulheres que homens manifestam uma reação aumentada ao gosto amargo, embora tal sensibilidade pareça variar ao longo da vida de uma mulher, elevando-se na puberdade e atingindo seu auge durante o início da gravidez. Após a menopausa, a sensibilidade diminui, possivelmente porque não há mais necessidade de proteger uma criança em desenvolvimento.

Recentemente, os cientistas identificaram pequenas variações nesses genes receptores de amargo, resultando em cerca de duzentas formas ligeiramente diferentes de receptores.[19] Por exemplo, Breslin descobriu que as pessoas portadoras de uma variante de um certo gene consideram agrião, brócolis e outras verduras semelhantes (que contêm um composto tóxico para a glândula tireóide) 60% mais amargos do que as pessoas com uma variante diferente.[20] Assim, enquanto você e eu podemos compartilhar o padrão de duas dezenas de genes para esses receptores do gosto amargo, cada um de nós carrega as próprias e distintas versões dele, provocando ou uma careta ou um apetite entusiasmado diante de um prato de folhas amargas.

Genes altamente individuais também podem moldar a maneira como escolho minhas roupas no *closet.* Se aquela camisa vermelha parece ser uma boa combinação para a calça verde depende da atividade dos genes, que variam não apenas de pessoa para pessoa, mas também entre mulheres e homens – oferecendo, assim, uma possível explicação para as acaloradas discussões conjugais em torno de roupas e cores. Tais genes foram moldados nos meus distantes antepassados primatas.

Certa vez tive a felicidade de olhar um parente primata bem nos olhos, um chimpanzé de 6 anos de idade chamado Jack. Durante anos, ouvi que somos muito semelhantes aos chimpanzés em termos evolutivos, que compartilhamos muito do DNA, que somos próximos em anatomia e fisiologia. Porém, nada disso tornou tão clara a nossa ligação básica quanto sentar cara a cara com o sensível, inteligente e *engraçado* Jack. Havia diferenças, é claro: Jack tinha uma cabeça menor e orelhas maiores. Suas pernas eram curtas, os pés tinham polegares e ele usava as mãos para caminhar. Ele não rezava, não cantava canções infantis, nem fazia fofocas sobre os colegas, pelo menos não de uma maneira que eu pudesse entender. No entanto, foi espantoso e muito tocante olhar em seus olhos – mais escuros, talvez, mas claramente semelhantes aos meus.

Jack adorava as uvas e outras frutas que recebia como recompensa em seu treinamento. Ele brincava com elas, equilibrando-as na boca até engoli-las.

É verdade que nossos olhos são os olhos de nossos antepassados predadores na medida em que eles estão posicionados na frente da cabeça para localizar a presa com a sua visão binocular. Contudo, os olhos humanos, assim como os olhos dos chimpanzés, também são os olhos dos meticulosos frugívoros e dos comedores de folhas que vieram antes de nós, o que pode explicar nossa marca idiossincrática da visão em cores.

O que me permite ver minhas roupas em uma variedade de cores e tons – escarlate, vermelho-escuro, turquesa, cor de oliva – é a interação de três tipos de células cônicas na retina, cada um contendo um pigmento especialmente sensível à luz de uma porção diferente do espectro visual: vermelho, verde e azul. Com esse sistema tricromático, nós humanos somos capazes de distinguir cerca de 2,3 milhões de gradações de cor. Nossa sensibilidade aos segmentos vermelhos/verdes do espectro é tão extraordinária que podemos indicar a diferença entre as cores nessa parte do espectro com apenas 1% de diferença no comprimento de onda.

Nossos primeiros antepassados possuíam uma visão dicromática, como a maioria dos mamíferos ainda hoje, sem a parte vermelha do espectro.[21] Então, trinta ou quarenta milhões de anos atrás, chimpanzés e outras espécies de macacos da África – entre eles os antepassados primatas da raça humana – sofreram uma mutação em um gene receptor de luz que mudou a sua sensibilidade da luz verde para a vermelha. Foi uma pequena mudança, mas que, suspeitam alguns cientistas, deu aos nossos antepassados primatas arbóreos uma clara vantagem para procurar por comida e escolher tenras folhas vermelhas e frutas maduras em um fundo de folhagens verdes. (Essa visão das cores melhorada também pode ter sido útil para distinguir outros elementos importantes entre as folhagens: brilhantes e coloridas cobras venenosas, por exemplo.[22])

Novas pesquisas indicam variações individuais na visão do espectro vermelho.[23] Quando recentemente os cientistas analisaram um único gene capaz de codificar a proteína sensível ao vermelho em

236 pessoas em todo o mundo, descobriram 85 variantes – uma variedade cerca de três vezes maior do que se poderia esperar ver em outros genes. Provavelmente, essa variação dá a cada um de nós uma visão singular das cores.

Uma parcela das mulheres pode experimentar uma visão das cores ainda mais distinta, porque possuem um fotopigmento vermelho extra.[24] Se o córtex visual processar a informação adicional oferecida por essa classe diferente de células sensíveis ao vermelho, essas mulheres podem ser capazes de distinguir cores que parecem idênticas para o resto de nós, o que lhes permite ver um mundo de cores sutis, para sempre invisível para a maior parte da humanidade.

Seria possível afirmar, então, que por trás da simples percepção cotidiana das cores – escolher uma camisa em seu guarda-roupa, obedecer a um semáforo, admirar uma tela do pintor norte-americano Mark Rothko* – existe um aparato visual desenvolvido e cuidadosamente afinado para localizar folhas e frutas vermelhas, bem como a resposta para um antigo dilema filosófico: O meu vermelho é o seu vermelho?

Provavelmente, a resposta é não. A minha experiência com um tomate pode diferir da sua, tanto no exuberante tom de vermelho, quanto no adstringente sabor ácido. Como disse o grande psicólogo norte-americano William James,[25] a mente trabalha com os dados que recebe "como um escultor trabalha com um bloco de pedra. Diferentes escultores, diferentes estátuas da mesma pedra!".

---

* Mark Rothko é considerado um dos mais importantes representantes do expressionismo abstrato. Seus quadros trazem superfícies coloridas basicamente quadradas e de contornos esfumaçados, dando a sensação de profundidade. Para além da pintura em si, Rothko procurava estabelecer uma interação entre o observador e o quadro. Assim, exibia suas obras de grande formato em recintos pequenos, umas bem próximas às outras e iluminadas tenuemente. Suas formas abstratas, o espaço e a luz compunham então um todo solene, que se transmitia ao observador. Fonte: <http://www.dw-world,de/popups/popup_imagegalleryimage/0,2180,2106432_gid_2106406_lang_5_page_1,00.html>. Acesso em :19/6/2008. (N. E.)

Se devemos nossa brilhante visão de cores a nossos antepassados primatas, talvez tenhamos de ser gratos a outra criatura por nosso refinado sentido da audição. Enquanto você se veste, faz o almoço ou se arruma antes de ir para o escritório, com um ouvido você escuta as notícias da manhã, enquanto o outro está sintonizado na conversa de seu parceiro ou parceira sobre o programa para aquela noite, ou nas crianças que procuram os livros da escola, ou no chato e insistente latido de seu cachorro no fundo do quintal. Como é possível que seus ouvidos capturem as sutis vibrações dos sons, débeis e ferozes, e consigam organizar a cacofonia em blocos inteligíveis?

Identificar a fonte do som e interpretá-lo – uma sonata de Bach ou a voz de sua filha adolescente pedindo um par de meias – pode parecer uma tarefa fácil, mas é um processo incrivelmente complexo. Quando ouvimos alguém chamar nosso nome e nos voltamos em direção ao som, estamos usando a capacidade do cérebro para calcular a direção oriunda da diferença de tempo interaural, ou ITD – a diferença no tempo que leva para o som alcançar nossos dois ouvidos.[26] "Inacreditavelmente, somos capazes de detectar ITDs de apenas alguns microssegundos, o que nos permite distinguir entre sons separados por apenas alguns graus no espaço",[27] escreve o neurobiólogo George Pollak.

Talvez devamos nossa refinada capacidade para analisar sons no tempo e localizá-los no espaço aos dinossauros, que obrigaram nossos mais antigos antepassados a se retirar para o refúgio da noite. Por milhões de anos, nossos ancestrais, como os soricídeos (pequenos mamíferos insetívoros), viveram sob o manto da escuridão, em que a audição preponderava sobre a visão. Durante séculos, esses animais desenvolveram um sistema auditivo altamente sofisticado que incorpora a dimensão do tempo. Hoje, nossos ouvidos são capazes de perceber sons que duram apenas uma fração de segundo na ordem correta em que ocorrem e localizá-los no espaço.

Os sons chegam ao ouvido na forma de ondas que o seu tímpano, ou membrana timpânica, converte em energia, que, por sua vez, faz vibrar três pequenos e delicados ossos situados no ouvido médio. Isso causa mudanças de pressão dentro da cóclea, um tubo em forma de caracol cheio de líquido, localizado no fundo do ouvido, o qual, por sua vez, transforma a energia em sinais químicos e nervosos que, por fim, são enviados ao cérebro.

A cóclea não é uma cavidade espiral passiva, como já se acreditou, mas, nas palavras do neurocientista Jim Hudspeth, "um sistema de orientação inercial tridimensional, um amplificador acústico e um analisador de freqüência, tudo compactado no tamanho de uma bolinha de gude".[28] Nossa capacidade de ouvir depende de células "pêlo", organizadas na cóclea em um padrão de ziguezague. Essas células são relativamente escassas (há somente dezesseis mil em cada ouvido – menos células, observa Hudspeth, do que você tem em uma partícula de pele seca) e são responsáveis pela vulnerabilidade do nosso sistema acústico. Células pilosas danificadas por infecção, drogas, envelhecimento ou excessiva exposição ao grupo de *rock* Deep Purple estão perdidas para sempre.

Se eu colocasse um pequeno microfone no ouvido do meu marido adormecido, eu bem poderia ouvir suas células pilosas trabalhando duro. Em um ambiente silencioso, essas células, na maioria dos ouvidos humanos normais, viram para cima para amplificar os sons mais baixos – viram-se tão rapidamente que eles mesmos geram fracos mas constantes tons de som, como o barulho que faz um amplificador eletrônico. Em um ambiente ruidoso, como uma tempestade ou um concerto de *rock*, as células se ajustam, virando seus amplificadores para baixo. Graças a esse recurso, somos capazes de acompanhar de dez a vinte sons distintos por segundo, distinguir a sua freqüência e ouvir barulhos que duram apenas alguns milésimos de segundo.

Raramente notamos o ruído produzido por nossas células pilosas porque o cérebro filtra o som. Da mesma maneira, quando falamos, cantamos ou vocalizamos qualquer som, o cérebro suspende a atividade dos nossos neurônios auditivos para que não sejamos soterrados por nosso próprio ruído. Assim, também, o cérebro nos permite suprimir a turbulência de certos estímulos auditivos – os zumbidos, as batidas, as sibilações, os ruídos típicos produzidos pelos ambientes que freqüentamos – para que possamos ouvir somente o que nos interessa; os sons restantes decrescem até um tipo de zunzum emudecido que, em princípio, ouvimos com apenas "um" ouvido e, em seguida, com nenhum.

Esse é um exemplo de dessensibilização, o mesmo fenômeno que faz o cheiro do *bacon* ou do lixo fétido perder a intensidade para a nossa percepção, que ajuda nossos olhos a se ajustar à claridade excessiva, que nos permite esquecer do atrito e do peso das roupas em nossa pele e que atenua o choque nervoso inicialmente provocado pelo café. A dessensibilização pode acontecer em segundos (luz), minutos (odores) ou dias (cafeína).

Em um determinado momento, sintonizamos o que é importante em nosso mundo, desligando os estímulos. Também preenchemos o que nos falta. Pensemos nas conversas acima do barulho ambiente provocado por um rádio. Freqüentemente, você só ouve parte da conversa (o resto é encoberto pelo rádio tagarela), mas, apesar disso, consegue apreender a essência dela filtrando o ruído irrelevante e preenchendo os sons perdidos.

Algo semelhante acontece no cérebro quando você entoa uma canção dentro de sua cabeça. Em 2005, cientistas escanearam os cérebros de indivíduos enquanto escutavam as melodias de canções conhecidas (por exemplo, "Satisfaction" dos Rolling Stones e o tema de *A Pantera Cor-de-Rosa*), nas quais haviam sido inseridos intervalos de silêncio.[29] O córtex auditivo dos participantes da pesquisa continuou a mostrar o mesmo padrão de atividade até quando havia silêncio e os indivíduos apenas "cantavam" mentalmente. O ouvido não escutava a melodia, mas o cérebro, sim.

Sentir não é o que pensávamos que era. É um processo bem mais sofisticado configurado por nossa conformação genética, nossos poderes criativos de filtrar e preencher – e, bem possivelmente, alguma linha cruzada significativa entre os sentidos. Até aqui, tenho falado sobre a manhã como se sentíssemos seus elementos separadamente, uma faceta de cada vez, mas, na verdade, o cérebro está sempre unindo as diferentes qualidades de cada objeto, de maneira que não associamos a cor de uma coisa com o movimento de outra – assim, por exemplo, somos capazes de ver um gato como forma de gato, preto e miando, e um cachorro amarelo como forma de cachorro, amarelo e uivando. Os cientistas ainda procuram a "cola" que junta diferentes aspectos sensoriais; alguns levantam a hipótese de que pode ser a atividade sincrônica dos neurônios de áreas diferentes do cérebro envolvidas na percepção.

Como seria se processássemos apenas um sentido de cada vez, se você percebesse somente a visão da face de sua filha e não o timbre da voz dela, ou se você pudesse apenas sentir o cheiro de um copo de suco sem poder vê-lo? Ele teria o mesmo gosto?

Provavelmente não. O que você vê muda o gosto do que você ingere. Quando o cientista francês Gil Morrot[30] ofereceu para 54 degustadores um vinho branco artificialmente colorido de vermelho, o grupo – formado por especialistas e leigos – identificou seu aroma e sabor como os de um vinho tinto.

Da mesma maneira, o que você vê afeta o que você ouve e sente. Em um estudo, pesquisadores colocaram macacos no centro de um semicírculo de alto-falantes e os treinaram para olhar em direções diferentes enquanto escutavam.[31] Então, a equipe monitorou os sinais que chegavam à parte do cérebro dos macacos que transmite informações dos ouvidos para o córtex auditivo. Para a surpresa dos pesquisadores, as células nessa região eram ativadas em graus diferentes dependendo do lugar para onde os macacos olhavam.

Similarmente, cientistas descobriram que quando as pessoas olham para um ponto no próprio corpo onde estão sendo tocadas, seu cérebro demonstra maior atividade no córtex somato-sensorial – a região do cérebro responsável pelo toque – do que se elas não vissem o toque.[32] O contrário também é verdade. Pessoas que recebem um toque e um estímulo visual ao mesmo tempo e no mesmo lado do corpo apresentam maior atividade no córtex visual.

Assim, a visão nunca é apenas visão, o toque nunca é apenas toque. Divisamos objetos mais facilmente se, simultaneamente, ouvirmos um som pertinente. Quando vemos uma banana ou uma camisa vermelha, também as sentimos com as "mãos" de nossa mente.

Essa linha cruzada acontece nas memórias sensoriais também. Jay Gottfried e seus colegas descobriram que um estímulo de memória em um sentido reativa outras memórias sensoriais.[33] A maioria das pessoas sabe disso por experiência própria – o aroma de óleo de coco evoca as múltiplas facetas daquela praia branca e do vaivém das ondas; o cheiro de peixe evoca a cozinha de meu avô, a fumaça de seu charuto e o seu sorriso exibindo um dente de ouro reluzente.

Nossos sentidos, portanto, não são os instrumentos simples e separados que imaginamos, mas ferramentas complexas e idiossincráticas que interagem com sutileza e velocidade para nos oferecer, além da mera perturbação elétrica, nossa própria e singular visão de... de quê?

Qualquer coisa que estiver prendendo a nossa atenção em um determinado momento – por exemplo, o trânsito de toda manhã a caminho do trabalho.

REFERÊNCIAS

1. Friedrich, R. W. "Odorant receptors make scents". *Nature.* V. 430, 2004, p. 511-12.

2. Gottfried, J. A. "Smell: central nervous processing". In: Hummel, T.; Welge-Lüssen, A. *Taste and smell: an update* (*Advances in ortohinolaryngology*). Basel/Switzerland: Karger, 2006, p. 44-69; Gottfried, J. Comunicação pessoal. Set. 2006.

3. Informações sobre o sistema olfativo de Zou, Z. et al. "Odor maps in the olfactory cortex". *Proceedings of the National Academy of Sciences.* V. 102, n. 21, 2005. 7724-29; Zou, Z.; Buck, L. B. "Combinatorial effects of odorant mixes in olfactory cortex". *Science.* V. 311, 2006, p. 1477-81; Ranganathan, R.; Buck, L. B. "Olfactory axon pathfinding: who is the pied piper?" *Neuron.* V. 35, n. 4, 2002, p. 599-600.

4. Anderson, A. K. et al. "Dissociated neural representations of intensity and valence in human olfaction". *Nature Neuroscience.* V. 6, n. 2, 2003, p. 196-202; Hamann, S. "Nosing in on the emotional brain". *Nature Neuroscience.* V. 6, 2003, p. 106-8.

5. Buchanan, T. W. et al. "A specific role for the human amygdala in olfactory memory". *Learning and Memory.* V. 10, n. 5, 2003, p. 319-25; Gottfried, J. Comunicação pessoal. Set. 2006.

6.Plailly, J. "Involvement of right piriform cortex in olfactory familiarity judgments". *Neuroimage.* V. 24, 2005, p. 1032-41.

7. Veja Jacob da Universidade Cardiff em <www.cf.ac.uk/biosi/staff/jacob/teaching/sensory/taste.html> e <www.cardiff.ac.uk/biosi/staff/jacob/index.html>. Acesso em: 12/6/2008.

8. Chu, S.; Downes, J. J. "Odour-evoked autobiographical memories: psychological investigations of the Proustian phenomena". *Chemical Senses.* V. 25, 2000, p. 111-16.

9. Miles, C.; Jenkins, R. "Recency and suffix effects with serial recall of odours". *Memory.* V. 8, n. 3, 2000, p. 195-206.

10. Zou, Z. et al. "Odor maps in the olfactory cortex"; Ranganathan; Buck. "Olfactory axon pathfinding; Pines, M. "The memory of smells". In: *Seeing,*

hearing, and smelling the world: a report from the Howard Hughes Medical Institute. Disponível em: <www.hhmi.org/senses/d140.html>. Acesso em: 25/3/2005.

11. Small, D. M. et al. "Differential neural responses evoked by orthonasal *versus* retronasal odorant perception in humans". *Neuron.* V. 47, 2005, p. 593-605.

12. Shepherd, G. M. "Smell images and the flavour system in the human brain". *Nature.* V. 406, 2006, p. 316-21.

13. Smith, D. V.; Margolskee, R. F. "Making sense of state". *Scientific American.* Mar. 2001. p. 32-39.

14. Lindemann, B. "Receptors and transduction in taste". *Nature.* V. 413, 2001, p. 219-25.

15. Cruz, A. Green, B. G. "Thermal stimulation of taste". *Nature.* V. 403, 2000, p. 889-92.

16. Talavera, K. et al. "Heat activation of TRPM5 underlies thermal sensitivity of sweet taste". *Nature.* V. 438, 2005, p. 1022-25.

17. Emerson, R. W. *Essays and english traits.* V. 5, cap. 2. Voyage to England. Harvard Classics, p. 1909-14. Disponível em: <http://www.bartleby.com/5/202.html>. Acesso em: 12/6/2008.

18. Breslin, P. Comunicação pessoal. Out. 2006.

19. Kim, U. K. et al. "Genetics of human taste perception". *Journal of Dental Research.* V. 83, n. 6, 2004, p. 448-53; Bufe, B. et al. "The molecular basis of individual differences in phenylthiocarbamide and propylthiouracil bitterness perception". *Current Biology.* V. 15, n. 4, 2005, p. 322-27; Caicedo, A.; Roper, S. D. "Taste receptor cells that discriminate between bitter stimuli". *Science.* V. 291, 2001, p. 1557-60.

20. Sandell, M. A.; Breslin, P. A. S. "Variability in a taste recertor gene determines whether we taste toxins in food". Breslin, P. Comunicação pessoal. 6/9/2006.

21. Dominy, N. J.; Lucas, P. "The ecological importance of trichromatic colour vision in primates". *Nature.* V. 410, 2001, p. 363-66.

22. Isbell, L. A. "Snakes as agents of evolutionary change in primate brains". *Journal of Human Evolution.* V. 51, 2006, p. 1-35.

23. Verrelli, B. C.; Tishkoff, S. A. "Signatures of selection and gene conversion associated with human color vision variation". *American Journal of Human Genetics.* V. 75, 2004, p. 363-75.

24. Jameson, K. et al. "Richer color experience in observers with multiple photopigment opsin genes". *Psychonomic Bulletin and Review.* V. 8, n. 2, 2001, p. 244-61.

25. James, W. *Principles of Psychology.* V. 1, 1890. Disponível em: <http://psychclassics.yorku.ca/james/principles/prin9.htm>. Acesso em: 12/6/2008.

26. Campbell, R.A.A.; King, A. J. "Auditory neuroscience: a time for coincidence?" *Current Biology.* V. 14, 2004, p. 886-88.

27. Pollak, G. D. "Model hearing". *Nature.* V. 417, 2002, p. 502-3.

28. The following discussion of the auditory system derives from a personal communication with Hudspeth, A. J. 31/1/2005; Chan, D. K.; Hudspeth, A. J. "Ca^{2+} current-driven nonlinear amplification by the mammalian cochlea in vitro". *Nature Neuroscience.* V. 8, 2005, p. 149-55; Kros, C. "Aid from hair force". *Nature.* V. 433, 2005, p. 810-11.

29. Kraemer, D. J. M. et al. "Sound of silence activates auditory córtex". *Nature.* V. 434. V. 158-59, 2005.

30. Morrot, G. et al. "The color of odors". *Brain and Language.* V. 79, n. 2, 2001, p. 309-20.

31. Groh, J. M. et al. "Eye position influences auditory responses in primate inferior colliculus". *Neuron.* V. 29, 2001, p. 509-18.

32. Macaluso, E. "Modulation of human visual cortex by crossmodal spatial attention". *Science.* V. 289, 2000, p. 1206-8.

33. Gottfried, J. A. et al. "Remembrance of odors past: human olfactory cortex in crossmodal recognition memory". *Neuron.* V. 42, 2004, p. 687-95.

O INTELECTO

3

Agora, você está fora de casa e a caminho, dirigindo a 60 ou 80 quilômetros por hora, e a sua mente... bem, a sua mente não está completamente na estrada por onde o seu bólido de aço de duas toneladas está zunindo. Você pode pensar que está absorvendo o cenário em todos os seus detalhes, a pista de quatro faixas, o carro à sua frente, a claridade ofuscante da manhã, mas a impressão que você tem de ver tudo é uma ilusão. Embora os seus sentidos capturem cerca de dez milhões de informações em um segundo, conscientemente você processa apenas cerca de sete a quarenta informações.[1] E até menos se os seus pensamentos estiverem realmente em outro lugar – na reunião de logo mais, por exemplo, ou na discussão que teve em casa antes de sair ou, quem sabe, tentando resolvê-la nesse instante pelo celular enquanto você dirige.

"Nós realmente só vemos os aspectos que 'manipulamos' visualmente em dado momento",[2] explica o psicólogo J. Kevin O' Regan, e manipulamos visualmente apenas as coisas às quais prestamos atenção.

Pude perceber esse fato uma manhã gelada de inverno alguns anos atrás, quando eu e minha filha de 10 anos Zoë observávamos o despertar de cisnes às margens de um lago em Hokkaido, Japão. O lago era rodeado por colinas vulcânicas e nascentes de água quente; perto de onde estávamos, havia um banho japonês ao ar livre. Eu só tinha olhos para os cisnes – pequenos montes de penas brancas, a cabeça escondida sob as penas –, interessada no comportamento das aves. Por fim, um por um, seus pescoços desenrolaram-se e suas cabeças se libertaram das asas. Mas o que era aquela figura baixa e furtiva esgueirando-se no gelo atrás deles? Um cachorro? Uma raposa? Tão concentrada eu estava naquele vulto peludo que não notei outra figura escura a menos de dez metros de nós, um homem nu dirigindo-se aos banhos.

Zoë o viu, com certeza.

Minha falha em perceber o óbvio é um exemplo de "cegueira da desatenção". Quando o cérebro está atento ao ambiente, é capaz de alcançar a completa consciência e uma atividade eficiente. Mas quando está distraído, perde coisas muito óbvias. Esse fenômeno é demonstrado em experiências como a do "homem fantasiado de gorila", em que pessoas ocupadas com tarefas simples, como contar o número de lançamentos em um jogo de basquete, simplesmente não vêem o homem que atravessa a quadra vestido de gorila.[3] O fenômeno também pode ser obsevado no que minha família chama de "visão geladeira", quando você não vê aquilo que procura e está bem à sua frente – o vidro de maionese ou a sobra da lasanha – porque alguém lhe pede o *ketchup*.

Francis Crick e Christof Koch sugerem que nossa capacidade de tomar consciência de um evento está relacionada com o modo como a atenção influencia as conexões de neurônios que respondem a vários estímulos sensoriais – o cavalo na rodovia, o som aflitivo e distante de uma sirene, o banhista nu.[4] Essas conexões variam em tamanho e caráter, afirmam os cientistas; elas formam-se, desenvolvem-se, competem entre si, desaparecem ou permanecem em fluida resposta a situações variáveis. Somente aquelas que permanecem alcançam a consciência como percepção registrada. A atenção, prossegue a teoria, de alguma maneira serve para determinar quais conexões rivais ganharão a competição. Talvez a atenção intensifique a atividade neural em uma conexão, fazendo o estímulo que ativou aquela conexão parecer maior e mais brilhante do que os demais. Por esse ponto de vista, a atenção não apenas aponta o dedo para uma certa experiência sensorial, ela *faz* a experiência.

Mesmo quando pensamos que estamos completamente concentrados, podemos perder detalhes importantes. Imagine o seguinte desafio: enquanto uma seqüência de números é projetada rapidamente, identifique as duas letras que aparecem aleatoriamente entre eles por somente um décimo de segundo.[5] Como você se sairia? É provável que você conseguisse identificar a primeira letra, mas se a segunda aparecesse até meio segundo após a primeira, você não seria capaz de vê-la. Isso acontece por causa de um estranho bloqueio neural – um "pisca-pisca" de atenção que impede você de conscientemente prestar atenção aos múltiplos eventos visuais que ocorrem em um curto espaço de tempo.

O que nos leva a perguntar: o que acontece quando tentamos prestar atenção em duas coisas ao mesmo tempo?

Durante anos minha mãe foi responsável por levar minha irmã, portadora de necessidades especiais, à escola e depois buscá-la – uma longa e tediosa jornada duas vezes por dia. Enquanto viajava pelas estradas da Virgínia, ela bebia uma xícara de café e memorizava poesia de um livro apoiado no painel do carro. Para ela, esse malabarismo com café, direção e o poeta norte-americano Wallace Stevens era uma espécie de necessidade para manter a sua mente ligada durante os longos trajetos. Porém, a maioria das pessoas se ocupa obsessivamente com multitarefas para aproveitar o tempo ao máximo:

ouvimos o rádio enquanto lemos o jornal; pagamos nossas contas enquanto conversamos ao telefone e escrevemos mensagens enquanto acompanhamos uma conferência.

O quanto essa prática é eficiente? Somos capazes de fazer bem as duas tarefas? Ganhamos tempo dessa maneira?

"Fazer duas coisas simultaneamente é não fazer nem uma nem outra", setenciou Publilius Syrus no ano 100 depois de Cristo. Aumentam as evidências que apóiam o poeta latino. Apesar da capacidade de processamento paralelo de seus 100 bilhões de neurônios, o cérebro simplesmente não é construído para levar uma vida dupla. Ao tentar dar conta de duas tarefas simultâneas, ele pode falhar até mesmo nas atividades mais simples.

Tomemos como exemplo o tempo que você tem antes de o semáforo à sua frente mudar do amarelo para o vermelho. Frear ou avançar? Em parte, a resposta depende de seu cronômetro de intervalo, outro relógio que o seu cérebro possui.[6] Ele é especialista em medir a passagem do tempo de segundos a minutos e horas. Em geral, possuímos um senso de intervalo razoável quando prestamos atenção total a um evento – preciso até 15% –, o qual usamos para tomar decisões e fazer julgamentos em todo tipo de situação cotidiana: correr para pegar um ônibus ou uma bola, cantar acompanhando uma gravação, digitar um número no celular enquanto olhamos periodicamente a rua para checar o trânsito. Entretanto, como a ciência descobriu, esse cronômetro interno sofre de déficit de atenção.

A maneira como o nosso cérebro calcula intervalos de tempo tem sido um dos conhecimentos mais fugidios para a neurobiologia. Diferentemente da visão, da audição ou do olfato, a tarefa de cronometrar intervalos de tempo não tem nenhum sensor especializado, afirma Richard Ivry, neurocientista cognitivo da Universidade da Califórnia, em Berkeley; no entanto, essa função é tão "perceptivamente saliente como a cor de uma maçã ou o timbre de uma tuba", continua o pesquisador, e precisamos dela para dirigir, caminhar, conversar, tocar música, praticar esportes e um milhão de outras atividades rotineiras.[7] Por anos, os cientistas pensaram que o cronômetro de intervalo estava situado em alguma área da ampulheta central do cérebro, inspirados, talvez, pela descoberta do relógio circadiano mestre no núcleo supraquiasmático (SCN). Porém, novas pesquisas indicam que o cérebro é capaz de avaliar intervalos de tempo por meio de uma rede de neurônios amplamente espalhada entre muitas estruturas cerebrais diferentes – e que intervalos de tempo diferentes podem ser processados por redes neuronais diferentes.[8] O estudo de Ivry sugere que o cerebelo, a parte do cérebro que coordena o movimento, tem um papel na cronometragem de tarefas na casa dos milissegundos. Para intervalos mais longos, como cronometrar a passagem do amarelo para o vermelho de um semáforo, é provável que o cérebro use um sistema mais distribuído, diz Ivry, envolvendo estruturas ativas na memória de trabalho, como o córtex pré-frontal e os gânglios basais.

A temperatura pode brincar com esse relógio, perturbando a nossa capacidade para cronometrar com precisão intervalos de tempo com mais de um segundo.[9] Um médico descobriu o fato quando sua esposa adoeceu com uma febre alta. Ele correu para a farmácia para lhe comprar algum medicamento; quando ele retornou vinte minutos depois, ela estava muito aborrecida, dizendo que ele tinha demorado horas. Intrigado pelo equívoco dela, o bom doutor pediu-lhe que calculasse um minuto contando até sessenta, um número por segundo. A estimativa dela resultou em trinta segundos. Assim que a temperatura da mulher baixou, o seu desempenho melhorou.

Entretanto, nada confunde mais os nossos cronômetros de intervalo quanto a distração. Quando os participantes de um estudo avaliaram intervalos de quinze a sessenta segundos, ao mesmo tempo em que executavam tarefas comuns do dia-a-dia, a sua precisão despencou.[10] Quando você está concentrado em uma coisa, o tempo se expande. Quando você está ocupado com duas tarefas, o tempo se contrai; o cérebro perde o "tiquetaque" metafórico de um certo número de pulsos, por isso o tempo parece mais curto. É simples: a avaliação precisa do tempo requer atenção à sua passagem – muito importante em matéria de trânsito. Essa é uma das razões por que dirigir e falar ao celular ao mesmo tempo não é uma boa idéia. Há outras.

Não sou boa em multitarefas. Quando estou ao telefone, não consigo ouvir meu marido nem ler seus recados. Não consigo dirigir e ao mesmo tempo mudar um CD, tampouco ler poesia. Não muito tempo atrás, essas minhas insuficiências foram oficialmente documentadas em um laboratório de psicologia da Universidade da Virgínia. Mas também descobri que não estou sozinha em minha "inaptidão": a maioria das pessoas superestima sua capacidade para prestar atenção em duas coisas simultaneamente – sobretudo quando elas estão dirigindo – com conseqüências que variam do aborrecimento à tragédia.

Meu aluno de leitura do ensino fundamental Bryan me propôs, no dia anterior à minha visita à universidade, um enigma que não consegui responder. Somente depois, em uma pequena sala subterrânea do Laboratório de Estudos Cognitivos do Envelhecimento, a resposta foi surgindo – no momento em que minha mente deveria estar concentrada na tarefa que se seguiria. Minha missão: escrever, em um minuto, o maior número possível de palavras iniciadas com as letras *f*, *a* e *s*. Comecei com alguns verbos e objetos comuns – animais, móveis, frutas – mas, então, parei. *F*? *S*? Minha mente travou de repente. Palavras que começam com *a*? Não conseguia me lembrar de nenhuma. Então, "agorafobia" pulou de minha cabeça e também "soporífero", "flagrante" e "felicíssimo". Eu estava consciente de que esses longos adjetivos de origem latina gastavam muito do meu tempo; eu deveria pensar nos monossílabos – sal, sol, sul; e fã, fel, frio. Os músculos de minhas costas estavam tensos, minhas mãos suavam. Procurei pensar na combinação das consoantes *fl* que eu havia ensinado a Bryan – flã, *flash*, *flat*. Subitamente, a resposta do enigma despontou em minha consciência para roubar a minha atenção.

O gosto de Bryan por esses jogos de palavras era um pequeno milagre. Uma entre muitas crianças que, por uma razão ou outra, são consideradas "em risco", Bryan havia chegado à cidade poucos meses antes com a mãe e a irmã mais velha e virtualmente nada mais, a não ser a roupa do corpo e uma doçura própria que fazia professores, bibliotecários e assistentes sociais sussurrar baixinho nos corredores da escola: "Adoro esse menino". Quando Bryan chegou, ele apresentava dificuldades com a estrutura básica da língua, com rimas e fonemas, esses pacotes de sons que formam as palavras. Em uma das aulas, ele havia tropeçado em uma palavra que o intrigou. "Desejo?" perguntou ele. "O que é desejo?"

A pergunta me causou espanto. A maioria das pessoas ouviu, na infância, uma miríade de histórias do folclore e de contos de fada que falam de desejos concedidos, e freqüentemente desperdiçados, a personagens desventurados: Cinderela, o Sapo Rei, Branca de Neve e, claro, os Três Desejos dos irmãos Grimm, que li pela primeira vez quando eu tinha a idade de Bryan. Depois de uma travessura minha e o conseqüente castigo, eu havia buscado refúgio em meu livro de contos de fada no *closet* dos meus pais, fracamente iluminado por uma pequena janela circular e cheirando a graxa de sapato, naftalina e loção pós-barba do meu pai.

De alguma maneira, no meio de todo o seu querer, Bryan havia perdido o conceito de desejo. Pedi a ele que me dissesse quais eram os seus três maiores: "Eu *desejo* um picolé." "Eu *desejo* um tênis novo." "Eu *desejo* um carro com controle remoto." Ele parou por um minuto, então sorriu para mim e cantarolou: "DESEJO, BADEJO, AZULEJO, GARGAREJO, PERCEVEJO". Bryan havia chegado bem longe em um tempo bastante curto, resultado de seu poder de foco e concentração.

Meu minuto havia terminado. Lancei um sorriso melancólico ao estudante de pós-graduação de 20 e poucos anos que conduzia o teste. Ele parecia pouco simpático. E lá estava o resultado nu e cru: a atenção dividida desta escritora rendeu um assombrosamente fraco desempenho em, entre todas as coisas, fluência verbal.

A fluência foi o primeiro de uma série de testes cognitivos aos quais me submeti por várias horas como participante de um estudo sobre o cérebro e seu funcionamento, conduzido por Tim Salthouse, diretor do laboratório. Embora o cenário fosse artificial e as tarefas controladas, pude ver que os testes tinham o propósito de esmiuçar as coisas que nosso cérebro faz todos os dias. Eles são janelas que mostram como pensamos – especificamente, como o nosso cérebro realiza o seu repertório de atividades organizadas, chamadas funções executivas: focalizar a atenção, concentrar-se no que é pertinente e ignorar o que não é; tomar decisões em décimos de segundo, freqüentemente baseadas em informações conflitantes; mudar objetivos e regras mentais diante de novas demandas; executar duas tarefas mentais simultaneamente.

Entre os experimentos, estavam testes clássicos para tarefas duplas: dirigir em um simulador para manter uma bola guia entre duas linhas oscilantes e ao mesmo tempo contar de três em três e de trás para a frente a partir de 862; e o teste de Stroop, uma lista com os nomes das cores impressos em tons não correspondentes (a palavra "azul", por exemplo, impressa em vermelho). Espera-se que o participante rapidamente diga os nomes das cores impressas, e não as palavras.

Meu desempenho nesses dois testes foi lamentável – embora, como ficou demonstrado, não muito pior do que a média. Adolescentes que jogam *videogames* são, às vezes, razoáveis no simulador, mas o teste das cores freqüentemente desconcerta mesmo o jovem. Porque ler é mais automático do que reconhecer e nomear as cores, a velocidade nesse teste requer focalizar a atenção somente na cor dos tipos das letras e, simultaneamente, inibir o impulso de ler o seu conteúdo verbal. Faça o teste você mesmo; leva mais tempo para dizer "vermelho" à palavra "azul" impressa em vermelho do que dizer a palavra "vermelho" impressa em vermelho, porque dois processos mentais estão em conflito. (Existem rumores de que a CIA usou o teste de Stroop na década de 1950 para investigar espiões russos. Os nomes das cores eram escritos em russo; se os participantes hesitassem diante das palavras escritas, era um sinal de que eles conheciam o idioma e poderiam ser espiões.)

A habilidade das pessoas para executar tarefas duplas é menos impressionante do que elas pensam, em parte por causa das limitações da memória de trabalho. Se você se recorda do começo desta frase enquanto lê o final, pode agradecer à sua memória de trabalho. Também conhecida como memória de curto prazo ou bloco de rascunho, ela nos permite manter na mente vários fatos ou pensamentos (a maioria das pessoas pode conservar entre cinco e nove) e manipulá-los durante um breve tempo, cerca de alguns segundos, enquanto resolvemos um problema ou executamos uma tarefa: por exemplo, conservar na mente um número de telefone, lembrar onde você está na parte de subtração em sua tarefa simulada ou recordar quanto tempo geralmente leva para um semáforo mudar enquanto decidimos frear ou acelerar.

Quando você tenta manter uma conversa ao celular e ficar sintonizado no tráfego, você força a sua memória de trabalho e outras funções executivas, como a capacidade para mudar objetivos em sua mente, ativar novas regras e refocalizar a sua atenção.

Para quantificar a eficiência do cérebro de alternar entre duas tarefas mentais, David E. Meyer e seus colegas da Universidade de Michigan pediram a um grupo de participantes que executassem dois testes de tarefas duplas.[11] A primeira consistia em alternar repetidamente duas tarefas centradas em formas geométricas, avaliando uma determinada característica (forma, por exemplo) e uma outra (cor, tamanho ou número); na segunda, os participantes tinham de alternar duas tarefas que envolviam diferentes tipos de problemas aritméticos (por exemplo, trocar sucessivamente a multiplicação pela divisão). Em ambos os testes, os participantes levaram mais tempo para completar as tarefas simultaneamente do que se tivessem realizado cada uma delas em separado. "Algumas vezes, eles mostraram um aumento de 50% ou mais no tempo de conclusão total da tarefa", relata Meyer. Isso acontece porque o cérebro leva tempo para trocar seus objetivos e regras mentais, explica ele, para pular de "estou fazendo isto que requer estas determinadas regras para agora estou fazendo aquela outra coisa que requer aquelas outras regras" – são vários décimos de segundo que, de fato, tornam-se muitos se você alternar demais as atividades.

Quando você está ao celular e o carro que você dirige move-se a 27 metros por segundo (algo perto de 100 quilômetros por hora), esses instantes perdidos podem significar a diferença entre vida e morte. De acordo com um estudo de 2006 feito pela Secretaria Nacional de Estradas e Segurança de Tráfego dos Estados Unidos, cerca de 80% dos acidentes e 65% dos quase-acidentes envolveram alguma forma de desatenção dos motoristas por menos de três segundos antes do evento.[12] Falar ao celular aumentou o risco de um acidente ou quase-acidente em 1,3 vez; discar um celular triplicou o risco.

◎ ◎ ◎

São 10 horas da manhã. Você chegou ao escritório são e salvo e engoliu uma segunda xícara de café enquanto atendia ligações telefônicas e respondia a *e-mails*. Dentro de uma hora, você deverá fazer uma apresentação em uma reunião. Agora, você mergulha na leitura dos documentos, completamente focado e concentrado. Se pudéssemos vislumbrar o funcionamento de sua massa cinzenta enquanto você analisa as páginas de texto denso, o que veríamos? O que acontece sob a cômoda carapaça de seu crânio enquanto você se concentra em uma leitura altamente intelectual (ou quando, ao contrário, você se entrega à sua nêmesis, a distração)? Até recentemente, o cérebro e tudo o que ele contém – a capacidade de pensar, sentir, agir, imaginar, racionalizar, lembrar – eram um misterioso enigma. Na última década, porém, a ciência abriu novas e surpreendentes janelas através das quais podemos ver em detalhes um cérebro em plena atividade e em tempo real.

Certa manhã, em um laboratório da Escola de Medicina de Yale, dois neurologistas, Sally e Bennett Shaywitz, fazem exatamente isso: observam a atividade dentro do cérebro de um menino de 11 anos de idade chamado Keith. Por uma janela de vidro, posso vê-lo deitado com a cabeça dentro do escâner de ressonância magnética (MRI). Ele está lendo uma série de estímulos em pares por meio de um periscópio – ou seja, uma palavra e simultaneamente uma imagem projetadas em uma tela ("girafa" e a imagem de uma garrafa, "vaca" e uma faca) –, aos quais deve reagir rapidamente pressionando um botão que indica *sim* ou *não* para informar se as duas rimam.

Com esse experimento, os cientistas investigam os circuitos do cérebro envolvidos na leitura. Agora mesmo eles observam duas telas de computador, uma mostrando o conjunto de estímulos de leitura oferecido a Keith; outra exibindo a imagem monocromática do cérebro do menino. O exame fornece imagens estruturais, que revelam detalhes precisos da anatomia do cérebro, e imagens funcionais, que mostram a localização da atividade cerebral.

Um escâner de MRI é seguro e não invasivo, pois não requer nenhuma radiação nem injeções. Parece um grande e poderoso ímã circular, como diz Keith, como uma espaçonave ou um biscoito recheado. Imagens de ressonância magnética oferecem um detalhado retrato anatômico do cérebro com uma resolução inferior a meio milímetro, explica Sally Shaywitz, nítida o bastante para mostrar uma artéria do diâmetro de um fio de cabelo no centro do cérebro.

À medida que Keith lê os estímulos, os computadores também coletam dados nos neurônios que se ativam no cérebro do garoto. As imagens funcionais revelam regiões cerebrais ativas durante o desempenho de tarefas específicas, por meio do monitoramento de alterações nos níveis de oxigênio e no fluxo sangüíneo que acompanham a atividade neural. Quanto mais uma região particular trabalha, maior é o afluxo de hemoglobinas oxigenadas levadas pelo sangue a essa área. Esse afluxo é registrado na MRI como uma leve elevação na força do sinal. Dessa maneira, o escâner produz imagens dos circuitos das células que se ativam enquanto executamos uma atividade mental particular. Depois que os dados são compilados, o resultado é uma série de fotografias coloridas que mostram diferentes áreas do cérebro "iluminadas" em um arco-íris de tons, uma espécie de mapa minuto a minuto da atividade neural.

A tecnologia da neuroimagem tem seus pontos fracos, um deles é sua escala de tempo. MRIs funcionais produzem imagens em uma escala de segundos; a atividade neural ocorre em uma escala de milissegundos. Além disso, a atividade que aparece em uma fMRI não é necessariamente causal. O aparelho mostra quais regiões estão ativas durante tarefas cognitivas, mas não necessariamente quais delas são essenciais para aquela tarefa.

Ainda assim, afirma Sally Shaywitz, "a neuroimagem funcional revolucionou a maneira como vemos o cérebro em funcionamento. A tecnologia é capaz de localizar uma função escondida – e também uma disfunção – e torná-la visível". Esses estudos derrubaram o mito de que usamos apenas uma pequena porção de nossa massa cinzenta, os famosos 10%. Na verdade, grande parte de nossa engrenagem neuronal é constantemente ativada ao longo do dia – embora não toda de uma vez. Grupos diferentes de neurônios explodem em atividade em tempos diferentes, com tarefas diferentes. Imagens capturam o cérebro em ação, calculando, falando, reconhecendo faces e lugares, percebendo a passsagem do tempo, lendo verbos.

Estudos de imagem feitos pelos Shaywitzes e outros pesquisadores localizaram áreas neurais muito específicas que são ativadas durante a leitura.[13] Entre elas, está uma região fonológica na parte posterior do cérebro, logo acima e atrás do ouvido, usada por leitores principiantes, como o meu aluno Bryan, para verbalizar as palavras fonema por fonema; uma outra área conhecida como forma da palavra, na região occipitotemporal do cérebro posterior, permite ao leitor experiente reconhecer palavras inteiras de uma maneira extremamente rápida, em menos de 150 milissegundos. À medida que leitores aprendizes adquirem o domínio da língua, deixam de usar a região fonológica e passam a se valer principalmente da área da forma da palavra.

É esse circuito especializado que dispara em atividade enquanto você se concentra em seu trabalho. A região occipitotemporal também é ativada nos cérebros de peritos em automóvel quando olham para modelos de carros clássicos, e de ornitólogos quando distinguem espécies diferentes de pássaros canoros. Na verdade, essa área cerebral pode ser importante para especialistas de todos os tipos, afirma Bennett Shaywitz. "Ela parece ser eficaz para aprendermos tarefas especializadas, para sermos cada vez melhores em alguma coisa."

◎ ◎ ◎

Você espera que os circuitos especialistas em seu cérebro estejam funcionando nesta manhã de trabalho e que, assim, você esteja preparado para a sua apresentação. A reunião começou, e você se sente afiado e alerta. O final da manhã é uma hora de pico para certos tipos de atividade mental, de acordo com alguns cronobiólogos. Estudos mostram que o estado de alerta e a memória, a capacidade de pensar com clareza e de aprender podem variar entre 15% e 30% ao longo do dia.[14] Muitas pessoas alcançam o máximo dessa capacidade entre 2,5 a quatro horas após o despertar.[15] Para os madrugadores, portanto, a concentração tende a atingir o auge entre 10 horas da manhã e meio-dia, acompanhada do raciocínio lógico e da habilidade para resolver problemas complexos.[16]

Entretanto, muito depende da idade. Para adolescentes e jovens adultos, a manhã pode ser algo bem distante do "brilho de uma nova página", como se expressou o escritor alemão Rainer Maria Rilke. Mary Carskadon, cronobióloga da Universidade Brown, estudou a mudança fisiológica no relógio biológico do corpo durante a adolescência.[17]

Adolescentes mais velhos mudam para um padrão mais próximo ao da coruja, ou de fase atrasada, secretando o hormônio melatonina mais no fim da tarde e atrasando a hora de dormir, apesar de serem obrigados a levantar cedo para ir para a escola. "Exigir que esses adolescentes freqüentem a escola e participem de atividades intelectuais significativas no começo da manhã pode ser biologicamente inadequado", avisa Carskadon. Esses adolescentes não apenas dormem pouco, "mas são forçados a ficar acordados quando o sistema circadiano está em seu modo noturno. Os estudantes podem estar na escola, mas seu cérebro está em casa no seu travesseiro".

A relação entre os ritmos circadianos do corpo e o desempenho mental é sutil e ainda um tema de debate. O seu nível de desempenho em uma determinada tarefa mental pode ser afetado por uma série de variáveis, incluindo tédio, distração, estresse, autoconfiança, o número de horas dormidas na noite anterior, os alimentos consumidos no café-da-manhã, a ingestão ou não de cafeína, a postura, a temperatura ambiente, a qualidade do ar, barulho, iluminação e outros fatores "mascarantes" que pouco têm a ver com seus ritmos circadianos.[18] "Os efeitos da hora do dia são intrigantes, mas controversos", observa Tim Salthouse, porque são difíceis de isolar e reproduzir em estudos científicos.[19]

Além disso, evidências sugerem que os altos e baixos diários da temperatura corporal influenciam o desempenho mental, com previsíveis picos e quedas. Alguns estudos demonstraram que a função dos neurônios é afetada pela temperatura do cérebro: temperaturas mais altas podem resultar em uma transmissão mais rápida de impulsos entre os neurônios. Cientistas da Universidade de Pittsburgh examinaram adultos jovens por um período de 36 horas, medindo a sua temperatura a cada minuto e avaliando o seu desempenho a cada hora em várias tarefas de velocidade, precisão, raciocínio e destreza.[20] A equipe descobriu uma significativa variação na hora do dia, com uma queda noturna no desempenho próxima das temperaturas corporais mais baixas. Pesquisadores de Harvard relataram ter encontrado uma correlação entre as temperaturas corporais mais altas e um desempenho elevado no estado de alerta, da atenção visual, da memória e do tempo de reação.[21]

Duas funções mentais podem ser particularmente suscetíveis a variações circadianas sutis, de acordo com Lynn Hasher, da Universidade de Toronto, e sua colega Cynthia May, da Faculdade de Charleston: tomada de decisão e "inibição" – a capacidade de suprimir informações distrativas, irrelevantes ou não pertinentes[22] (como o conteúdo verbal daquelas palavras coloridas no teste de Stroop). Nas horas "de pico desligado", as pessoas podem ter maior dificuldade para suprimir as distrações e retomam as rotas acessíveis e conhecidas para a tomada de decisões, em vez de outras que exigem análise e avaliação. O trabalho de Hasher e May sugere que esses efeitos circadianos mais sutis variam com a idade. Adultos jovens "são claramente perturbados pela distração na parte da manhã", dizem as pesquisadoras, "mas depois, durante a tarde, é como se a distração fosse invisível para eles. Os dados para adultos mais velhos mostram um padrão oposto".

A inibição é particularmente difícil nas horas "desligadas", por isso May recomenda que as pessoas restrinjam aos seus horários de pico aquelas tarefas que exigem "atenção focalizada (por exemplo, ler instruções complexas), recuperação de informações exatas (por exemplo, lembrar de dosagens de medicamentos) ou controle cuidadoso de reações (por exemplo, dirigir em tráfego pesado)", ou pelo menos procurem completá-las em um ambiente com distrações mínimas.[23] No entanto, como observa May, pode haver algumas vantagens nos momentos de baixa inibição. Em tarefas que requerem soluções criativas, menos inibição pode permitir às pessoas considerar alternativas mais imaginativas.

A memória também pode flutuar com a hora do dia.[24] De acordo com o trabalho de Hasher, adultos mais velhos tendem a experimentar o que ela chama de "um aumento substancial do esquecimento ao longo do dia": de manhã, eles esquecem uma média de cinco fatos; à tarde, aproximadamente catorze. O oposto é verdade para adultos jovens.

Nos últimos anos, cientistas começaram a delinear o papel dos ritmos circadianos na aprendizagem e na memória direto no nível das moléculas, tudo com o auxílio de um molusco gigante, chamado *Aplysia californica* (aplísia). Se por acaso você tentasse dominar o material de que precisa para a sua reunião trabalhando até de madrugada e fizesse uma boa apresentação, mas depois descobrisse que a sua memória sobre o que estudou era vaga, você estaria na boa companhia dos gastrópodes.

Por que *Aplysia*? "Pode não ser um animal bonito", explica Eric Kandel, "mas é extremamente inteligente e eficiente, com as maiores células nervosas do reino animal."[25] Neurobiólogo da Universidade de Colúmbia e detentor de um Prêmio Nobel, Kandel foi o primeiro a usar o humilde caracol do mar para estudar o que acontece no cérebro quando extraímos novos conhecimentos de nossas leituras ou absorvemos uma lição de um colega ou professor.

"Nós humanos somos o que somos porque aprendemos e lembramos", diz Kandel, "e de certa maneira é desconcertante que saibamos o que sabemos sobre o que muda no cérebro quando aprendemos alguma coisa nova – por exemplo, como a nossa mente é diferente no começo e no fim de uma experiência de aprendizagem – por causa da *Aplysia*".

Kandel é fascinado pelo quebra-cabeça da aprendizagem e da memória há mais de meio século. Nascido em Viena em 1929, ele cresceu em um meio de barbarismo e atrocidades. Foi discriminado por ser judeu, viu o pai ser perseguido pela polícia e, com a idade de 9 anos, testemunhou o horror de *Kristallnacht*,* do qual ele se lembra, como ele conta, com uma espécie de memória fotográfica, "quase como se fosse ontem". Em 1939, ele e a família fugiram de Viena. Kandel passou o resto da vida investigando a natureza da mente: por que as pessoas se comportam de determinada maneira, como guardam as

* Ataque violento contra os judeus, ocorrido entre 9 e 10 de novembro de 1938 na Alemanha, Áustria e outros países, conhecido como Noite de Cristal por causa do número incalculável de janelas quebradas nas sinagogas e outras propriedades destruídas e saqueadas. (N. T.)

memórias que moldaram a sua vida e, acima de tudo, como aprendem. Ele acreditava que um *insight* na natureza do nosso próprio ser pudesse surgir por meio do estudo de organismos inferiores.

De fato, estudando a *Aplysia*, Kandel recolheu um dos grandes segredos da mente humana: a aprendizagem resulta de mudanças na força das sinapses, ou conexões, entre duas células cerebrais precisamente interconectadas. Ao criar uma memória de curto prazo, o cérebro fortalece as conexões sinápticas já existentes modificando proteínas preexistentes. Ao gerar a memória de longo prazo, ele produz novas proteínas e desenvolve novas conexões sinápticas.

Embora esse processo possa ser mais complicado em humanos do que em caracóis marinhos, explica Kandel, ele parece envolver um conjunto semelhante de mecanismos. Em um nível muito simplificado, ele pode funcionar da seguinte maneira: a qualquer momento, o seu cérebro é ativado por descargas. Um único neurônio recebe um estímulo e dispara aqui, ativando outro neurônio para disparar ali. Por muito tempo nada resulta dessa atividade. A mensagem química que um neurônio envia ao seu vizinho pode ser muito fraca ou esporádica para manter o vizinho ligado e formar uma rede. Porém, quando a mente está concentrada e atenta, como ocorre durante a aprendizagem, aquele único neurônio pode enviar mensagens mais freqüentes e fortes ao seu vizinho. Então, a sinapse no neurônio vizinho é alterada quimicamente pela troca. Se a primeira célula dispara outra vez, mesmo que fracamente, ela pode ativar uma resposta síncrona na segunda célula, agora mais receptiva. Essa atividade deixa as duas células estimuladas e prontas para disparar novamente no mesmo padrão.

Todo esse mecanismo pode resultar em uma mera noção transitória, que percorre a mente tão rápida como um raio, um traço de memória que mal dura poucos segundos antes de cair no esquecimento. No entanto, se o estímulo for repetido e os neurônios continuarem a disparar em sincronia, as sinapses entre eles serão fortalecidas. Por fim, estarão conectados, de maneira que quando um dispara, o outro faz o mesmo. Esse processo de conexão entre os neurônios, conhecido como plasticidade sináptica, pode ser a base da aprendizagem e da memória.

Uma vez que o processo tenha se estabelecido, continua a teoria de Kandel, os sinais disparam mais facilmente pelos caminhos entre os neurônios, e os mesmos sinais produzem respostas maiores. Se a atividade se repetir – pela lembrança de uma palavra, um conceito ou uma habilidade – as ligações e os disparos próximos continuam e se espalham para outros neurônios, formando uma rede de neurônios bem conectados, que disparam juntos no mesmo padrão toda vez que são ativados. O processo atrai os neurônios envolvidos em um evento ou idéia. Por isso, a expressão "células que disparam unidas, permanecem unidas". A cada repetição de uma habilidade ou atividade, a cada disparo adicional do circuito, as sinapses tornam-se mais eficientes e a aprendizagem, mais permanente.

"A prática faz a perfeição", setencia Kandel, "mesmo nos caracóis".

Novamente, a *Aplysia* está no centro das atenções, desta vez para nos ajudar a compreender os efeitos circadianos sobre a aprendizagem e a memória. Em 2005, pesquisadores da Universidade de Houston revelaram que o gastrópode sofre de esquecimento quando passa a noite em claro.[26] Como nós, a *Aplysia* é uma criatura diurna. Para conhecer a influência dos ritmos circadianos nos padrões de aprendizagem do animal, a equipe examinou sua capacidade de absorver e lembrar lições sobre substâncias nocivas e alimentos não comestíveis. O estudo mostrou que a *Aplysia* forma uma memória de curto prazo dessas lições igualmente bem durante o dia e a noite, mas cria memórias de longo prazo somente quando é treinada durante o dia. À noite, afirmam os pesquisadores, o relógio biológico parece bloquear as proteínas envolvidas na formação da memória de longo prazo – talvez uma lição valiosa para ser lembrada.

REFERÊNCIAS

1. Norretranders, T. "The user illusion". Nova York: Viking, 1998, citado em Wilson, T. "The adaptive unconscious: knowing how we feel". Conversa retirada de Medical Center Hour, University of Virginia School of Medicine, 21 jan. 2004.

2. Kevin, J. O. "Research interests". Set. 2003, em http://nivea.psycho.univ-paris5.fr/TopPage/ResearchInterests.html, consultado em 5 jul. 2005; veja também em S. Yantis. To see is to attend. *Science.* V. 299, 2003, p. 54-55.

3. Clisafesi, S. et al. "The effects of alcohol on inattentional blindness". *Journal of Applied Cognitive Psychology.* DOI: 10.1002/acp.12222, 2006.

4. Crick, F.; Koch, C. "A framework for consciousness". *Nature Neuroscience.* V. 6, 2003, p. 119-26.

5. Sergent, C. et al. "Timing of the brain events underlying access to consciousness during the attentional blink". *Nature Neuroscience.* V. 8, n. 10, 2005, p. 1391-99; Marois, R. "Two-timing attention". *Nature Neuroscience.* V. 8, n. 10, 2005, p. 1285-86.

6. Informação sobre o cronômetro de intervalo retirado de Ivry, R. B.; Spencer, R. M. C. "The neural representation of time". *Current Opinion in Neurobiology.* V. 14, 2004, p. 225-32; Ivry, R. Comunicação pessoal. Out. 2006.

7. Ivry; Spencer. "The neural representation of time". 225; Ivry, R. Comunicação pessoal. Out. 2006.

8. Buhusi, C. V.; Meck, W. H. "What makes us tick? Functional and neural mechanisms of interval timing". *Nature Reviews Neuroscience.* V. 6, 2005, p. 755-65; Pouthas, V.; Perbal, S. "Time perception depends on accurate clock mechanisms as well as unimpaires attention and memory processes". *Acta Neurobiologiae Experimentalis.* V. 64, 2004, p. 367-85; Karmarka, U. R.; Buonomano, Dean V. "Temporal specificity of perceptual learning in an auditory discrimination task". *Learning and Memory.* V. 10, 2003, p. 141-47.

9. Woodrow, H. "Time perception". In: Stevens, S. S. *Handbook of Experimental Psychology*. Nova York: John Wiley, 1951, p. 1224-36.

10. Marmaras, N. et al. "Factors affecting accuracy of producing time intervals". *Perceptual and Motor Skills*. V. 80, 1995, p. 1043-56.

11. Rubinstein, J. et al. "Executive control of cognitive processes in task switching". *Journal of Experimental Psychology: Human Perception and Performance*. V. 27, n. 4, 2001, p. 763-97; veja também em Just, M. A. et al. "Interdependence of non-overlapping cortical systems in dual cognitive tasks". *NeuroImage*. V. 14, 2001, p. 417-26.

12. "Breakthrough research on real-world driver behavior released". NHTSA *press release*, 20 abr. 2006.

13. Shaywitz, B. A. et al. "Disruption of posterior brain systems for reading in children with developmental dyslexia". *Biological Psychiatry*. V. 52, p. 101-10; Turkeltaub, P. E. "Development of neural mechanisms of reading". *Nature Neuroscience*. V. 6, 2003, p. 767-73; Simos, P. G. et al. "Dyslexia-specific brain activation profile becomes normal following successful remedial training". *Neurology*. V. 58, 2002, p. 1203-13.

14. Hasher, L. et al. "It's about time: circadian rhytms, memory, and aging". In: Izawa, C.; Ohta, N. *Human Learning and Memory: Advances in Theory and Application*. Mahwah, N. J. Lawrence Erlbaum Associates, 2005, p. 199-217.

15. Carskadon, M. "The rhythm of human sleep and wakefulness". Documento apresentado no encontro anual da Society for Research on Biological Rhythms, 2002.

16. Foster, R.; Kreitzman, L. *Rhythms of Life*. Londres: Profile Books, 2004. p. 11.

17. Carskadon, M. "The rhythm of human sleep and wakefulness"; Carskadon, M. et al. "Adolescent sleep patterns, circadian timing, and sleepiness at a transition to early school days". *Sleep*. V. 21, n. 8, 1998, p. 871-81; Carskadon, M. *Adolescent sleep patterns*. Nova York: Cambridge University Press, 2002.

18. Van Dogen, H, p. A.; Dinges, D. F. "Circadian rhythms in fatigue, alertness, and performance". In: Kryger, M. H. et al. *Principles and practice of sleep medicine*. 3. ed. Philadélfia: W. B. Saunders, 2000. p. 391-99.

19. Salthouse, T. Comunicação pessoal, 28 jan. 2005.

20. Monk, T. H. et al. "Circadian rhythms in human performance and mood underconstant conditions". *Journal of Sleep Research.* V. 6, n. 1, 1997, p. 9-18.

21. Wright, K, p. et al. "Relationship between alertness, performance, and body temperature in humans". *American Journal of Physiology: Regulatory, Integrative, and Comparative Physiology.* V. 283, 2002, p. 1370-77.

22. Hasher, L. et al. "It's about time"; Hasher, L. et al. "Inhibitory control, circadian arousal, and age". In: Gopher, D.; Koriat, A. *Attention and Performance, XVII: Cognitive Regulation of Performance: Interaction of Theory and Application.* Cambridge, Mass.: MIT Press, 1999, p. 653-75.

23. May, C. P. "Synchrony effects in cognition: the costs and a benefit". *Psychonomic Bulletin and Review.* V. 6, n. 1, 1999, p. 142-47.

24. Folkard, S.; Monk, T. H. "Time of day effects in immediate and delayed memory". In: Gruneberg, M. M. et al. *Pratical aspects of memory.* Londres: Academic Press, 1988, p. 142-68.

25. A discussão que se segue sobre a vida e o trabalho de Kandel foi extraído de Kandel, E. "The molecular biology of memory storage: a dialogue between genes and synapses". *Science.* V. 294, 2001, p. 1030-38; Kandel. Comunicação pessoal, 24 jan. 2005; Kandel, E. "Toward a biology of memory". Apresentação na University of Virginia, 28 jan. 2005.

26. Lyons, L. C. et al. "Circadian modulation of complex learning in diurnal and nocturnal Aplysia". *Proceedings of the National Academy of Sciences.* V. 102, 2005, p. 12589-94; veja também Fernandez, R. I. et al. "Circadian modulation of long-term sensitization in Aplysia". *Proceedings of the National Academy of Sciences.* V. 100, 2003, p. 14415-20.

MEIO-DIA

Pense de manhã. Aja ao meio-dia.

WILLIAM BLAKE

A HORA DO ALMOÇO

4

A REUNIÃO COMEU a sua hora de almoço. O café-da-manhã foi insuficiente e, agora, cinco horas depois, fica cada vez mais difícil prestar atenção ao assunto tratado ali, à medida que seus pensamentos voltam-se inexoravelmente para o bufê de *sushi* do seu restaurante japonês favorito ou para o substancial sanduíche de presunto que você levou de casa. Alessandro Benedetti, cirurgião veneziano do século XV, acreditava que a natureza havia relegado o estômago para um local distante do cérebro, separando-o pelo diafragma "para que não perturbasse a parte racional da mente com a sua importunidade".[1] Ao que parece, a natureza falhou em sua missão.

Qual é a conformação da mente enquanto pensa no *unagi* (enguia) ou no presunto? Onde se origina a fome, na barriga ou no cérebro? Talvez algumas pistas possam ser encontradas em pessoas que pensam incessantemente em comida. Não há muito tempo, dois pesquisadores suíços, a neuropsicóloga Marianne Regard e o neurologista Theodor Landis, realizaram um estudo de imagem do cérebro dessas pessoas, um grupo de pacientes acometidos por um transtorno alimentar benigno que os cientistas chamam de síndrome do *gourmand*.[2]

Inicialmente, a síndrome foi diagnosticada pela equipe em dois pacientes que desenvolveram uma obsessão por comida depois de sofrer danos no lobo frontal direito causados por derrame. Antes da doença, ambos os pacientes possuíam hábitos alimentares comuns, sem preferências particulares por comida. Após o derrame cerebral, um dos pacientes não conseguia pensar em mais nada além da comida saborosa servida por um bom restaurante. "Está na hora de um verdadeiro jantar de delícias", escreveu ele em seu diário no hospital, "uma boa lingüiça acompanhada por um cozido ou espaguete à bolonhesa, ou um risoto com costeletas, cuidadosamente decorados, ou vieiras ao creme com 'Spätzle' (especialidade da cozinha suíça e alemã). Sempre comer e beber!". O segundo paciente também experimentava apetites semelhantes e um desejo de comprar comida, cozinhar e escolher restaurantes. Além disso, passou a ter prazer em relembrar refeições especiais: "A iguaria cremosa escorrega da bandeja como uma sereia", escreveu ele. "Experimento um pedaço. De agora em diante, será mais difícil alguma coisa me aborrecer."

Para rastrear suas observações, os pesquisadores suíços escanearam os cérebros de 36 outros *gourmets* apaixonados e descobriram que 34 deles possuíam lesões no lobo frontal direito. Os cientistas se apressaram em dizer que tais achados não provam que essa região direita do cérebro é responsável pela fixação por comida, mas que possivelmente essa é uma área envolvida no controle de impulsos e obsessões de todos os tipos.

Além disso, achei a mania curiosamente familiar e me perguntei se é possível experimentar esse tipo de atividade do lobo frontal em graus variados. Admito possuir algo da síndrome, pois tenho uma tendência de pensar muito freqüentemente em comida e de me lembrar de pratos com demasiados detalhes: aquelas alcachofras recheadas com camarão servidas ao ar livre em Fresno, na Califórnia, o peixe frito acompanhado de couve em um bar no Delta, aquela cerveja sorvida às margens de um lago em meu primeiro acampamento. (As cartas que escrevi para casa nessa viagem eram uma ladainha de reclamações sobre a comida, por exemplo: "Posso parecer feliz nesta carta, mas é só porque serviram torradas de manhã".)

Certa vez, meu marido almoçou em um dos melhores restaurantes da cidade e só consegue se lembrar de que comeu "algum prato de frango" – uma falta de consciência culinária que eu simplesmente não posso compreender.

A intensa preocupação com comida sofrida (ou desfrutada) por pessoas portadoras da síndrome de *gourmand* pode estar no extremo da escala, mas todos nós fixamos nossa atenção na comida quando somos privados dela por algum tempo. Os cientistas que investigam os tipos normais de fome recentemente concentraram seus esforços nos centros do cérebro responsáveis por seu controle.

Don Quixote de la Mancha chamou a fome de "*la mejor salsa del mundo*", o melhor molho do mundo. O Dicionário de Inglês da Oxford a define como "aquela sensação intranqüila ou dolorosa causada pelo desejo de comida". Em geral, a fome envolve uma dor ou um rosnado no estômago, mas também pode trazer fraqueza, boca seca e – perdão, *Dottore* Benedetti – dores de cabeça e perda de concentração. As pontadas da fome culminam ao meio-dia, mesmo na ausência de estímulos de tempo externos. (A propósito, uma pontada é diferente de um rosnado ou de um ronco, conhecidos como borborigmo, ruído que surge da atividade muscular do estômago e do intestino delgado, independentemente de estarem vazios ou cheios – o barulho é mais alto quando não há comida para amortecê-lo.)

Acreditava-se que o impulso de comer originava-se exclusivamente no estômago. Entretanto, Charles Sherrington, grande neurocientista do século XIX, observou que a fome persiste mesmo naqueles que tiveram o estômago extraído cirurgicamente. Hoje, apontamos o dedo definitivamente para outro lugar em nossa anatomia. Um recente estudo de neuroimagem encontrou grande "turbulência" no cérebro em resposta à fome.[3] Curiosamente, as áreas de atividade diferiam um pouco em homens e mulheres. Pesquisadores dos Institutos Nacionais de Saúde dos Estados Unidos usaram tomografia por emissão de pósitrons (PET) para estudar a atividade do cérebro em 22 homens e 22 mulheres após terem jejuado por 36 horas e novamente após terem ingerido uma refeição líquida para satisfazer a fome. Quando estavam em jejum, todos os participantes mostraram um fluxo sangüíneo mais abundante no hipotálamo, porção do cérebro que regula a resposta fisiológica básica à fome. Porém, os homens mostraram mais atividade nas áreas paralímbicas do cérebro, que governam a emoção, do que as mulheres; entretanto, quando satisfeitos, mostraram também mais atividade em uma área do córtex pré-frontal associada ao processamento da recompensa. Esses resultados sugeriram aos pesquisadores que os homens podem se sentir mais recompensados por comer do que as mulheres. Eu duvido disso, mas admito que minha experiência é limitada.

Fome é uma coisa; apetite, desejo de comer, é outra. Embora as duas sensações costumem coincidir, todos nós sabemos que o apetite pode facilmente ocorrer na ausência da fome. Muitos de nós sentimos o desejo de comer muito tempo antes de o nosso estômago ficar vazio porque a comida parece ótima ou cheira bem. Ou porque é meio-dia e hora do almoço, e alguém nos serviu um prato de truta grelhada. Ou porque estamos aborrecidos e queremos o estímulo de um bolo de nozes. Qual é o mecanismo fisiológico que resulta na vontade de comer torradas crocantes cobertas de húmus (iguaria árabe) e um fio de azeite?

O que aprendemos sobre a biologia do apetite nos últimos dez anos sem dúvida cabe em uma panela grande. Você pode ter pensado que tinha controle sobre seus impulsos por comida em um determinado momento, mas novos conhecimentos indicam que uma associação complexa de mensageiros químicos esteja de fato no comando de suas decisões alimentares.

Quando endocrinologistas de Harvard estudaram todas as moléculas que regulam o apetite, acionando-as ou desativando-as, sinalizando "comer" ou "não comer", eles encontraram dezenas de mensageiros químicos de prontidão na boca, estômago, intestinos, fígado e circulação sanguínea.[4] Alguns desses emissários agem rapidamente, de refeição a refeição, controlando o apetite e a saciedade para todo e qualquer evento alimentar. Outros mostram o seu efeito a longo prazo, controlando as reservas de gordura do corpo e informando o cérebro quando elas diminuem, de maneira que ele possa aumentar o apetite. Os sinais de longo prazo podem estimular a produção da mensagem de curto prazo "estou com fome" ou reprimi-la. É provável que você ignore tais flutuações químicas, mas são elas que dirigem o seu comportamento, seja empurrando você para aquele bufê, seja permitindo que você prossiga com seu trabalho.

Duas regiões do cérebro interpretam essa sopa de sinais, e uma sofisticada conversa entre elas determina o resultado.[5] O destinatário dos sinais de curto prazo para qualquer refeição é o rombencéfalo, ou tronco cerebral caudal. O árbitro dos sinais relativos à necessidade de alimento de longo prazo é o hipotálamo, especialmente um grupo de cerca de cinco mil neurônios, conhecido como núcleo arcual, por seu formato em arco. Já em 1912, exames necrópsicos em indivíduos muito obesos revelaram lesões no hipotálamo, sugerindo que essa parte do cérebro pode ter um papel importante no controle do apetite. Mais recentemente, pesquisadores confirmaram que esse núcleo integra e julga as mensagens eventualmente conflitantes de uma incrível multidão de hormônios, nutrientes e nervos, para decidir de que maneira o corpo se sente, se vai comer ou não.[6] Ele também determina como ajustar o metabolismo – um conjunto de reações químicas por meio das quais o corpo extrai energia dos alimentos ou a armazena e a usa para todas as suas atividades – para gastar ou conservar energia.

Um dos atores principais entre os "hormônios da fome" é a grelina, um pequeno peptídio secretado principalmente pelo estômago e pelo intestino delgado superior, que age no cérebro como um potente estimulante do apetite.[7] Voluntários que receberam doses de grelina ficaram muito famintos e ingeriram 30% mais do que costumavam.[8]

Para David Cummings e seus colegas da Universidade de Washington, a grelina é um hormônio "saginário" (do latim *saginare*, engordar) – o produto de um gene econômico que evoluiu para ajudar os animais a consumir e armazenar gordura com eficiência, assim aumentando suas chances de sobrevivência durante tempos de escassez.[9] Quando os pesquisadores mediram a grelina em circulação 38 vezes durante um período de 24 horas, descobriram que os níveis do hormônio aumentavam e caíam dramaticamente ao longo do dia.[10] Antes das refeições, os níveis se elevam abruptamente, por volta de 80%, alcançando o auge quando o estômago está vazio, logo antes de cada refeição, e então caem a quantidades mínimas uma hora depois que comemos.

"O estômago vazio, no entanto, não é o gatilho que aciona as ondas pré-refeição da grelina", explica Cummings; em vez disso, é o cérebro que antecipa uma refeição.[11] Se você está acostumado a fazer quatro refeições por dia em horários regulares, você experimentará quatro picos de grelina, um antes de cada refeição. Quando o número de refeições é menor, o número de ondas diminui, mas o tamanho de cada onda aumenta, assim como a sensação de fome e a quantidade de comida ingerida em cada refeição.

Certos hormônios inibem as ações da grelina, entre eles a leptina. Não muito tempo atrás, esse hormônio causou grande sensação na imprensa como uma possível solução mágica para tratar a obesidade.[12] Produzida pelas células de gordura, a leptina é liberada no sangue proporcionalmente à quantidade de gordura corporal de cada pessoa; do sangue, ela viaja até o hipotálamo, que responde modulando o apetite e a taxa metabólica. Quanto mais gordura você possui, mais leptina é produzida por suas células. A leptina parece ser a maneira de o corpo dizer ao cérebro se os estoques de gordura são suficientes, para que ele possa equilibrar a ingestão e o gasto de calorias – um mecanismo notavelmente bom, pois, para a maioria das pessoas, a ingestão excede o gasto em menos de 1%.[13] (Mesmo essa pequena diferença, entretanto, pode acrescentar alguns quilos ao corpo ao longo do tempo.)

Quando os níveis de leptina declinam, o cérebro entende o sinal como um aviso de privação e envia sinais ao corpo para aumentar o apetite e tornar o metabolismo mais eficiente, reduzindo o gasto de energia até que o peso perdido seja recuperado. Com a perda de peso e a conseqüente diminuição dos níveis de leptina, o hipotálamo envia sinais neurais ao rombencéfalo para torná-lo menos sensível aos sinais de saciedade de curta ação vindos do intestino, explica David Cummings. "Por conseguinte, é preciso uma quantidade maior de comida em uma determinada refeição para fazer uma pessoa se sentir satisfeita, por isso a pessoa tende a comer mais em cada refeição até que o peso original do corpo seja recuperado. Dessa maneira, os sinais de longa ação governam a ingestão de comida em cada refeição." Sem dúvida, é isso que torna as dietas para emagrecer e especialmente para manter o peso coisas tão difíceis. O corpo tem esse sofisticado mecanismo para se proteger contra a perda de peso.

A leptina tem funcionado como tratamento para a obesidade apenas nos casos raros de pessoas que apresentam deficiência genética do hormônio.[14] Em outros casos de obesidade, uma resistência à leptina pode se desenvolver e, ademais, elevar seus níveis não é muito eficaz. Além disso, é um hormônio poderoso. Estudos em ratos sugerem que durante o desenvolvimento neonatal[15] a leptina modela todo o circuito do cérebro, fortalecendo os caminhos que suprimem o apetite e enfraquecendo aqueles que o estimulam. Ingerir comida em excesso ou de menos nessa fase crítica da infância pode, na verdade, mudar a maneira pela qual os circuitos são modelados, afetando o apetite e o modo como o corpo responde à gordura na fase adulta. De fato, afirmam os pesquisadores, a modelagem do circuito do apetite, feita pela leptina logo no estágio inicial da vida, pode ser a base biológica do que é conhecido como o *set-point* do peso corporal – uma espécie de memória para a variação do peso que o corpo quer manter ao longo da vida. Você pode oscilar dentro dos limites dessa variação de peso predeterminado por meio de dietas e exercícios, mas não pode mudar seus parâmetros.

Assim, seu apetite na hora do almoço em uma quarta-feira de junho pode, afinal de contas, ter raízes nos distantes dias de sua infância.

Quaisquer que sejam as origens, o clamor de seu corpo por comida não silenciará, por isso, você propõe aos seus colegas de reunião fazer uma pausa para o almoço e vai até o restaurante mais próximo. O que você escolhe? Salada? Frango frito? Tomates marinados com *mozzarella*?

O que escolhemos para comer, e por quê, é um assunto quase tão complexo quanto o apetite. Experiência, associações de infância, legados de nosso passado distante, tudo tem um poderoso papel na seleção dos alimentos. O impulso subjacente por certos sabores doces, salgados e *umamis* tem raízes na necessidade por calorias e nutrientes essenciais. Já o gosto ácido só é escolhido seletivamente, para evitar a forte acidez de frutas ainda verdes ou deterioradas. Por sua vez, fugimos do amargo por uma boa razão. Ao examinar o bufê de saladas, eu apressadamente me desviaria das batatas com hortelã fresca – uma aversão que adquiri. Cerca de vinte anos atrás, meu marido preparou uma salada de batatas com hortelã, alho e azeite de oliva. Infelizmente, as batatas estavam estragadas, mas o molho forte que ele usou disfarçou o gosto amargo da solanina, um alcalóide venenoso produzido quando as batatas ficam verdes devido à superexposição do tubérculo à luz. Eu comi a salada com gosto e passei mal como um cachorro. Duas décadas depois, ainda não consigo sequer chegar perto desse prato.

A náusea – a antítese da fome – é uma potente ferramenta de proteção. O que exatamente causa a dor de cabeça e o estômago embrulhado permanece um enigma. Porém, a maioria de nós já experimentou alguma vez essa sensação, provocada por atum deteriorado, álcool em excesso, tabaco ou água salobra, doenças, repugnância, odores desagradáveis, medicamentos, gravidez ou doença do movimento, conhecida também como cinetose – enjôo que se sente em veículos em movimento (a palavra "náusea", na realidade, deriva do grego *naus*, navio). Tão poderosa é a sensação que as mulheres continuam a se lembrar do desconforto causado pela indisposição matinal da gravidez muito tempo após terem esquecido a dor do parto. Na medida em que a náusea vai de mal a pior, as glândulas salivares entram em ação, o coração se acelera, a pressão sangüínea cai, as artérias da pele se contraem, causando palidez e suor frio. Ao mesmo tempo, a atividade elétrica no estômago se altera, relaxando seus músculos. O esôfago se contrai, o intestino delgado superior esvazia seu conteúdo no estômago; então, em uma contração gigantesca coordenada pelo cérebro, os músculos abdominais e o diafragma se comprimem pressionando o estômago e o vômito se inicia.

Evidentemente, associações mais agradáveis também podem ditar a escolha dos alimentos para o almoço. A maioria de nós prefere o que lhe é familiar. A comida que sustentou minha família era uma mistura das culinárias judaica, norte-americana da década de 1950 e alemã: *matzo brei* (espécie de pão), bolo de carne, *bratwurst* (essas lingüiças de carne de porco picantes) e, com a chegada de minha irmã adotada de Seul, um toque exótico: carne e *kimchi*, um prato coreano que provoca uma intensa queimação na boca que alguns acham muito prazerosa.

Meu prato preferido é frango assado, em parte por causa de minha avó. "Coma", dizia ela, "coma", colocando outro pedaço de tenra carne branca em meu prato em seu minúsculo apartamento na zona oeste de Nova York. Quando eu estava com o estômago cheio, ela embrulhava as sobras em papel pardo para que eu as levasse em minha viagem de volta para casa. Já no avião, eu acomodava aquele cheiroso pacote em um canto do compartimento de bagagem, de onde escapavam vapores aromáticos de alecrim e alho para torturar os outros passageiros. Eu carregava o embrulho culinário não por obrigação, mas porque eu adorava aquela carne doce, tão macia que parecia derreter em minha boca. Esse toque mágico de vovó foi herdado por meu pai, que servia para as filhas gripadas uma boa canja bem quente (a ampicilina judaica) – para mim, o sabor do amor familial.

Deve haver mais razões para as nossas preferências do que simples familiaridade. Alguns tipos de alimentos contêm substâncias que parecem elevar o humor. Peixes de água fria, como sardinha, atum e salmão, assim como nozes, que possuem gorduras ômega-3, podem ter um importante impacto no modo como nos sentimos. Em 2005, William Carlezon e uma equipe de pesquisadores de Harvard descobriram que, em ratos, esses componentes funcionam pelo menos tão bem quanto drogas antidepressivas prescritas para melhorar o humor.[16] Uma provável explicação para tal efeito é o impacto positivo que os componentes têm sobre a mitocôndria (a fábrica de energia de todas as células do corpo) do cérebro, que pode aumentar a comunicação entre os neurônios em importantes áreas cerebrais.[17] No entanto, Carlezon enfatiza que, para alcançar esses resultados, foi ministrada aos ratos uma dieta enriquecida com ômega-3 durante um mês. "Períodos mais curtos de tratamento não foram efcientes", relata ele. "Portanto, uma porção ocasional de peixe não adiantará de nada – você precisa de uma mudança substancial na dieta." A descoberta de Carlezon reforça pesquisas anteriores que mostram uma correlação entre o consumo de peixe e uma prevalência menor de depressão severa.[18] "Esse trabalho traz mais evidências de que o nosso comportamento – incluindo a seleção dos alimentos que consumimos para abastecer nosso corpo – pode exercer uma tremenda influência na maneira como sentimos e agimos", complementa ele.[19]

Outro estudo sugere que alguns alimentos podem não apenas elevar o bem-estar psicológico como também aliviar o mal-estar físico.[20] Pesquisadores descobriram que alimentos ricos em manteiga, óleo e outros tipos de gordura podem reduzir a percepção da dor. Indivíduos que ingeriram panquecas feitas de creme e manteiga derretida noventa minutos antes de mergulhar o antebraço em água gelada relataram sentir menos dor do que aqueles que haviam consumido panquecas com calorias equivalentes, mas feitas com leite desnatado e água. O maior alívio da dor ocorreu uma hora e meia depois da refeição. Os cientistas acreditam que esse efeito pode depender da assim chamada estimulação sensória – cheirar, provar e sentir aquelas panquecas ricas em gordura –, capaz de ativar os opióides naturais do corpo que combatem a dor.

O chocolate, conhecido por seus efeitos estimulantes, pode fazer sua mágica da mesma maneira, desfechando um tal pontapé químico no cérebro que causa bem-estar. Um estudo sugeriu que comer chocolate pode proporcionar um humor positivo não apenas em quem o desfruta, mas também – no caso de uma mulher grávida – no feto.[21] Quando pesquisadores da Universidade de Helsinki investigaram a ligação entre a quantidade de chocolate consumido por mulheres grávidas (especialmente aquelas acometidas por estresse) e o comportamento de seus bebês, eles descobriram que as crianças nascidas de mulheres que comeram chocolate diariamente durante a gravidez eram mais ativas, mais sorridentes e risonhas e menos medrosas do que os bebês das mães que se abstiveram da iguaria.

Seja motivado pelo sabor ou pela familiaridade, pelo bem-estar ou pelo desejo, você escolheu sua refeição, talvez uma salada de ovo acompanhada de folhas verdes e uma fatia grande de torta de chocolate.

Experimente um pedaço da torta. A boca está cheia de sensores de alimentos, além daqueles dedicados ao gosto. Enquanto você se delicia com o chocolate cremoso e a cobertura amanteigada, receptores altamente sensíveis nos dentes e ao redor deles ajudam a modular a secreção de saliva, um fluido composto de 99% de água e 1% de magia – magia na forma de íons de sódio, enzimas e uma miríade de outras substâncias orgânicas, entre elas as mucinas que combatem bactérias, sem as quais nossos dentes se deteriorariam. Mecanorreceptores especiais em sua língua separam os pedaços de seu bocado de torta pelo tamanho, de maneira a dispor os grandes e duros entre os dentes para a mastigação. No interior dos dentes existem ainda outros sensores – milhares de terminações nervosas, na densidade mais alta do corpo – que ali se encontram não para aumentar a dor de dente ou a dor causada pela broca do seu dentista, garante Peter Lucas, antropólogo da Universidade George Washington, mas para detectar níveis sutis de força.[22] Isso ajuda nas avaliações que fazemos do gosto, da textura e da qualidade do alimento, e também se devemos ou não engolir.

Dê uma boa olhada em seus dentes no espelho. O esmalte branco brilhante que reveste cada dente é o tecido mais forte de seu corpo, e precisa ser. De acordo com Lucas, nossas mandíbulas exercem até cerca de 58 quilos de pressão em nossos dentes quando mastigamos, criando forças flexíveis para esmagar, triturar e cortar os alimentos em partículas. Toda essa pressão é importante não apenas para moer os alimentos, mas para conservar o osso em nossa mandíbula; sem isso, o osso lentamente encolheria com o passar do tempo. Remova um dente e, conseqüentemente, reduza a pressão de mastigar – o osso maxilar naquela área diminuirá cerca de 25%.

Olhe novamente para os dentes perolados. É possível que eles não brilhem como os modelos estelares da dentição ideal. Para os padrões animais, os dentes humanos são extraordinariamente desordenados e a única parte do corpo que requer tratamento regular.[23] Talvez devamos isso à evolução e à nossa dieta. O uso de ferramentas e o cozimento reduziram nossa comida a pequenos pedaços ou a uma consistência pastosa, como maioneses, purês de batata e torta de chocolate, por isso não mastigamos tanto quanto os nossos antepassados o fizeram. Em média, passamos apenas uma hora mastigando por dia (um sexto do tempo que um chimpanzé gasta para a mesma ingestão de calorias). E mesmo durante aquela única hora, com a nossa dieta de alimentos tenros e processados, não geramos muita força. Comparada com uma batata crua, um tubérculo cozido reduz a tensão dos molares em mais de 80%.

A mastigação, ou a falta dela, pode rapidamente transformar a anatomia de nossas mandíbulas, afirma Dan Lieberman, antropobiólogo de Harvard. Quando Lieberman forneceu alimentos macios e cozidos a pequenos animais chamados hiracóideos, semelhantes ao coelho, ele descobriu que o focinho deles se desenvolveu mais fino, com ossos mais curtos, do que os animais que comeram alimentos crus.[24] Na visão de Lieberman, algo semelhante tem acontecido com a nossa tribo.

"Desde o Paleolítico, nosso rosto reduziu de tamanho cerca de 12%", afirma Lieberman, "sendo que a maior parte desse encolhimento ocorreu na boca e na mandíbula". Entretanto, nossos dentes mantiveram em grande parte o número e o tamanho, apesar da diminuição facial, causando amontoamento e outras doenças odontológicas.

Mesmo com a ajuda da saliva e bastante mastigação, engolir não é uma coisa fácil. Compreendi isso pela primeira vez enquanto observava o que acontecia dentro do esôfago rosa de uma estudante de medicina na Escola de Medicina da Universidade da Virgínia. Um otorrinolaringologista havia anestesiado a garganta da jovem e inserido pelo nariz um tubo de fibra óptica com uma câmera que projetava a imagem em uma grande tela.

"Você está olhando para a faringe de Lisa", disse o anatomista responsável, doutor Barry Hinton. Essa é a cavidade em que a boca e o nariz se unem na parte de trás da garganta, familiar a todos os que já experimentaram uma secreção nasal. Na tela, a faringe parecia uma pulsante caverna cor-de-rosa. O doutor Hinton pediu a Lisa que respirasse normalmente enquanto ele mostrava os detalhes da laringe, também conhecida como caixa de voz, órgão que tem um papel crucial na respiração e na fala: sua abertura, ou glote, e as cordas vocais, que se alargavam e se estreitavam com perfeição enquanto ela inspirava e expirava. Ali, os canais para o ar e para a comida se dividem, levando, respectivamente, o ar para a traquéia – a passagem para os pulmões –, e o alimento para o esôfago – o tunel para o estômago.

"Fale um pouco, se você puder", disse o doutor Hinton. Apesar de certa dificuldade inicial, Lisa conseguiu falar, sua glote fechando e abrindo com o som do *p* de *por favor* e do *t* de *tire*: "Por favor, tire esse tubo de minha garganta".

"Uma tarefa final", exclamou Hinton. "Engula". Lisa fez uma careta. Então, os círculos de músculos em sua garganta se contraíram em um rápido espasmo, elevando a laringe e movendo a epiglote para fechar o canal respiratório a fim de poder engolir sem sufocar. Foi nada menos que extraordinário.

Agora, você está se demorando naquele pedaço de torta, beliscando aqui e ali à medida que seu apetite diminui. O estômago humano se expande para receber uma refeição até cerca de 1,2 litro (o que corresponde a cerca de metade da capacidade do estômago de um cachorro e apenas um centésimo do estômago de uma vaca). Assim ele permanece por algumas horas, dependendo da quantidade de comida, antes de enviá-la, gradativamente, através de ondas de contração, para o intestino delgado.

Receptores no estômago ajudam a sinalizar a saciedade. Porém, o trabalho não é tão direto: pelo menos meia dúzia de mensagens emitidas pelo estômago e pelos intestinos reforçam a mensagem "pare de comer". Dois hormônios, CCK e PYY, produzidos pelas células intestinais e secretados em resposta à presença de comida no intestino, têm um papel fundamental no envio do sinal de saciedade ao cérebro.[25] Dê a algumas pessoas uma infusão desses hormônios e elas reduzirão a ingestão de comida e terminarão a refeição mais cedo.[26] Em recente estudo, pessoas que receberam doses de PYY e, duas horas depois, foram expostas a um bufê para se servirem à vontade consumiram um terço menos de calorias do que as pessoas que receberam apenas uma solução salina; tais efeitos de supressão do apetite duraram até doze horas.[27]

O tempo que você leva para se sentir satisfeito também depende do que come. Os alimentos não são todos igualmente eficientes para suprimir os sinais de fome. Aqueles ricos em fibras, que se movem mais lentamente pelo intestino, podem ativar mais PYY do que as *fast-foods* preparadas com carboidratos refinados, que são rapidamente dissolvidos no estômago.[28] David Cummings e sua equipe mostraram que proteína e açúcar suprimem a grelina, provocando uma rápida diminuição de 70% no hormônio da fome, enquanto a gordura faz os níveis de grelina caírem mais lentamente e apenas cerca de 50%.[29] Os pesquisadores sugerem que essa fraca supressão da grelina por alimentos altamente gordurosos pode ser um dos mecanismos que determinam o aumento de peso causado por dietas com elevados teores de gordura.

Independentemente do tipo de culinária, entretanto, cedo ou tarde, você recebe a mensagem: *chega.*

REFERÊNCIAS

1. Citado em History of the Stomach and Intestines: <www.stanford.edu/class/history13/earlysciencelab/body/stomachpages/stomachcolonintestines.html>. Acesso: 18/6/2008.

2. Regard, M.; Landis, T. "Gourmand syndrome: eating passion asociated with right anterior lesions". *Neurology.* V. 48, 1997, p. 1185-90.

3. Del Parigi, A. et al. "Sex differences in the human brain's response to hunger and satiation". *American Journal of Clinical Nutrition.* V. 75, n. 6, 2002, p. 1017-22.

4. Badman, M. K.; Flier, J. S. "The gut and energy balance: visceral allies in the obesity wars". *Science.* V. 307, 2005, p. 1901-14; veja também Woods, S. C. "Gastrointestinal satiety signals I: an overview of gastrointestinal signals that influence food intake". *American Journal of Physiology: Gastrointestinal and Liver Physiology.* V. 286, 2004, p. G7-13.

5. Cummings, D. Comunicação pessoal. 14 ago. 2006.

6. Cone, R. D. "Anatomy and regulation of the central melanocortin system". *Nature Neuroscience.* V. 8, n. 5, 2005, p. 571-78.

7. Nakazato, M. et al. "A role for ghrelin in the central regulation of feeding". *Nature.* V. 409, 2001, p. 194-98; Cummings, D. E. et al. "A preprandial rise in plasma ghrelin levels suggests a role in meal initiation in humans". *Diabetes. V.* 50, 2001, p. 1714-19.

8. Date, Y. et al. "The role of the gastric afferent vagal nerve in ghrelin-induced feeding and growth hormone secretion in rats". *Gastroenterology.* V. 123, n. 4, 2002, p. 1120-28.

9. Cummings, D. E. et al. "Ghrelin and energy balance: focus on current controversies". *Current Drug Targets*. V. 6, n. 2, 2005, p. 153-69.

10. Cummings, D. E. et al. "A preprandial rise in plasma ghrelin levels".

11. Esta e todas as outras citações que seguem são tiradas de Cummings, D. E. Comunicação pessoal. 14 ago. 2006.

12. Informações sobre leptina estão em Munzberg, H.; Myers Jr., M. G. "Molecular and anatomical determinants of central leptin resistance". *Nature Neuroscience*. V. 8, n. 5, 2005, p. 566-70; Badman, M. K.; Flier, J. S. "The gut and energy balance".

13. Bajzer, M.; Seeley, R. J. "Obesity and gut flora". *Nature*. V. 444, 2006, p. 1009.

14. Flier, J. S. Comunicação pessoal. 20 jul. 2006.

15. Elmquist, J. K.; Flier, J. S. "The fat-brain axis enters a new dimension". *Science*. V. 604, 2004, p. 63-64; Pinto, S. et al. "Rapid rewiring of arcuate nucleus feeding circuits by leptin". *Science*. V. 304, 2004, p. 110-15; Flier, J. S. Comunicação pessoal. 20 jul. 2006.

16. Carlezon, W. et al. "Antidepressant-like effects of uridine and omega-3 fatty acids are potentiated by combined treatment in rats". *Biological Psychiatry*. V. 54, n. 4, 2005. , p. 343-50.

17. Esta explicação e as citações que seguem são de Carlezon, W Comunicação pessoal. Out. 2006.

18. Hibbeln, J. R. "Fish consumption and major depression". *Lancet*. V. 351, 1998, p. 1213.

19. McLean Hospital. "Food ingredients may be as effective as antidepressants". *Press release*. Harvard Medical School, 10 fev. 2005.

20. Zmarzty S. A. et al. "The influence of food on pain perception in healthy human volunteers". *Physiology and Behaviour*. V. 62, n. 1, 1997, p. 185-91.

21. Räikkönen, K. et al. "Sweet babies: chocolate consumption during pregnancy and infant temperament at six months". *Early Human Development*. V. 76, 2004, p. 139-45.

22. Essa informação sobre dentes é de Lucas, P. W. *Dental functional morphology: how teeth work*. Nova York: Cambridge University Press, 2004. p. 4.

23. Lucas, P. W. "The origins of the modern human diet". Documento apresentado no American Association for the Advancement of Science. 19 fev. 2005.

24. Lieberman, D. Comunicação pessoal. 26 fev. 2005; Lieberman, D. et al. "Effects of food processing on masticatory strain and craniofacial growth in a retrognathic face". *Journal of Human Evolution*. V. 46, 2004, p. 655-77.

25. Bloom, S. R. et al. "Inhibition of food intake in obese subjects by peptide $YY_{3\text{-}36}$". *New England Journal of Medicine*. V. 349, 2003, p. 941-48.

26. Badman, M. K.; Flier, J. S. "The gut and energy balance".

27. Bloom, S. R. et al. "Inhibition of food intake in obese subjects."

28. Batterham, R. L. et al. "Gut hormone $PYY_{3\text{-}36}$ physiologically inhibits food intake". *Nature*. V. 418, 2002, p. 650-54.

29. Overduin, J. et al. "Role of the duodenum and macronutrient type in ghrelin regulation". *Endocrinology*. V. 146, n. 2, 2005, p. 845-50.

5

DEPOIS DO ALMOÇO

O SOL ESTÁ ALTO, a brisa é leve e a comida pesa em seu estômago. O melhor é andar um quilômetro ou dois de volta ao escritório. Ao caminhar pela calçada, passando por entre a multidão, você põe em movimento mais de cinqüenta ossos do tornozelo e do pé – um quarto dos ossos em seu corpo , assim como múltiplos músculos e ligamentos, todos interagindo dinamicamente com o chão.

"Se eu não pudesse caminhar para longe e rápido, penso que simplesmente explodiria e pereceria", revelou o escritor inglês Charles Dickens. Por sua vez, o escritor alemão Goethe compôs poemas enquanto caminhava. Também assim o fizeram Robert Frost e Dante. Alguns analistas até mesmo creditaram ao balanço do andar, pernas e braços oscilando em ritmo pendular, famosos poemas e prosas, incluindo o *Purgatório* de Dante, com sua métrica que imita o passo humano.[1]

Se precisamos ou não caminhar para manter a mente sã ou o compasso firme, parecemos ter sido talhados para isso. Para compreender o que acontece no corpo durante tal ato aparentemente simples de locomoção humana, os cientistas analisam o movimento dos membros e o gasto de energia de indivíduos caminhando ou correndo em uma esteira rolante. Participei como voluntária de uma dessas experiências realizada em 2005 no laboratório de Dan Lieberman na Universidade de Harvard. Sensores de pressão colocados em meus pés mostraram o impacto de meu calcanhar e da ponta de meu pé no chão. Sensores eletromiográficos revelaram as correntes elétricas de meus músculos, enquanto acelerômetros e giroscópios em minha cabeça mediram sua intensidade, oscilação e alternância. Pequenas bolas de espuma prateada presas a minhas juntas – tornozelo, joelho, quadril, cotovelo e ombro – operaram como refletores de infravermelho para três câmeras de vídeo que mapearam a localização exata dos segmentos de meus membros em um espaço tridimensional. Depois, uma máscara conectada a um equipamento recolhia informações sobre a quantidade de oxigênio que eu consumi enquanto caminhava e corria, uma medida do meu gasto de energia.

Toda essa parafernália era tão confortável quanto uma armadura, cheia de elásticos, arames e fios. Porém, conhecer mais sobre a locomoção humana valia o desconforto.

Andar parece fácil porque a energia potencial do corpo é facilmente convertida em energia cinética, explicou Lieberman. Um corpo humano em movimento não é diferente de um pêndulo invertido. O corpo gira em torno de uma perna relativamente rígida, com pouca necessidade de energia – a energia potencial ganha na elevação quase equivale à energia cinética gasta na descida. Com esse truque, o corpo armazena e recupera muito da energia usada em cada passada, tanto que ele reduz sua própria carga de trabalho em cerca de 65% a 70%.

Observando em um computador os resultados tabulados da experiência, tive de me maravilhar com a engenhosidade do corpo em movimento, o relógio ativando os músculos, o ritmo regular de braços e ombros, a consistência de nossos passos. Caminhar é uma forma de locomoção altamente eficiente para nossa espécie – pelo menos a uma velocidade ótima, favorável. Ou seja, cerca de 1,3 metro por segundo, ou um pouco mais de 4,8 quilômetros por hora, que é muito econômico, diz R. McNeill Alexander, biólogo da Universidade de Leeds, em parte porque os músculos trabalham melhor no comprimento e na freqüência característicos desse passo.[2] À medida que o passo aumenta ou diminui em relação à velocidade ótima, o custo para o corpo sobe rapidamente. Porém, de alguma maneira o corpo sabe como minimizar seus custos, mesmo quando é forçado a se movimentar em passadas desconfortáveis. Em um estudo, cientistas canadenses pediram a atletas que andassem com passos estranhos, curtos ou pesados.[3] Eles descobriram que os atletas automaticamente compensavam o esforço e minimizavam o gasto de energia ajustando o ritmo e a freqüencia da passada. Quando caminhamos, explicam os pesquisadores, a relação entre nossa velocidade e nosso comprimento mais a freqüência do passo não é um acidente de mecânica. O corpo está monitorando o andar o tempo todo e fazendo os ajustes necessários, tudo sem nosso pensamento consciente.

Bem, agora você está um pouco atrasado, por isso precisa apressar o passo. Uma vez que você põe de lado a eficiência energética em favor da velocidade, sua respiração torna-se mais difícil. Em repouso, você inspira e expira cerca de dezesseis vezes por minuto, inalando cerca de 7,6 litros de ar. Contudo, ao acelerar a máquina para correr de volta ao escritório, sua necessidade de ar aumentará em quinze ou vinte vezes esse valor. Como o corpo sabe quando seus níveis de oxigênio estão baixos e, por isso, precisará respirar mais fundo?

Por mais de um século, os cientistas têm procurado identificar o sensor do oxigênio. Não há muito tempo, bioquímicos da Universidade da Virgínia descobriram um possível candidato em um tipo de óxido nítrico conhecido como SNO. O óxido nítrico é o gás gerado durante uma tempestade de relâmpagos e mais conhecido por reagir com o ozônio causando a fumaça.[4] O corpo, como ficou demonstrado, produz óxido nítrico nas próprias células para uma série de propósitos, incluindo controlar os músculos do trato gastrintestinal e dilatar vasos sangüíneos. Atualmente, acredita-se que a forma do SNO do óxido nítrico é também o mensageiro que permite ao sangue se comunicar com regiões cerebrais que controlam a respiração.

Eu adoro essa idéia de que um gás nascido de um relâmpago também dispare a respiração mais intensa necessária para nos levar de volta ao escritório em passos rápidos.

Um pouco ofegante, mas revigorado por sua caminhada, você vai até o banheiro para escovar os dentes e refrescar o hálito. Eis aqui um fato pouco conhecido para animar a sua escovação dental: mais do que simplesmente limpar os resíduos de seus dentes, a escovação é uma experiência de evolução social, observa Kevin Foster, biólogo de Harvard.[5] Goste você ou não, a sua boca abriga uma sociedade abundante de bactérias que ocupam nichos distintos na língua, nos dentes e na gengiva. "A escovação pode misturar bactérias que antes eram rodeadas por seus vizinhos semelhantes com outras bactérias de outras partes de sua boca", revela Foster. Essa mistura afeta a evolução dessas comunidades, que, por sua vez, determina se elas causam problemas como a perda de dentes e o mau hálito.

A descoberta de que a boca abriga toda uma vida microscópica secreta foi realizada pelo naturalista holandês do século XVII Anton van Leeuwenhoek.[6] Um dia, em um momento característico de curiosidade, Leeuwenhoek retirou um pouco da placa dos próprios dentes e a observou em seu microscópio. Ele viu "com grande surpresa [...] muitos diminutos animálculos vivos, muito maravilhosamente em movimento [que] flutuavam tão juntos que você poderia imaginá-los como uma grande profusão de moscas".

Apenas recentemente descobrimos que a boca hospeda comunidades microbianas verdadeiramente cósmicas, cujo número excede com facilidade os 6 bilhões de habitantes da Terra.[7] (Considere o seguinte: em um beijo lento, os parceiros trocam mais de 5 milhões de bactérias.) As cerca de 600 espécies diferentes de ocupantes orais não são uniformemente distribuídas nem flutuam errantes pela boca, mas florescem em comunidades organizadas que se juntam em "biofilmes" e se estabelecem em nichos especializados.[8] Esses biofilmes protegem as bactérias e estimulam seu crescimento em grupos familiares. O assim chamado Complexo Vermelho, por exemplo, é uma aliança de três espécies que parece ocasionar doenças da gengiva. A escovação rompe essas relações sociais, segundo Foster, impedindo que cresçam, prosperem e corroam seus dentes, irritem sua gengiva ou causem a halitose.[9]

Pesquisas sugerem que o mau hálito é principalmente resultado da ação desses minúsculos micróbios da boca satisfazendo o seu gosto por proteínas.[10] Ao digerir essas proteínas, eles produzem o que o microbiólogo Mel Rosenberg, da Universidade de Tel Aviv, chama de um buquê de "substâncias realmente fétidas": sulfeto de hidrogênio (aquele odor de ovo podre), metilmercaptana e escatol (que produzem o odor das fezes), cadaverina (o cheiro de corpos putrefatos), putrescina (o odor de carne em deterioração) e ácido isovalérico (o fedor dos pés suados).

Talvez o maior especialista mundial em odor do hálito e autodenominado odorologista, Rosenberg desenvolveu um teste clínico para analisar o mau hálito chamado Halímetro, bem como um teste simples de tornassol que ele chamou de teste OK-2-Kiss [Tudo Bem Beijar], que mede a presença de bactérias problemáticas e maus odores. Rosenberg relaciona 22 espécies de bactérias conhecidas por causar mau hálito. Em geral, a saliva lava essas bactérias e seus respectivos resíduos metabólicos malcheirosos, explica ele, mas às vezes ela não alcança a parte de trás da língua, onde as bactérias podem se esconder e "putrefazer" a secreção nasal. A boca seca após uma longa noite de respiração pela boca ou uma manhã em jejum podem piorar a situação. Muita conversa também. (Sobretudo, isso é uma alfinetada nos políticos.) No entanto, Rosenberg não aconselha tentar eliminar as bactérias orais. Algumas espécies desempenham um importante papel de proteção, diz ele: quando essas populações são reduzidas, por exemplo, pelo uso crônico de antibióticos, a língua se torna uma presa fácil para a colonização por cândida, uma espécie de fungo que causa doenças.

Assim, como evitar a temida halitose? De acordo com Rosenberg, os italianos mastigam salsa. Os iraquianos roem cravo-da-índia; os brasileiros, canela; os índios, sementes de funcho. Os tailandeses mastigam casca de goiaba e os chineses bebem vinho de arroz com casca de ovo triturada ou comem caqui, toranja ou tâmaras. Se você não tem acesso a tais ervas ou frutas, Rosenberg recomenda manter a boca úmida, além de escovar os dentes e usar fio dental após as refeições, especialmente depois de comer alimentos ricos em proteína.

◎ ◎ ◎

De volta à sua mesa de estômago cheio e hálito relativamente fresco, você está pronto para atacar aquela pilha de papéis, organizar a tarde, supervisionar a equipe. Você esqueceu completamente aquela salada de ovo. Felizmente, seu corpo não. Ele está apenas começando o seu trabalho de digestão, controlando milhões – não, bilhões – de pequenos operários desconhecidos que enfrentam o trabalho duro de lidar com ovos, salada e torta, silenciosa e invisivelmente, para você poder pensar em outras coisas.

Os eventos ocultos da digestão foram descritos há muito tempo por William Beaumont, que teve uma excelente visão do assunto, graças ao estranho infortúnio de um caçador de peles de animais, o canadense Alexis St. Martin, de 19 anos.[11] Beaumont, cirurgião do exército norte-americano, foi chamado em uma manhã de junho de 1822 para tratar St. Martin, que sofrera uma grande ferida no abdômen. O pobre caçador havia se colocado do lado errado de uma espingarda, que disparou acidentalmente e o atingiu de uma distância de apenas um metro, "literalmente explodindo camadas da pele e músculos do tamanho da mão de um homem", escreveu Beaumont. A ferida era tal que a morte do caçador parecia certa. Apesar da grande perda de sangue e dias com febre alta, St. Martin sobreviveu. Porém, o ferimento deixou um buraco permanente no estômago do rapaz. Uma espécie de válvula do tamanho de um dedo indicador teve de ser colocada para que a comida não vazasse durante as refeições. O buraco permitiu a Beaumont ver dentro do estômago de St. Martin a uma profundidade de doze ou quinze centímentos e realizar mais de cem experimentos inovadores sobre o funcionamento do estômago, suas secreções e o processo de digestão.

"Puro suco gástrico [...] é um fluido claro, transparente; inodoro; um pouco salgado; e muito perceptivelmente ácido", registrou Beaumont. "É o solvente mais geral na natureza [...] nem sequer o osso mais sólido é capaz de resistir à sua ação." É verdade. O suco gástrico que circula em suas entranhas é uma mistura poderosa feita de pepsina, uma enzima que decompõe as proteínas dos alimentos, e ácido clorídrico – uma substância tão cáustica que pode fazer desaparecer as bactérias e dissolver ferro –, que fornece o ambiente ácido de que a pepsina precisa para fazer o seu trabalho. Cheirar ou provar um alimento, ou apenas pensar em comida, estimula as células no interior do estômago a produzir ácido clorídrico. Entre os atributos mais famosos do estômago, está a sua capacidade de digerir, digamos, um bife, com a ajuda desse ácido sem queimar seu próprio tecido ou digerir a si mesmo – possível graças às suas paredes internas, que possuem uma camada de muco e bicarbonato que protege o órgão de suas próprias substâncias corrosivas.[12] Quando o suco gástrico deixa o ambiente protegido do estômago e sobe até o esôfago, o resultado é uma dolorosa sensação de azia. Se ocasional, esse refluxo causa apenas um desconforto, mas se freqüente, torna-se perigoso, já que os sucos gástricos podem corroer ou destruir as paredes do esôfago. A produção desses sucos é mais baixa pela manhã e culmina entre cerca de 10 horas da noite e 2 horas da madrugada, o que explica por que as úlceras pépticas e a azia costumam incomodar durante essas horas.[13]

Apesar de todo o seu equipamento especial, o seu estômago é dispensável. Um eficiente armazenador e processador de alimentos para a digestão, misturando, pulverizando e esterilizando-os, o estômago realiza apenas uma pequena parte do processo de digestão e praticamente nada tem a ver com a absorção (exceção feita a certas drogas, como álcool e aspirina). O trabalho de absorção é feito por projeções em forma de dedo localizadas nos intestinos e chamadas vilosidades.

Em nossos dias, estudos detalhados da digestão não dependem mais de um buraco de bala; com equipamentos especiais e ferramentas químicas podemos observar no fundo escuro do duodeno, e até nas minúsculas vilosidades, os eventos que ocorrem nas células e moléculas. Podemos assistir a essas atividades ao longo do tempo, escutar os sinais que entram e saem do intestino e olhar atentamente a sua "inteligência" inesperada.

Digerimos nossas refeições sem a ajuda do cérebro, e isso acontece em grande parte porque contamos com um independente e autosuficiente "cérebro dentro da barriga", de acordo com Michael Gershon, da Universidade de Colúmbia.[14] O cérebro da cabeça controla o que se passa no alto e no fundo do sistema digestivo, mas o que ocorre no meio é gerenciado principalmente pelo que Gershon chama de "cérebro do sul".

Dentro dos quase dez metros do seu intestino, existe uma intrincada rede de milhões de células nervosas que comandam ações, controlando o movimento e a química da digestão. Somente nos últimos anos os cientistas começaram a desvendar os segredos dessa rede inteligente, conhecida como sistema nervoso entérico. Gershon foi um dos primeiros a sugerir que o sistema era dirigido pelas mesmas substâncias químicas que transmitem instruções no cérebro. Ele e outros pesquisadores descobriram pelo menos trinta substâncias cerebrais de diferentes tipos operando como mensageiras no intestino. Essas mensagens químicas permitem ao sistema nervoso entérico executar uma multiplicidade de tarefas sem a ajuda do cérebro – desde detectar nutrientes e medir os ácidos até ativar as ondas de movimento que impelem a comida ao longo do trato digestivo e comunicar-se com o sistema imunológico para defender o intestino.

De acordo com Gershon, uma corrente estável de sinais circula entre os dois "cérebros". Pense naquela sensação de embrulho em seu estômago antes de você fazer a sua apresentação. "Todos nós experimentamos situações nas quais nosso cérebro faz o intestino diminuir a marcha", observa Gershon. Porém, como se mostrou, o tráfego de mensagens é mais pesado em direção ao norte, do diafragma para a mente, em uma relação de cerca de nove para um. "Saciedade, náusea, desejo de vomitar, dor abdominal, todas essas sensações são maneiras de o intestino avisar ao cérebro do perigo da comida ingerida ou de organismos patogênicos", explica Gershon.

Seu trato intestinal é surpreendentemente inteligente e versátil, como o cérebro. Porém, suas realizações não são só suas: as bactérias ali residentes têm um papel bem maior na digestão do que já se imaginou.[15]

Você pode ter sido um ser estéril e singular no útero, mas uma vez que passou pelo canal vaginal e nasceu para um mundo de mamilos e mãos e lençóis de cama, você apanhou um universo de serviçais microbianos. Logo, esses minúsculos parceiros se espalharam por todos os lugares, como as palavras que enchem uma página, nas dobras da pele, nos orifícios do nariz e das orelhas e, especialmente, nos túneis mornos e confortáveis de seu trato digestivo, da boca ao ânus. Com 2 anos de idade, "o corpo humano está totalmente contaminado com micróbios", observa David Relman, microbiólogo da Universidade de Stanford. Na realidade, "de todas as células que compõem o corpo humano saudável", afirma ele, "mais de 99% são de fato microorganismos que vivem na pele, no intestino e em qualquer outro lugar". O intestino delgado é densamente povoado com 100 milhões de células bacterianas por mililitro; o intestino grosso, ou cólon, com 100 *bilhões* por mililitro. O peso total de todos esses bichos foi calculado em cerca de um quilo.

Em 2005, cientistas tentaram, pela primeira vez, enumerar as diferentes espécies microbianas que habitam o intestino. Microbiólogos usaram o seqüenciamento genético para fazer um censo da flora intestinal de três adultos saudáveis e descobriram perto de 400 espécies, mais da metade das quais eram completamente novas para a ciência.[16] Os pesquisadores suspeitam que essa é a ponta do *iceberg*, que o número de espécies de micróbios do intestino pode estar perto de seis ou sete mil. Centenas dessas espécies trazem com elas genes que nos dotam de características e funções que são úteis para nós – e que o nosso organismo não teve de desenvolver sozinho. Dessa maneira, eles expandem nosso genoma e atuam como químicos fisiológicos mestres em nosso corpo. Na realidade, afirmam os cientistas, seu corpo pode ser mais bem compreendido como uma espécie de superorganismo genético, um rico amálgama de genes humanos e microbianos.

Meus bichos são provavelmente diferentes dos seus. Estudos realizados em gêmeos e seus cônjuges sugerem que a nossa constituição genética ajuda a determinar os tipos de bactérias que são atraídos para o nosso trato alimentar e ali se estabelecem. Entretanto, uma série de fatores ambientais também entra em campo: o lugar onde vivemos, o que comemos e bebemos, nossos hormônios e nossa higiene. As bactérias que encontramos quando crianças ajudam a formar as populações desses organismos que carregaremos por toda a vida. Os bebês nascidos de parto cesariano podem ter espécies diferentes do que as crianças nascidas de parto normal. (Filhotes de ratos, pelo menos, engolem os resíduos bacterianos que se encontram no canal do nascimento à medida que o atravessam.) Os bebês que mamam no peito tendem a ser colonizados por bifidobactérias, e geralmente têm menos problemas intestinais do que os bebês alimentados com produtos processados, que são mais habitados por clostrídios, bacteróides e estreptococos. O uso de antibióticos logo cedo também pode afetar profundamente essas populações.

Enquanto nossas comunidades microbianas permanecerem estáveis, coexistiremos em paz. A carga de bichos é potencialmente perigosa, mas a densa competição entre eles normalmente impede qualquer um deles de dominar. Além disso, aqueles possivelmente destrutivos são mantidos sob controle pelas células imunológicas do corpo, que conhecem as bactérias residentes, aprendem a neutralizar as toxinas que elas produzem e montam um efetivo ataque se os provocadores se aventurarem para além dos muros do tubo digestivo. Entretanto, se alguma coisa muda a composição dessa comunidade intestinal – digamos, um pedaço de fruta ou legume transportando uma bactéria diferente das nossas – pode haver conseqüências desagradáveis.

Certa vez, em uma viagem à Guatemala, sucumbi a uma salada de alface e tomate em um restaurante de hotel. Pouco tempo depois, eu já suava frio e corria para o banheiro a todo momento, vítima de uma bactéria turista. (Após 24 horas de agonia, justamente quando uma procissão de Natal passava pela janela, sentei-me na cama completamente recuperada – o que meu marido católico considerou um milagre e eu, o resultado de um sistema imunológico bem afinado.)

A maioria de nós já sofreu de maneira semelhante. Temos de suportar um intestino malcomportado até que – milagre ou não – o sistema imunológico aprenda a natureza das novas bactérias.

Um problema muito mais sério pode resultar do uso e abuso de antibióticos. Esse tipo de interferência do ambiente pode criar um desequilíbrio nas associações bacterianas normais, aniquilando alguns residentes do intestino e permitindo a uma única espécie – freqüentemente um organismo patogênico como o *Clostridium difficile* – multiplicar-se. E, pior, nas densas comunidades microbianas do intestino, o problema também pode estimular a evolução de micróbios resistentes a antibióticos.

Entretanto, muitos de nossos moradores microscópicos não são nem encrenqueiros potenciais nem espectadores passivos, diz Jeffrey Gordon, da Universidade de Washington: "Eles são parceiros essenciais ao nosso bem-estar digestivo, simbiontes que coevoluíram conosco e que se beneficiam da associação, da mesma maneira que ganhamos nessa 'aliança' com eles". Durante anos, soubemos que micróbios amigáveis, ou comensais, ajudam-nos a produzir vitaminas e estabelecer comunidades fortemente coligadas que mantêm os potenciais patogênicos afastados. Eles também metabolizam os nutrientes, de maneira que podemos absorvê-los mais prontamente (sobretudo, certos componentes de plantas que seriam indigeríveis de outra forma). No entanto, o modo como eles realizam esse ótimo trabalho ainda é mal compreendido. A maioria desses microorganismos é extremamente difícil de estudar. É custoso mantê-los vivos fora do intestino. E mesmo que os cientistas pudessem sustentá-los no isolamento de uma placa de Petri, provavelmente as bactérias em cultura não se comportariam como se estivessem em seu ecossistema normal nos intestinos.

Gordon percebeu que o único modo de conseguir um *insight* verdadeiro sobre essas bactérias benéficas seria estudá-las em seu hábitat natural. Assim, ele e seus colegas elaboraram uma abordagem engenhosa. Em bolhas de plástico livres de germes, eles criam ratos também livres de germes, que não possuem nenhum dos trilhões de micróbios que normalmente residiriam neles. Então, eles introduzem espécies comuns do intestino, uma de cada vez, e estudam seus efeitos.

O que eles estão aprendendo está revolucionando a visão que temos de nós mesmos e do modo como processamos os alimentos que ingerimos. Sem nossas bactérias residentes, descobriu Gordon, nosso intestino não cresceria adequadamente. Uma das formas de o intestino se proteger das toxinas naturais e das próprias secreções poderosas de ácido é trocar o forro interno a cada uma ou duas semanas. À medida que as novas células amadurecem, elas viajam da base até a ponta das pequenas vilosidades que revestem o interior dos intestinos. Isso acontece, explica Gordon, somente com a ajuda de sinais bacterianos, que asseguram o seu desenvolvimento saudável. Sem essas mensagens microbianas, nosso intestino e as essenciais vilosidades não cresceriam normalmente.

Essas bactérias também protegem esse forro intestinal. Cientistas de Yale descobriram que os bichos ajudam a ativar os mecanismos do corpo que reparam as células danificadas.[17] Ao matar nossas amigas bactérias, os antibióticos podem inibir os processos necessários para essa proteção e cura. Além disso, certos bichos nos ajudam a tolerar proteínas de alimentos inofensivas e outros materiais estrangeiros inócuos que flutuam dentro do trato alimentar. Se as nossas células imunológicas reagirem a eles, dando margem a inflamações, isso é ruim para nós. Com o nome extravagante de *Bacteroides thetaiotaomicron* (*B. Theta*), esse micróbio garante que nosso sistema imunológico deixe esses inocentes intrusos em paz.

Mas eis aqui algo realmente chocante: a *B. theta* e outras bactérias também podem ajudar a determinar nossas medidas, influenciando a quantidade de calorias que são transformadas em gordura. Gordon e sua equipe descobriram que ratos livres de germes podem comer 29% mais comida do que ratos com uma microflora normal e ainda manter uma figura esbelta, com 42% menos gordura corporal.[18] A introdução de uma comunidade de bactérias nos intestinos dos ratos livres de germes provocou um aumento da gordura corporal desses animais em 60% em duas semanas, mesmo sem ingerir nenhuma comida extra. "Isso acontece porque essas bactérias melhoram a coleta de calorias contidas nos alimentos e ajudam o corpo a depositar essas calorias em células de gordura", explica Gordon. Quando o pesquisador e seus colegas investigaram o genoma de *B. theta*, descobriram que muitos dos genes do micróbio são especializados em processar carboidratos, que não conseguiríamos digerir porque não temos genes específicos para isso. Sem as bactérias como *B. theta*, os carboidratos simplesmente atravessariam o nosso sistema sem nenhum ganho calórico.

Recentemente, Gordon e seus companheiros de laboratório levaram suas experiências um passo mais adiante.[19] Comparando as bactérias intestinais de ratos gordos e magros, eles descobriram que os animais gordos possuíam uma proporção maior de um tipo de bactéria chamada Firmicutes e uma proporção menor de Bacteroidetes. Quando eles transplantaram a mistura microbiana rica em Firmicutes dos ratos gordos para os ratos livres de germes, os receptores apresentaram mais gordura corporal do que aqueles que receberam uma mistura de micróbios retirada dos ratos magros. Em estudos realizados em humanos, a equipe descobriu que proporções similares de Firmicutes/Bacteroidetes se confirmaram verdadeiras para pessoas obesas e magras. Como as pessoas obesas nesse estudo perderam peso ao longo de um ano sob a supervisão dos cientistas, suas populações intestinais se tornaram mais parecidas com as das pessoas magras.

"A mensagem dessas experiências", explica Gordon, "é que a quantidade de calorias disponível nos alimentos que consumimos pode não ser um valor fixo, mas sim influenciado pela natureza dos nossos micróbios intestinais". As diferenças de composição em nossos micróbios residentes podem afetar a densidade calórica dos alimentos que ingerimos e, em última análise, a nossa predisposição para a obesidade. Dependendo de suas bactérias intestinais, aquele doce pode ter mais calorias para você – possivelmente 30% mais – do que para o seu vizinho.

Com isso, passei a respeitar e admirar esse enxame de criaturas diversas que habitam o meu corpo. Gosto de pensar nelas deslizando em minhas entranhas depois do almoço, livremente oferecendo suas invenções genéticas, sussurrando palavras de estímulo a jovens células, recolhendo nutrientes e calorias ou simplesmente circulando à vontade nas águas pantanosas do meu lúmen, mantendo os turistas à distância.

Quanto tempo leva para o intestino, os bichos e o cérebro digerirem uma refeição depende do que comemos e quando.[20] Alimentos ricos em gorduras levam mais tempo para ser digeridos do que os alimentos ricos em proteínas ou carboidratos. Cerca de 50% mais tempo é necessário para esvaziar o jantar do estômago do que o café-da-manhã, em parte porque a velocidade noturna das assim chamadas ondas de serviço doméstico responsáveis pelo esvaziamento gástrico é 50% menor do que durante o dia.

Outros aspectos do trato gastrintestinal também mostram ritmos diários: a atividade das enzimas no intestino delgado, a secreção do ácido gástrico e as taxas em que as substâncias são absorvidas nos intestinos. Franz Halberg, da Universidade de Minnesota, determinou que o corpo processa calorias de diferentes maneiras em diferentes horas do dia.[21] Se você consumir uma única refeição diária de duas mil calorias no café-da-manhã, poderá perder peso. Se você comer a mesma refeição na hora do jantar, provavelmente ganhará alguns quilos – talvez porque o corpo queima os carboidratos mais rapidamente pela manhã do que à noite.

Se os ritmos diários influenciam a maneira como lidamos com a comida, o inverso também é verdade: nossos horários de alimentação afetam o padrão de nossos ritmos circadianos.[22] Os cientistas descobriram que alguns desses relógios periféricos em nosso corpo dependem da hora de comer para fixar seus horários. O padrão de refeições regulares, três vezes por dia, é o tempo dominante para os relógios que residem nas células do fígado, dos rins e do pâncreas. Isso faz sentido do ponto de vista fisiológico. Os principais órgãos do corpo têm de antecipar a manipulação da comida e da água, preparando-se de antemão para as tarefas necessárias, de maneira que estejam prontos para absorver a comida, secretar as enzimas digestivas e controlar a produção de urina.

Brinque com esse padrão regular de alimentação – como alguns trabalhadores e viajantes têm de fazer obrigatoriamente – e você poderá arruinar esses relógios periféricos, provocando uma devastação em seu trato intestinal. (Um estudo recente mostrou que uma rotina de alimentação diurna de roedores normalmente noturnos inverte completamente o horário dos relógios nos tecidos periféricos desses animais.[23]) Isso pode ajudar a explicar por que as pessoas que trabalham à noite ou viajam muito, e por isso comem fora de hora, sofrem freqüentemente de transtornos digestivos até se adaptarem ao seu novo horário.

Assim, sob condições normais, quanto tempo leva para a salada de ovo e a torta atravessarem as suas estradas internas e passagens secretas? Pesquisas sobre o chamado tempo do trânsito intestinal são poucas, dizem os cientistas, porque não é prático medir esses eventos em grupos grandes. Porém, não há muito tempo, gastrenterologistas ultrapassaram esse obstáculo.[24] Em um estudo feito em East Bristol, na Inglaterra, 677 homens e 884 mulheres registraram os detalhes de sua dieta e defecações, incluindo anotações cuidadosas sobre a forma das fezes (em uma escala que vai de 1 – "pequenos pedaços duros, como nozes" – a 6 – "pedaços macios com as extremidades dilaceradas"). Com base nesses registros, como também em sistemáticos levantamentos sobre os hábitos intestinais dos participantes, os pesquisadores calcularam o tempo do trânsito intestinal da comida às fezes como sendo de 55 horas para os homens e de 72 horas para as mulheres. Isso parece ser um tempo estranhamente longo demais, sem falar que a universalidade desses dados é discutível, já que se trata de hábitos alimentares especificamente britânicos. Ainda assim, outros estudos confirmam que a média de tempo se encontra entre dois e dois dias e meio.

No entanto, observa-se uma grande variabilidade de pessoa para pessoa e de refeição para refeição. "Uma refeição é tipicamente uma mistura de materiais química e fisicamente diversos", explica o fisiólogo Richard Bowen.[25] "Algumas substâncias mostram um trânsito acelerado, enquanto outras têm o fluxo retardado." O consumo de álcool tende a acelerar o trânsito em ambos os sexos, da mesma maneira que a ingestão de fibras alimentares; em mulheres, os contraceptivos orais reduzem essa velocidade. O tempo do trânsito intestinal é geralmente mais curto em mulheres mais velhas do que nas mais jovens; essa mudança ocorre por volta dos 50 anos de idade, o que sugere a hipótese de que os hormônios sexuais femininos podem influir nesse processo.

Deseja acelerar as coisas? A maneira mais segura e natural, afirmam os especialistas, é consumir quantidades maiores de alimentos ricos em fibras.

A comida passa somente algumas horas no estômago e mais algumas no intestino delgado. Depois que as nossas células intestinais fazem seu trabalho, o que sobra passa adiante em forma de líquido para o cólon. As dezenas de horas restantes são gastas aqui, onde a água é absorvida – na ordem de mais de sete litros por dia – e os resíduos são preparados para o processo de eliminação. Devido ao seu conteúdo bacteriano, estes últimos devem ser manipulados pelo corpo "com circunspecção", observa Michael Gershon, confinados, mas também propelidos pelo exclusivo portal do cólon, normalmente uma vez por dia.

◎ ◎ ◎

Nós pensamos freqüentemente em comida. Porém, é raro pensarmos naquilo em que ela se transforma. As fezes, da palavra latina para sedimentos, são constituídas principalmente de água, muco, pigmentos de bílis (responsáveis pela cor marrom dos excrementos), um pouco de gordura, células mortas, gases, uma grande quantidade de substâncias não digeríveis (principalmente celulose ou fibras de certos alimentos vegetais), muitas bactérias que perderam sua função no cólon e aproximadamente 1.200 diferentes tipos de vírus.[26] As substâncias não digeríveis são a maior parte da matéria fecal. Alguns tipos de fibras atravessam nosso trato digestivo praticamente intactos, sem oferecer nenhuma caloria, mas garantindo uma sensação de satisfação para nós e alguns bons exercícios para o nosso cólon, dando-lhe algo para comprimir.

Uma dieta pobre em fibras produzirá aproximadamente 115 gramas de excrementos por dia; já uma alimentação rica em frutas, legumes e grãos, cerca de 370 gramas. Uma dieta à base de carne é responsável pelo cheiro mais forte, enquanto a de leite, pelo odor mais moderado. O fedor das fezes surge do escatol (também presente no mau hálito), um subproduto do aminoácido triptofano.[27] O nariz humano é altamente sensível ao escatol, mas nem sempre o considera repugnante. Na realidade, em pequenas quantidades, o composto parece ser usado na preparação de sorvete de baunilha.[28]

O cheiro raramente escapa das fezes armazenadas no cólon, exceto nos casos de flatulência. Soltar ventosidades – peidar é o termo mais comum, usado há muito tempo, por exemplo, pelo poeta inglês do século XIV Geoffrey Chaucer, que escreveu: "Este Nicholas logo deixa escapar um peido"* – é liberar de uma bolha de gases intestinais, dióxido de carbono (gás carbônico), hidrogênio, nitrogênio e metano, produzidos em parte pela ingestão de nitrogênio e em parte pela ação dos micróbios intestinais sobre os alimentos. A maioria de nós elimina seus gases aproximadamente uma vez por hora, dependendo do que comemos e se estamos sob pressão.

Evitar sua ocorrência é extremamente difícil. Os cientistas investigaram o fenômeno em um caso relatado de um programador de computadores de 32 anos de idade que sofria de flatulência extrema.[29] "Esforços conscientes para evitar engolir ar raramente são eficazes", observam os pesquisadores, "pois o único suposto 'tratamento' para impedir que o ar seja engolido é o fechamento da mandíbula segurando um objeto entre os dentes. Nosso paciente... testou essa estratégia. Infelizmente, o tratamento foi ineficaz, como comprovado por 66 passagens de gás em um período de 13,5 horas, durante o qual ele segurou um objeto entre os dentes".

* O termo em inglês é "fart", e o verso é "This Nicholas anon let flee a fart". (N. T.)

Então, qual seria o resultado se modificássemos nossa flora bacteriana pelo uso de antibióticos ou por meio da eliminação do substrato fibroso sobre o qual ela se desenvolve? "Descobrimos que a ingestão de uma dieta na qual todo o carboidrato é fornecido na forma de arroz branco reduz a produção de flato", afirmam os cientistas. (Uma solução bastante draconiana, se você considerar o limitado valor nutricional do arroz branco.) Por sua vez, os antibióticos falham em reduzir substancialmente o problema. Ingerir os chamados probióticos, culturas de bactérias vivas, visando a formar uma flora que eficazmente consuma hidrogênio poderia ser proveitoso, em teoria, afirmam eles; porém tal "modificação floral" ainda não foi alcançada.

Tanto esforço para algo que vai para o lixo. O que acontece com a energia consumida em sua refeição, encapsulada na salada de ovo e na torta? Um grande número de novas descobertas revelou alguns dos segredos sobre como o seu corpo usa as calorias que consome, desvendando alguns mistérios, por exemplo: por que aquela sua colega esbelta pode comer tudo o que lhe aprouver sem jamais engordar um grama sequer, enquanto aquela outra amiga rechonchuda consome bem menos calorias, faz constantes regimes e mesmo assim mantém teimosamente todos os seus quilos em excesso? Se você está mais para a gordinha do que para a esbelta, pode haver uma coisa ou duas que se possa fazer para inverter essa balança.

Enquanto cumpre as tarefas da tarde em seu escritório, você está sentado, imóvel, à mesa, quase como uma estátua? Ou você nervosamente bate com o pé no chão? Entra e sai da sala? Levanta a todo instante para esticar as pernas, procurar aquela página perdida de seu relatório ou tomar outro copo de água? A inquietação pode ser um indicador de sua tendência para engordar.

Apenas para viver, ou seja, para manter seu coração batendo, o sangue circulando e os rins, os pulmões e as células trabalhando, você queima de 50% a 70% das calorias que consome, afirma Eric Ravussin, do Centro de Pesquisas Biomédicas Pennington, em Baton Rouge, Louisiana.[30] Isso, chamado de índice metabólico de repouso, ou RMR, é o ritmo no qual o corpo queima calorias enquanto está em repouso a fim de produzir a energia necessária para manter suas funções básicas operando. Aproximadamente 20% do gasto diário de energia vai para o cérebro, cerca de 10% para o coração e os rins, outros 20% para o fígado e até 10% para a digestão.

Recentemente, testei meu RMR em uma clínica de saúde local usando um calorímetro portátil, um aparelho relativamente novo projetado para ajudar as pessoas com problemas de peso a entender quantas calorias queimam diariamente. "Tentar emagrecer sem saber o seu RMR", segundo a literatura especializada, "é como organizar um talão de cheques sem saber quanto dinheiro você está gastando".

A terapeuta física da clínica me pediu que respirasse em um bocal enquanto a máquina media quanto oxigênio eu inspirava e expirava. Pessoas com um índice metabólico alto usam mais oxigênio porque oxidam (ou queimam) mais calorias a cada hora. Eu queria obter uma contagem alta, porque eu pensava que as pessoas com um índice metabólico alto estivessem em geral protegidas de ganhar peso.

No entanto, meu índice foi um decepcionante 1.180 calorias por dia, um pouco mais baixo que a média. Ficou claro que o índice metabólico é em parte determinado pelo tamanho e pela constituição do corpo. Pessoas grandes normalmente têm um índice mais alto do que pessoas menores; quanto mais massa você tiver, mais alto será o seu RMR. A terapeuta me disse que ela já havia visto toda a escala, das 700 calorias por dia de uma mulher franzina em seus 70 anos até as 3.500 calorias diárias de um homem de quase dois metros de altura pesando mais de 180 quilos. Em média, um homem de 30 anos que pese 80 quilos queima aproximadamente 25 calorias para cada quilograma de peso, o que resulta em cerca de duas mil calorias por dia. Para as mulheres, esse gasto é de cerca de 1.400 calorias por dia, exceto se estiverem grávidas ou amamentando, o que requer de 300 a 800 calorias extras.[31] Um fator importante é a quantidade de massa muscular magra em seu corpo. Levantadores de peso queimam até 15% mais calorias o dia inteiro, mesmo enquanto dormem.

Entretanto, a fórmula não é tão simples assim. "Embora o RMR pareça ser fixado para uma determinada pessoa", explica Ravussin, "pode haver grandes diferenças mesmo entre pessoas do mesmo sexo, peso e constituição corporal." Por quê? Os cientistas apenas começam a desvendar esse mistério.

Uma pequena parcela de suas calorias é queimada diariamente por meio da termogênese, a geração de calor corporal induzida pela exposição ao frio ou pela ingestão de comida em excesso. Hoje em dia, a exposição ao frio não é mais um fator tão influente. "Os seres humanos desenvolveram estratégias de comportamento (roupas) para manter a temperatura do corpo em ambientes frios", afirma Ravussin, "por isso, a termogênese induzida pelo frio é responsável por apenas uma pequena porção do gasto diário de energia de uma pessoa."

A chamada termogênese induzida pela dieta, ou DIT, é a maneira de o corpo converter calorias extras diretamente em calor – em essência, desperdiçando energia –, o que varia bastante de pessoa para pessoa. Cientistas de Harvard demonstraram que a DIT é controlada pelo sistema nervoso simpático, que aumenta a atividade no coração, no pâncreas, no fígado, nos rins e em outros tecidos e órgãos como resposta ao consumo em excesso.[32] Em geral, nossas células queimam somente a energia de que precisam. Porém, quando comemos demais, o cérebro pode detectar o excesso e ativar a DIT para queimar algumas das calorias extras como calor. Um dos genes responsáveis por esse processo produz uma proteína que age como uma espécie de interruptor para aumentar a quantidade de energia que uma célula queima quando comemos demais.[33] Variações nesse gene podem explicar por que certas pessoas que abusam da gula nunca engordam, enquanto outras que comem a mesma quantidade de comida incham com seus excessos.

Pode haver ainda outra explicação termogenética para a diferença entre leve e pesado. Em um estudo de dois meses de duração, os cientistas da Clínica Mayo, em Minnesota, primeiro mantiveram em um nível constante a ingestão de alimentos e a atividade física de um grupo de indivíduos, para, em seguida, superalimentá-los em mil calorias por dia.[34] Usando modernos equipamentos para determinar o lugar para onde essas calorias extras haviam sido enviadas, a equipe descobriu que, em média, um terço acumulou-se como gordura, um terço foi para o RMR e um terço foi queimado por meio da termogênese das atividades não relacionadas aos exercícios, ou NEAT. Isso inclui toda a inquietação, as trocas constantes de posição, atividades como levantar, caminhar, tamborilar com os dedos, bater o pé no chão – em resumo, toda a atividade física não planejada de uma pessoa ao longo do dia.

Comer em excesso não estimulou a mesma quantidade de NEAT em todos os participantes do estudo. Alguns indivíduos se mostraram mais agitados em resposta à comida farta e conseguiram manter o peso quase estável; outros, menos agitados, ganharam até quatro quilos. Essa inquietação ou agitação natural de um indivíduo, explicam os pesquisadores, provavelmente é controlada por níveis geneticamente determinados de substâncias químicas cerebrais e pode ser responsável por uma grande parcela do consumo de calorias, variando de 15% a 50%. Isso pode significar a diferença entre engordar um quilo por causa daquela torta extra ou queimar esse excesso movimentando-se ao longo do seu dia.

Em 2005, a equipe da Clínica Mayo se propôs a identificar as diferenças individuais no gasto de energia.[35] Com sensores precisos, os pesquisadores mediram a postura e as posições corporais de vinte pessoas autodenominadas "molengonas" durante um período de dez dias. Metade dos indivíduos era magra, metade ligeiramente obesa. Todos usaram roupas íntimas com sensores embutidos para monitorar os movimento a cada meio segundo. Com a ajuda dessa estratégia, os cientistas descobriram que as pessoas magras movimentaram-se 2,5 horas a mais todos os dias do que as pessoas com excesso de peso. A diferença nos níveis de atividade chegou a um gasto ou a uma economia de até 350 calorias por dia.

"Quando as pessoas decidem aumentar o gasto de energia para controlar o peso, elas normalmente incluem apenas exercícios estruturados em seus planos", pondera Eric Ravussin. Porém, a diferença observada na NEAT entre indivíduos obesos e magros sugere que a obesidade poderia ser evitada gastando-se menos tempo na cadeira e fazendo mais viagens ao bebedouro. Os pesquisadores não recomendam que abandonemos a academia nem nosso programa de exercícios, apenas que consideremos os benefícios das atividades NEAT para a saúde. Em outras palavras, para manter a forma, não passe o dia todo sentado; ao contrário, levante-se sempre que puder e, de toda maneira, balance, pule, sacuda, mexa-se.

REFERÊNCIAS

1. Mandelstam, O. *The noise of time and other prose pieces.* Londres: Quartet Books, 1988, citado em Chatwuin, B. *The songlines.* Noa York: Penguin, 1987. p. 230.

2. Alexander, R. M. "Walking made simple". *Science.* V. 308, 2005, p. 58-59.

3. Gutmann, A. K. et al. "Constrained optimization in human running". *Journal of Experimental Biology.* V. 209, 2006, p. 622-32.

4. Lipton, A. J. et al. "S-nitrosothiols signal the ventilatory response to hypoxia". *Nature.* V. 413, 2001, p. 171-74.

5. Foster, K. R. "Hamiltonian medicine: why the social lives of pathogens matter". *Science*. V. 308, 2005, p. 1269-70; comunicação pessoal com Kevin Foster.

6. Dobell, Clifford. *Antony van Leeuwenhoek and his little animals*. Nova York: Harcourt Brace, 1922. p. 239-40.

7. Eckburg, P. B. et al. "Diversity of the human intestinal microbial flora". *Science*. V. 308, 2005, p. 1635-38.

8. Socransky, S. S.; Haffajee, A. D. "Dental biofilms: difficult therapeutic targets". *Periodontology*. V. 28, 2002, p. 12-55.

9. Foster, K. R. "Hamiltonian medicine: why the social lives of pathogens matter". *Science*. V. 308, 2005.

10. Rosenberg, M. "The science of bad breath". *Scientific American*. Abr. 2002. p. 72-79; comunicação pessoal com Mel Rosenberg, 28 jul. 2006; "The sweet smell of Mel's success". Disponível em: <http://www.taucac.org/site/News2?JservSessionIdroo6=xwwa961jq1.app5b&abbr=record>. Acessoo em: 29/7/2006.

11. Beaumont, W. *Experiments and observations on the gastric juice and the physiology of digestion*. Nova York: Dover Publications, 1959

12. Dunleavy, M. "Gut feeling". Disponível em: <http://www.newscientist.com/lastword>. Acesso em: 13/6/2008.

13. Bouchouca, M. et al. "Day-night patterns of gastroesophageal reflux". *Chronobiology International*. V. 12, 1995, p. 267-77.

14. Citações e explicações nos textos a seguir de Gershon, M. *The second brain*. Nova York: HarperCollins, 1998; ________. "The enteric nervous system: a second brain". In *Hospital Practice*. Disponível em: <www.hosp-pract.com/issues/1999/07/gershon.htm>. Acesso em: 13/6/2008.

15. A discussão sobre micróbios intestinais vem de: Bäckhed, F. et al. "Host-bacterial mutualism in the human intestine". *Science*. V. 307, 2005, p. 1915-19; Hooper, L. V.; Gordon, J. I. "Commensal host-bacterial relationships in the gut". *Science*. V. 292, 2001, p. 115-18; Relman, D. R. "The human body as microbial observatory". *Nature Genetics*. V. 30, 2002, p. 131-33; Kraehenbuhl, J.-P.; Corbett, M. "Keeping the gut microflora at bay". *Science*. V. 303,

2004, p. 1624-25; Ruby, E. et al. "We get by with a little help from our (little) friends". *Science.* V. 303, 2004, p. 1305-7; Hooper, L. V. et al. "Molecular analysis of commensal host-microbial relationships in the intestine". *Science.* V. 291, 2001, p. 881-84; e de comunicação pessoal com Jeffrey Gordon, 20 fev. 2005.

16. A descrição que se segue sobre micróbios da flora vem de Eckburg, P. B. et al. "Diversity of the human intestinal microbial flora". *Science.* V. 308, 2005, p. 1635-38.

17. Medzhitov, R. "Recognition of commensal microflora by toll-like receptors is required for intestinal homeostasis". *Cell.* V. 118, n. 6, 2004, p. 671-74; "Good bacteria trigger proteins to protect the gut". Disponível em: <www.Hhmi.org/news/medzhitov.html>. Acesso em: 13/6/2008.

18. Samuel, B. S.; Gordon, J. L. "A humanized gnotobiotic mouse model of host-archaeal-bacterial mutualism". *Proceedings of the National Academy of Sciences.* V. 103, n. 26, 2006, p. 10011-16; Bäckhed, F. et al. "The gut microbiota as an environmental factor that regulates fat storage". *Proceedings of the National Academy of Sicences.* V. 101, n. 44, 2004, p. 15718-23.

19. Ley, R. E. et al. "Human gut microbes associated with obesity". *Nature.* V. 444, 2006, p. 1022-23; Turnbaugh, P. J. et al. "An obesity-associated gut microbiome with increased capacity for energy harvest". *Nature.* V. 444, 2006, p. 1027-31.

20. Goo, R. H. et al. "Circadian variation in gastric emprtying of meals in man". *Gastroenterology.* V. 93, 1987, p. 513-18.

21. Halberg, F. et al. "Chronomics: circadian and circaseptan timing of radiotherapy, drugs, calories, perhaps nutriceuticals and beyond". *Journal of Experimental Therapeutics and Oncology.* V. 3, n. 5, 2003, p. 223.

22. Stokkan, K.-A. et al. "Entrainment of the circadian clock in the liver by feeding". *Science.* V. 291, 2001, p. 490-93.

23. Schibler, U. et al. "Peripheral circadian oscilators in mammals: time and food". *Journal of Biological Rhythms.* V. 18, n. 3, 2003, p. 250-60; Rutter, J. et al. "Regulation of clock and NPAS2 DNA binding by the redox state of NAD cofactors". *Science.* V. 293, 2001, p. 510-14.

24. Probert, C. S. J. et al. "Some determinants of whole-gut transit time: a population-based study". *Quartely Journal of Medicine.* V. 88, 1995, p. 311-15.

25. Bowen, R. "Gastrointestinal transit: how long does it take?" Disponível em: <www.vivo.colostate.edu/hbooks/pathphys/digestion/basics/transit.html>. Acesso em: 29/9/2006; comunicação pessoal com Richard Bowen, out. 2006.

26. Lewin, R. A. *Merde: excursions in scientific, cultural, and socio-historical coprology.* Nova York: Random House, 1999; "Bäckhed. Host-bacterial mutualism in the human intestine". 1917.

27. Rathmell, B. "No bull". Disponível em: <www.newscientist.com>. Acesso em: 13/6/2008.

28. Friedeck, K. G. "Soy protein fortification of a low-fat dairy-based ice cream". *Journal of Food Science.* V. 68, 2003, p. 2651.

29. Levitt, M. D. et al. "Evaluation of an extremely flatulent patient". *American Journal of Gastroenterology.* V. 93, n. 11, 1998, p. 2276-81.

30. A seguinte discussão sobre metabolismo vem de Ravussin, E. "A neat way to control weight?" *Science.* V. 307, 2005, p. 530-31; comunicação pessoal com Eric Ravussin, 8 ago. 2006.

31. Mayer, J. "Human Nutrition". Springfield/Illinois: Charles C. Thomas, 1979, p. 21-24.

32. Bachman, E. S. "BAR signaling required for diet-induced thermogenesis and obesity resistance". *Science.* V. 297, 2002, p. 843-45.

33. Lowell, B. B.; Spiegelman, B. M. "Towards a molecular understanding of adaptive thermogenesis". *Nature.* V. 404, 2000, p. 652-60.

34. Levine, J. A. et al. "Role of nonexercise activity thermogenesis in resistance to fat gain in humans". *Science.* V. 283, 1999, p. 212-14; Levine, J.; Jensen, M. Responsável por "A fidgeter's calculation". *Science.* V. 284, 2000, p. 1123.

35. Levine, J. A. et al. "Interindividual variation in posture allocation: possible role in human obesity". *Science.* V. 307, 2005, p. 584-86.

TARDE

A tarde sabe o que a manhã jamais suspeitou.

PROVÉRBIO SUECO

A ESTAGNAÇÃO

6

Estamos no meio da tarde, quando o dia, a luz, o calor estão no seu auge – mas você, de repente, não está. Por mais ou menos uma hora depois do almoço, você se manteve ocupado, trabalhando em seu relatório, escrevendo aquela carta difícil, tudo com a mente fresca e completa acuidade. Agora, fluindo por suas costas e seus ombros, tomando seu pescoço para obscurecer seu cérebro, aqui está ela: uma lenta maré de sonolência. Suas pálpebras se dobram, pesadas, e seus olhos piscam mais intensamente; sua face torna-se mais relaxada, exceto o seu queixo, que se estica a cada incontrolável bocejo, um atrás do outro. Você desiste de se debruçar sobre aquela tarefa complicada e, por longos minutos, ocupa-se de qualquer tarefa ordinária que pode ter se acumulado durante a manhã.

É a estagnação, "onde nada jamais acontece e nada jamais muda", diz Norton Juster em *The Phantom Tollbooth*, "onde é ilegítimo, ilegal e antiético pensar, pensar em pensar, conjecturar, presumir, argumentar, meditar ou especular".[1]

Para a maioria de nós, a estagnação sobrevém entre 2 e 4 horas da tarde, um momento de declínio no dia quando a névoa da fadiga vem obscurecer o pensamento e entorpecer os membros, quando ficamos desatentos e esquecidos, e quando podemos ter um desempenho fraco em atividades que envolvam destreza manual, aritmética, tempo de reação e raciocínio, como se tivéssemos emborcado várias garrafas de cerveja.

Se vivêssemos no Panamá, poderíamos ir para casa tirar uma *siesta* (palavra derivada do latim que significa a sexta hora, ou o meio do dia). Porém, não temos uma tradição assim civilizada, por isso lutamos contra a nossa letargia.

Esse período de abatimento que se segue a uma refeição – muitas vezes chamado declínio pós-almoço ou pós-prandial (do latim *prandium*, almoço) – é inevitável? Ou há alguma coisa que possamos fazer para evitar esse deslize sonolento?

Essas e outras questões sobre cansaço, fadiga, descanso e ritmos do corpo eram o foco do trabalho de um grupo de cientistas que se encontraram, não muito tempo atrás, para uma reunião anual da Sociedade para o Estudo do Sono e dos Ritmos Biológicos, na Ilha de Amélia, na Flórida.[2] Ao largo da costa, uma grande tempestade se formava; ondas brancas se agitavam no oceano bravio e uma ventania forte e morna castigava as palmeiras e chicoteava a praia, levantando no ar redemoinhos de areia. As pessoas recolheram guarda-sóis e esteiras e correram para se abrigar, enquanto uma massa escura e ameaçadora de nuvens se aproximava pelo leste.

Porém, dentro do auditório bem isolado do centro de conferências, tudo era tranqüilidade e conforto: os assentos bem almofadados, o ar-condicionado zumbindo suavemente, a sala já mergulhada na penumbra, preparada para a projeção de *slides* da palestra que se seguiria. A próxima a se apresentar era Mary Carskadon, da Universidade Brown, nos Estados Unidos, conhecida por, entre outras coisas, desenvolver um sistema para medir o estado de alerta ou de vigília avaliando a latência do sono, ou seja, quanto tempo levamos para cair no sono – hoje, o padrão de ouro usado para avaliar a sonolência durante o dia.[3] A palestra da cientista naquele dia prometia novidades sobre o estado de alerta e o ciclo dormir-acordar nos diferentes estágios da vida.

Apesar de minha ansiedade para ouvir suas palavras, as condições do ambiente conspiravam contra a minha atenção e clareza mental. Na Escala de Sonolência de Stanford, graduada de 1 a 7, eu devo ter alcançado um estágio entre 5 ("nebuloso; perde o interesse em permanecer acordado") e 6 ("sonolento, confuso, luta contra o sono; prefere relaxar").[4] Minha mente vagueou pelo léxico da letargia: languidez, lassidão, prostração, lentidão, apatia, estupor, torpor, cansaço, sonolência, dormência e uma palavra que aprendi recentemente: pandiculação, o ato de espreguiçar-se e bocejar.

Eu não era a única a me sentir assim. O homem ao meu lado tinha os olhos fechados, a cabeça acompanhava suavemente o ritmo de sua respiração. De vez em quando, o súbito baque de seu queixo contra o tórax o despertava e ele se endireitava por um momento, até que a sua cabeça caía novamente. A mulher à minha esquerda abafava um bocejo; eu também tentei sufocar o meu – duas vezes –, mas finalmente sucumbi àquela expiração profunda e gratificante, que tem uma duração média de aproximadamente seis segundos, embora com uma tendência para ser ligeiramente mais longa nos homens.

De acordo com neurocientistas, um bocejo pode ocorrer sozinho ou em associação com espreguiçamento e/ou com uma ereção do pênis (o que pode ajudar a explicar a sua duração nos homens).[5] A função do bocejo ainda é em grande parte um mistério. Já se pensou que ele tinha algum papel na respiração: ativado por baixos níveis de oxigênio ou altas taxas de gás carbônico no sangue, o bocejo era a maneira de o corpo absorver mais oxigênio ou de se livrar do gás carbônico excedente. Entretanto, quando Robert Provine, psicólogo da Universidade de Maryland, testou essa teoria comparando a inalação de várias misturas de gás durante os bocejos, ele descobriu que ar rico em oxigênio ou em dióxido de carbono não apresentavam nenhum efeito significativo.[6] Mesmo as pessoas que respiraram oxigênio puro continuaram a sentir o impulso. Hoje, acredita-se que o bocejo é um parente próximo do espreguiçamento, uma maneira de aumentar a pressão sangüínea e os batimentos cardíacos, além de flexionar músculos e juntas durante os períodos transitórios entre o estado de vigília e o sono.

O bocejo também é considerado um sinal social. "Bocejos podem ser uma forma primitiva de comunicação não-verbal para indicar os pensamentos de uma pessoa ou sua condição mental", presume Steven Platek, da Universidade de Liverpool. Isso pode explicar por que o ato de bocejar é contagioso. Como o doutor Seuss disse, basta apenas um bocejo para disparar outros tantos bocejos pelo ambiente afora.[7]

Os seres humanos começam a bocejar no útero, aproximadamente depois de onze semanas a partir da concepção, mas o ato se torna contagioso apenas no primeiro ano de vida – e somente em metade da população. Para estudar a natureza contagiosa do bocejo, Platek e seus colegas realizaram uma série de experiências para descobrir o que poderia fazer certas pessoas mais suscetíveis a ele.[8]

A equipe avaliou as características de personalidade de 65 universitários, um estudo que revelou seu nível de autoconsciência e empatia. Então, os participantes assistiram a vídeos de curta duração em que apareciam pessoas bocejando, enquanto os cientistas os observavam através de um espelho. Somente um pouco mais de 40% dos estudantes bocejaram em resposta ao vídeo. Observou-se que havia uma estreita correlação entre um alto nível de autoconsciência-empatia e a suscetibilidade ao bocejo contagioso. Os cientistas levantaram a hipótese de que as pessoas que bocejam por contágio são autoconscientes e mais habilidosas em ler os pensamentos dos outros observando seu rosto. Um estudo de imagens fMRI que se seguiu mostrou que ver alguém bocejar estimula uma atividade em partes do cérebro envolvidas nessas habilidades.[9] "Bocejar pode ser mais um reflexo de nossa natureza como seres sociais do que um aspecto de nosso ciclo do sono", conclui Platek.

Portanto, temos aqui um novo critério de caráter e de potencial para uma amizade: boceje e veja quem boceja também.

O que acontece com o corpo durante esse hiato? Lá pelo meio da tarde, estamos apenas cansados, abatidos pelos esforços do dia? De acordo com Carskadon, as crianças menores não sentem o declínio do meio do dia, mesmo depois de muita atividade física, mas as crianças que se encontram em plena puberdade, sim. Durante a adolescência, essa baixa em nossa energia entranha-se profundamente em nossos dias e, a partir de então, manifesta-se em quase todas as tardes de nossa vida. Na velhice, a fase de cansaço amplia-se, incluindo o período compreendido entre 11h30 da manhã e 5h30 da tarde.

A fadiga de fato se acumula ao longo do dia, dependendo de seu nível de atividade durante a manhã (e, é claro, do quanto você dormiu na noite anterior). Uma vez, quando eu estava no colégio, fiz o papel da mãe de Helen Keller* em um espetáculo apresentado às tardes. Lembro-me de espiar por detrás da cortina antes de uma dessas apresentações e ver a minha mãe na terceira fila do auditório. Sentada, cabeça ereta, ela olhava diretamente para mim, parecia, mas seus olhos estavam fechados. Quando cheguei em casa mais tarde naquele dia, ela havia deixado um bilhete para mim: "Eu não sei como você faz esse papel dia após dia".

* Helen Keller, escritora norte-americana, cega e surda desde a infância, aprendeu a ler, escrever e falar graças à sua professora Anne Sullivan, tendo se tornado conferencista e publicado vários livros. (N. T.)

Eu me colocava no lugar da mãe zelosa durante três horas por dia algumas vezes por semana. Minha mãe vivia aquele papel 24 horas por dia por mais de uma década. O trabalho de alimentar, dar banho, cuidar de minha irmã especial e, ao mesmo tempo, dar atenção a uma família de sete pessoas virtualmente roubava toda a sua energia.

Mesmo aqueles que não estão soterrados por obrigações e trabalho extremos se sentem cansados após trabalhar longas horas – mais longas hoje, aliás, do que eram para a geração anterior. Desde então, a sociedade norte-americana conseguiu aumentar o equivalente a pelo menos uma semana a mais de trabalho em um ano. A questão aqui é a seguinte: quando as pessoas enchem a vida com atividades extenuantes e poucas oportunidades para relaxar e reabastecer as energias, o corpo começa a se desgastar. Alguns biólogos evolutivos vêem essa espécie de fadiga como o detector de fumaça ou como um sinal de advertência do corpo, sua maneira de nos dizer que devemos reduzir a velocidade e, assim, prevenir problemas físicos e mentais devido ao excesso de esforço.

Um ritmo sazonal profundo, amplamente ignorado pela sociedade moderna, também pode contribuir para o aumento da fadiga.[10] A letargia é um dos principais sintomas do transtorno afetivo sazonal (SAD) – [cuja sigla significa triste, em inglês] – uma reação ao esmaecimento da luz solar no inverno. Uma amiga norueguesa me contou uma vez que existe uma palavra para descrever essa estação em seu país, *morketiden*, ou tempo da escuridão, quando um manto de trevas cai não apenas sobre a paisagem de inverno, mas também sobre o mundo interior da alma. Subjacente ao SAD está o ritmo persistente de nosso marca-passo circadiano, que ainda tem a capacidade de detectar e reagir a mudanças sazonais na duração do dia, afirma Russell Foster, biólogo circadiano da Escola de Medicina da Faculdade Imperial, em Londres. Como reação às horas mais curtas da luz do dia, o cérebro produz melatonina para um período maior durante as horas noturnas mais longas, colocando o corpo no "modo noturno". Ao mesmo tempo, o cérebro reduz a produção de serotonina, um neurotransmissor que regula o humor. Porém, na sociedade moderna não reduzimos a velocidade para nos ajustar à nossa química sazonal; no inverno, continuamos a trabalhar longas horas e a ficar acordados até tarde da noite, por isso nosso corpo sofre. Para uma pequena porcentagem das pessoas – maior nos países de altas latitudes – a diminuição da luz solar durante o inverno e a superprodução de melatonina podem causar um sério problema de SAD: aumento de peso, atividade física reduzida e grande fadiga. A exposição diária a uma fonte de luz por períodos determinados pode aliviar os sintomas do transtorno.

Apesar das pesquisas no campo, a ciência ainda luta para compreender a fadiga comum, que está entre as mais freqüentes queixas de saúde nos Estados Unidos, gerando até quinze milhões de visitas ao consultório médico por ano. Porém, apesar de sua proliferação, a fadiga não é um fenômeno fácil de quantificar tampouco de definir.

A fadiga não é apenas uma sensação de sonolência. Você pode sentir-se sonolento sem estar fatigado, e fatigado sem estar sonolento. Suas sensações podem ser físicas – como corpo cansado; emocionais – como desmotivação e tédio; ou mentais – como perda de concentração ou da agudeza de percepção. A fadiga pode ser reduzida por meio do encorajamento e de estímulos motivacionais (os pesquisadores descobriram que a percepção da fadiga pode ser manipulada durante uma atividade física desafiadora simplesmente oferecendo *feedback* sobre o desempenho) ou por meio de incentivos financeiros (um estudo mostrou que as pessoas a quem se prometeu uma recompensa em dinheiro conseguiram se manter penduradas em uma barra horizontal por quase duas vezes mais tempo do que os indivíduos que apenas foram encorajados pelo pesquisador), ou ainda por meio da sugestão de que o esforço que a pessoa está fazendo é menor do que era antes – mesmo se não for.

A fadiga pode ser tão severa a ponto de incapacitar e, no entanto, diante do medo ou da excitação, rapidamente esquecida. Ela pode surgir decorrente de sofrimento, decepção, doença física, dor, das trevas malignas e esgotantes da depressão, da falta de sono ou do trabalho extenuante e inflexível. Tão perplexos estão alguns cientistas diante de um conceito tão fugidio que eles defendem que tudo isso deveria ser descartado.

Eu fico com a definição de minha mãe: a fadiga é a inimiga.

Em todo caso, o cansaço de meio dia de vigília não é o adversário com o qual nos defrontamos toda tarde. Afinal de contas, nossa energia em geral volta a se elevar depois da calmaria do meio do dia. Nem ele é o culpado pela diminuição na temperatura do corpo, como é o caso dos declínios similares nas primeiras horas da manhã. Quem é o agressor, então? O declínio pós-almoço é a conseqüência daquele sanduíche de peru com salada de milho devorados um pouco antes sob o calor da varanda?

Algumas evidências sugerem que uma refeição pesada pode contribuir para a lassidão. Acredita-se que a "distensão gástrica" exerce alguma influência na indução do sono (da mesma maneira que a ausência de comida pode influenciar o despertar).[11] Assim, também, o trânsito da comida do estômago para o duodeno pode exacerbar a sonolência. Em gatos, o mero ato de suavemente estimular o forro do intestino delgado provoca sonolência aguda.[12] A insulina também pode ter um papel nessa história. Imediatamente após um banquete, em geral o corpo experimenta uma elevação temporária da energia devido ao aumento da glicose, ou açúcar no sangue. Entretanto, a isso se segue uma onda de insulina, o hormônio que transporta o açúcar para as células. No esforço de armazenar o excesso de açúcar, a insulina pode extrair do sangue grandes quantidades da substância, deixando um pouco dela livre para fornecer energia imediata. Uma substancial refeição rica em gordura pode piorar a queda na disposição e no desempenho, afirmam os pesquisadores da Universidade de Sheffield, possivelmente porque a gordura ativa a liberação de CCK, aquele hormônio da saciedade, que causa sedação em humanos e outros animais.[13]

Entretanto, pesquisas mostram que o período de declínio acontece no organismo se você almoça ou não. Quando os cientistas compararam a sonolência do meio da tarde em homens jovens que comeram um almoço pesado ou uma refeição leve, ou que nada comeram, os resultados mostraram que 92% dos que se alimentaram cochilaram depois durante bons noventa minutos, independentemente do tamanho da refeição; também os que se abstiveram de comer dormiram, embora por apenas trinta minutos.[14] O almoço pode agravar ou prolongar a estagnação, observam os pesquisadores, mas não é sua causa.

Ninguém tem certeza do que precipita o declínio da tarde. O trabalho de Carskadon e outros sugere que a sensação pode surgir de um desajuste na cronometragem de dois processos opostos em funcionamento na nossa vida.[15] Primeiro, existe o mecanismo homeostático do sono, que funciona como um termostato do sono controlando quanto tempo ficamos acordados. O marcador que indica a necessidade de dormir começa a contar assim que nos levantamos de manhã e registra nosso débito de sono ao longo das horas. Essa força homeostática exerce cada vez mais pressão para descontar o débito e, assim, ficamos mais sonolentos ao longo do dia.

A cada hora e meia a duas horas, sentimos uma onda especialmente forte de sonolência. Peretz Lavie confirmou o fenômeno quando estudou a propensão das pessoas para o sono, pedindo-lhes que tentassem dormir a cada 20 minutos em um período de 24 horas, em um total de 72 tentativas.[16] Lavie descobriu que um "portão do sono"

– uma espécie de "sonobilidade", o estado em que podemos dormir com relativa facilidade – abre-se aproximadamente a cada 90 a 120 minutos. O ciclo é mais pronunciado à noite (quando alguns trabalhadores noturnos podem sofrer períodos alternados de clara vigília e intensa sonolência), mas ele também funciona durante o dia. Esse padrão de vulnerabilidade do sono ocorre se você dormiu bem na noite anterior ou não.

O que nos mantém acordados e alertas no decurso dessas alternâncias periódicas do portão do sono é um outro processo que regula nossos dias: o mecanismo de vigília circadiano, controlado por nosso marca-passo central, o SCN. Dale Edgar, da Escola de Medicina da Universidade de Stanford, investigou a localização do mecanismo de vigília em um estudo com macacos-esquilo.[17] A espécie tem padrões de dormir e acordar similares aos humanos – ficam acordados durante aproximadamente dezesseis horas e, então, dormem solidamente por oito: quando Edgar destruiu o SCN dos macacos, os animais adormeceram repetidamente o dia inteiro.

No decorrer de um dia acordado, esse sistema circadiano de vigília marca um ritmo diferente com base no termostato do sono, explica Carskadon. O sinal do estado de alerta é mais baixo no início da madrugada, digamos por volta das 3 horas, quando a temperatura do corpo está em seu ponto mais baixo. À medida que o dia avança, o sinal de vigília fica cada vez mais forte, contrabalaçando a crescente pressão homeostática para o sono. Uma potente onda de vigília nos envolve algumas horas depois do despertar, o que pode explicar a nossa agilidade mental no final da manhã. No início da noite, o sinal de vigília é tão poderoso que cria uma "zona de acordar" algumas horas antes de tomar o caminho descendente em direção à noite circadiana.

Ao longo do dia e da noite, então, o seu corpo está sujeito ao sobe-e-desce desses dois processos. Durante a maioria das horas sob a luz solar, o mecanismo de vigília prevalece sobre o impulso homeostático do sono e eleva nosso corpo a um estado de alerta. Porém, por volta do meio-dia, observa Carskadon, "a pressão para dormir se acumula antes de o mecanismo de vigília dependente do relógio alcançar a força adequada para compensar a sonolência"; então, somos invadidos por uma onda de sonolência e os portões do sono abrem-se largamente.

O quanto você sofre os efeitos desse declínio da tarde depende de seu cronotipo, afirma Carskadon.[18] "Os tipos noturnos tendem a experimentar ondas de maior amplitude", explica ela, "com picos mais altos de vigília e declínios mais baixos de sonolência, assim como um intenso estado de vigília à noite". Contudo, nos tipos matutinos "a curva do estado de vigília é relativamente plana durante o dia, que então despenca dramaticamente à noite".

Entretanto, a maioria das pessoas experimenta, em algum nível, os altos e baixos do meio do dia, afirma Carskadon. Para aqueles que estão na estrada, estas são horas perigosas. Estudos sobre acidentes relacionados à fadiga realizados em Israel, no Texas e em Nova York mostraram que acidentes envolvendo um único veículo (sair da estrada, por exemplo) são mais comuns não apenas nas primeiras horas da madrugada, entre 1 e 4 horas, mas também no meio da tarde, novamente entre 1 e 4 horas.[19] Esse duplo pico também aparece na distribuição temporal de acidentes com ônibus públicos nos Países Baixos e em acidentes de trem na Alemanha. Na realidade, estudos realizados no mundo inteiro mostram um pico vespertino nos acidentes de trânsito relacionados ao sono. Por volta das 4 horas da tarde, os motoristas estão três vezes mais propensos a cair no sono enquanto dirigem do que estão às 10 da manhã ou às 7 horas da noite.[20] Em um mundo no qual o erro humano pode causar acidentes que envolvem um grande número de pessoas, essas quedas de eficiência podem provocar um impacto catastrófico.

Algumas pessoas que assistiam às conferências sobre o sono em nosso confortável auditório não teriam sentido tamanha letargia se estivessem do lado de fora, em meio ao clima selvagem do litoral da Ilha Amélia. Os fortes ventos e as ondas agitadas de uma tempestade iminente teriam elevado nosso batimento cardíaco, dilatado nossas pupilas e fechado aqueles portões do sono com veemência. Porém, em geral não temos a ajuda dos ventos fortes de um furacão para nos mantermos alertas. Assim, o que mais podemos fazer para resgatar nossa disposição física e clareza de espírito?

Há dois caminhos para seguir. Procure anular o ritmo, concentre-se totalmente no seu trabalho ou na direção de seu carro ou em qualquer coisa que esteja fazendo, e ignore a porta do sono ali aberta como um grande perigo. Ou experimente o seguinte: procure um lugar na estrada para você parar ou apoie a cabeça em sua mesa ou, se você tiver a sorte de ter um sofá, estique-se ali e tire uma soneca.

"Péssimo hábito! Péssimo hábito!", exclama o Capitão Giles em *A linha de sombra*, de Joseph Conrad, repreendendo a si mesmo por dormir à tarde.

Soneca, sesta, cochilo, descanso que envolve sono mas não pijamas – o cochilo é tecnicamente definido como um episódio de sono diurno de mais de cinco minutos e menos de quatro horas. Considerado por muitos um comportamento anormal, tirar um cochilo tem uma péssima reputação como o resultado infeliz de comer e beber em excesso, do calor sufocante da tarde ou da simples preguiça. Uma pessoa é "flagrada" tirando um cochilo – está tudo bem, se for uma criança, mas se for um adulto é um sinal de fraqueza, indolência ou senilidade. Mesmo os médicos viam a tendência para cochilar com desconfiança, indicativo de um sono insuficiente ou de transtornos como apnéia do sono ou narcolepsia.

Eu estou contente em dizer que, nos últimos anos, o cochilo alcançou um novo *status*. Pesquisas mostram que o cochilo não apenas garante uma pausa em nossas atividades justamente quando não estamos em nossa melhor forma como também tem um grande poder de recuperar nosso desempenho, por um tempo proporcionalmente muito maior do que sua própria duração.

Os sábios já sabiam disso há muito tempo.

Cochilar é um costume comum nas culturas tradicionais, desde Papua Nova Guiné, onde as pessoas tiram uma soneca de duas horas ao meio-dia, assim evitando a inclemência do sol equatoriano do meio do dia, e da gelada Patagônia, onde os *yahgans*, quando cansados, deitam-se em qualquer lugar a qualquer hora para cochilar, até os habitantes de Pukapuka, um atol nas Ilhas Cook, no Oceano Pacífico, que distinguem 35 espécies diferentes de soneca com base na intensidade do sono e na posição e no movimento da pessoa que dorme.[21]

"Você deve dormir por algum tempo entre o almoço e o jantar", aconselhava Winston Churchill, "e sem meios-termos.[22] Tire suas roupas e meta-se na cama". Na Segunda Guerra Mundial, o primeiro-ministro britânico conseguia estar alerta e acordado em todas as horas da noite. "Eu *tinha* de dormir durante o dia", disse Churchill. "Essa era a única maneira de eu cumprir com as minhas responsabilidades... Não pense que você irá trabalhar menos por dormir durante o dia... Na verdade, você ganha dois dias em um – bem, pelo menos um dia e um meio, tenho certeza". Dizem que Lyndon Johnson, presidente norte-americano na década de 1960, também vestia seu pijama ao meio-dia para dormir profundamente por uma hora e meia, o que lhe dava energia para trabalhar durante a noite.

Claudio Stampi, pesquisador italiano do sono, recolheu histórias – algumas provavelmente apócrifas – de personagens famosos que somente subsistiram graças ao sono roubado durante seus cochilos.[23] Por exemplo, o norte-americano Thomas Edison, inventor da lâmpada e do fonógrafo, sofria de uma insônia incurável durante a noite e, para agravar seu problema, costumava trabalhar incessantemente em suas invenções e na obtenção de patentes que o tornaram famoso. Em vez de dormir oito horas por noite, que ele considerava uma "deplorável regressão ao estado primitivo do homem das cavernas", Edison sobrevivia com cochilos freqüentes. Dizem que Leonardo da Vinci, pintor e cientista italiano do Renascimento, costumava dormir durante cerca de quinze minutos a cada quatro horas, totalizando menos de duas horas de sono diariamente. Fazendo isso, ele pode ter ganho um bônus de vinte anos de trabalho durante os seus 67 anos de vida.

Pode não parecer que os cochilos tenham mesmo um efeito reanimador; muitas vezes, a inércia do sono depois de uma soneca deixa-nos um tanto grogues. Entretanto, geralmente não somos bons juízes para avaliar o nosso descanso. Como o pesquisador do sono William Dement destaca, estudos e mais estudos demonstram que os cochilos melhoram o estado de alerta, o humor e a produtividade nas horas do dia que se seguem, particularmente para os trabalhadores noturnos e para os que trabalham longos períodos.[24]

De acordo com Dement, importantes descobertas foram feitas quando pesquisadores da Nasa, a agência espacial norte-americana, testaram os efeitos do cochilo em pilotos que voavam longas distâncias ao longo do Oceano Pacífico à noite.[25] Durante esses exaustivos vôos, o tempo de reação da tripulação normalmente despencava e os pilotos com freqüência caíam em "microssonos", episódios breves de sono de três a dez segundos de duração. No estudo da Nasa, alguns pilotos foram orientados a descansar por quarenta minutos durante os vôos transoceânicos, resultando em uma média de cerca de 26 minutos de sono. Para poder avaliar os resultados da experiência, um outro grupo de pilotos em vôos semelhantes não descansou. Nestes vôos sem descanso, a tripulação sofreu um total combinado de 120 microssonos durante os últimos noventa minutos dos vôos, incluindo 22 na meia hora final, quando o avião já se preparava para pousar. Contudo, a tripulação autorizada a cochilar experimentou apenas 34 microssonos no mesmo período e nenhum na última meia hora. Seu tempo de reação, seu estado de alerta e sua agilidade também melhoraram.

"Todo mundo conhece a necessidade de cochilar em viagens", diz Fred Turek, pesquisador do sono da Universidade do Noroeste e um dos oradores no evento na Ilha Amélia.[26] "Porém, muito pouco ainda é feito a respeito." Em sua palestra, Turek mostrou dois *slides*: um com a figura de 1 bilhão de dólares, o custo de um B-2 Spirit, o bombardeiro mais caro do mundo; o outro mostrava 8,88 dólares, o custo de uma cadeira de praia usada por pilotos do B-2 para tirar poderosos cochilos. Um dinheiro bem gasto, afirma Turek, mas não usado o bastante dessa maneira.

Mesmo para as pessoas com vidas menos extenuantes do que as dos pilotos de longa distância e dos caminhoneiros, uma boa soneca na hora certa é capaz de melhorar a agilidade e o humor.[27] Um estudo realizado em um simulador de automóvel mostrou que para os indivíduos sonolentos que dirigiram monotonamente uma hora ou duas logo no início da tarde, um cochilo no meio da tarde de menos de quinze minutos melhorou o tempo de reação e reduziu a debilitação, tanto quanto tomar duas xícaras de café.[28] Pesquisadores japoneses que recentemente conduziram um estudo de duas semanas em uma fábrica obtiveram resultados semelhantes: um cochilo curto em uma cadeira reclinada depois do almoço melhorou notavelmente o desempenho dos operários.[29]

Os cochilos podem até aumentar a percepção. Sara Mednick e seus colegas da Universidade de Harvard submeteram alguns indivíduos a um teste de percepção visual quatro vezes por dia.[30] O desempenho daqueles que foram privados de um cochilo foi se deteriorando no decorrer das quatro sessões. Porém, aqueles que puderam tirar uma soneca entre a segunda e a terceira sessão – não só um descanso, deitados em silêncio com os olhos fechados, mas uma soneca verdadeira e completa com ondas lentas e sono REM – mostraram uma melhora substancial na acuidade perceptiva.

Em um estudo posterior, Mednick mostrou que os cochilos também favorecem a aprendizagem.[31] Pessoas que cochilam e outras que não cochilam passaram uma hora de manhã estudando em um computador. Em seguida, todos os indivíduos foram submetidos a um teste para avaliar o que tinham aprendido, primeiro às 9 horas da manhã e novamente às 7 horas da noite. O grupo que cochilava, e que havia dormido durante uma hora ou mais antes de repetir o teste, superou em 50% as pessoas que não haviam dormido – porém, mais uma vez, apenas aqueles que dormiram um sono profundo o suficiente para ter ondas lentas e sono REM.

No início de 2007, novas pesquisas indicaram que um cochilo regular após o almoço pode reduzir o risco de morte causada por problemas coronários.[32] Um estudo com 23 mil mulheres e homens gregos, com idades entre 20 e 86 anos, revelou que as pessoas que cochilavam tinham 34% menos riscos de morrer devido a doenças do coração.

Em resumo, dizem os pesquisadores do sono, os cochilos fazem de você uma pessoa mais alerta, mais saudável e mais segura.[33] Por isso, algumas empresas no Japão, na Europa e nos Estados Unidos começam a considerar as pesquisas e passaram a reservar tempo para os cochilos dentro dos horários de trabalho com o objetivo de aumentar a segurança e a produtividade.

Assim, qual é a melhor hora para tirar uma soneca, e quanto tempo ela deveria durar? Os estudos mais recentes sobre o cochilo sugerem que um descanso de apenas quinze ou vinte minutos entre 1 hora e 2h30 da tarde pode aliviar a fadiga, melhorar o desempenho cognitivo e recarregar suas baterias mentais.[34] Cochilos mais longos, de, digamos, 45 minutos a uma hora, podem exigir algum tempo de recuperação – aproximadamente vinte minutos – até que o entorpecimento da inércia do sono desapareça. “Entretanto, cochilos dessa duração são suscetíveis à hora do dia”, diz Mednick. Cochilos matutinos terão um sono mais leve; já as sonecas de fim de tarde oferecem um sono “purificador” mais profundo.

Um sono curto no meio da tarde é uma resposta natural à nossa necessidade biológica de descanso. O corpo humano é “programado” para a sesta, garante Mary Carskadon. Ninguém deveria sentir vergonha por fazer uma.[35]

REFERÊNCIAS

1. Juster, N. *The phantom tollboth.* Nova York: Random House/Bullseye Books, 1988, p. 24.

2. Oitavo encontro anual da Society for Research on Biological Rhythms, Amelia Island, Florida, 2002 (daqui por diante, encontro SRBR, 2002).

3. Carskadon, M. “Guidelines for the Multiple Sleep Latency Test (MSLT): a standard measure of sleepiness”. *Sleep.* V. 9, 1986, p. 519-24; Carskadon, M.; Dement, W. “Daytime sleepiness: quantification of a behavioral state”. *Neuroscience Biobehavioral Review.* V. 11, 1987, p. 307-17.

4. Hoddes, E. et al. “Qualification of sleepiness: a new approach”. *Psychophysiology.* V. 10, 1987, p. 431-36.

5. Argiolas, A.; Melis, M. R. “The neuropharmacology of yawning”. *European Journal of Pharmacology.* V. 343, n. 1, 1998, p. 1-16.

6. Provine, R. “Yawning no effect of 3-5% CO_2, 100% O_2, and exercise”. *Behavioral Neural Biology.* V. 48, n. 3, 1987, p. 382-93.

7. *Doutor Seuss's Sleep Book.* Nova York: Random House, 1962.

8. Platek, S. M. et al. “Contagious yawning: the role of self-awareness and mental state attribution”. *Cognitive Brain Research.* V. 17, 2003, p. 223-27.

9. Platek, S. M. et al. "Contagious yawning and the brain". *Cognitive Brain Research*. V. 23, 2005, p. 448-52; comunicação pessoal com Platek, 7 set. 2006.

10. Rosenthal, N. E. *Winter blues: seasonal affective disorder*. Nova York: Guilford Press, 1998. p. 287 f.

11. Schacter, S. et al. "Vagus nerve stimulation". *Epilepsia*. V. 39, 1998, p. 677-86; Yamanaka, A. et al. "Hypothalamic orexin neurons regulate arousal according to energy balance in mice". *Neuron*. V. 38, 2003, p. 701-13.

12. Kukorelli, T.; Juhasz, G. "Sleep induced by intestinal stimulation in cats". *Physiology e Behavior*. V. 19, 1977, p. 355-58.

13. Wells, A. et al. "Influence of fat and carbohydrate on postprandial sleepiness, mood, and hormones". *Physiology and Behavior*. V. 61, n. 5, 1997, p. 679-86.

14. Zammit, G. et al. "Postprandial sleep in healthy men". *Sleep*. V. 18, n. 4, 1995, p. 229-31.

15. Carskadon, M. A.; Acebo, C. "Regulation of sleepiness in adolescents: update, insights, and speculation". *Sleep*. V. 25, n. 6, 2002, p. 606-14; Carskadon, M. A. "The rhythm of human sleep and wakefulness". Apresentação no encontro SRBR, 2002; Dement, W.; Vaughan, C. *The Promise of Sleep*. Nova York: Dell, 2000, p. 79-84.

16. Lavie, P. *The Enchanted World of Sleep*. New Haven: Yale University Press, 1996, p. 51; comunicação pessoal com Lavie, 14 fev. 2005.

17. Edgar, D. M. et al. "Effect of SCN lesions on sleep in squirrel monkeys: evidence for opponent processes in sleep-wake regulation". *Journal of Neuroscience*. V. 13, 1993, p. 1065-79; Dement, W.; Vaughan, C. *The promise of sleep*, p. 78-81; comunicação pessoal com Dement, 5 mar. 2005.

18. Carskadon, M. "The rhythm of human sleep and wakefulness".

19. Mitler, M. M. et al. "Catastrophes, sleep, and public policy:consensus report". *Sleep*. V. 11, 1988, p. 100-109.

20. Horne, J; Reyner, Louise. "Vehicle accidents related to sleep: a review". *Occupational and Environmental Nedicine*. V. 56, 1999, p. 289-94.

21. WEBB, W. B.; DINGES, D. F. "Cultural perspectives on napping and the siesta". In: DINGES, D. *Sleep and alertness.* Nova York: Raven Press, 1989, p. 247-65.

22. Churchill citado em: <www.powerofsleep.org/sleepfacts.htm> e em: <www.mysleepcenter.com/sleepquotations.html>. Acesso em: 13/6/2008.

23. STAMPI, C. *Why we nap.* Boston: Birkhauser, 1992.

24. DEMENT, W.; VAUGHAN, C. *The promise of sleep.* p. 371-77.

25. DEMENT, W.; VAUGHAN, C. *The promise of sleep.* V. 374; veja também, ROSEKIND, M. R. et al. "Crew factors in flight operations IX; effects of planned cockpit rest on crew performance and alertness in long-haul operations". Nasa Technical Memorandum 108839, Moffett Field/Califórnia Nasa Ames Research Center, 1994.

26. TUREK, F. "Future directions in circadian and sleep research". Apresentado no encontro SRBR, 2002.

27. TAKAHASHI, M. et al. "Maintenance of alertness and performance by a brief nap after lunch under prior sleep déficit" *Sleep.* V. 23, n. 6, 2000, p. 813-19; RAJARATNAM, S. M. W.; ARENDT, J. "Health in a 24-h society". *Lancet.* V. 358, 2001, p. 999-1005.

28. HORNE, J. A.; REYNER, L. A. "Counteracting driver sleepiness: effects of napping, caffeine, end placebo". *Psychophysiology.* V. 33, n. 3, 1996, p. 306-9.

29. TAKAHASHI, M. et al. "Post-lunch nap as a worksite intervention to promote alertness on the job". *Ergonomics.* V. 47, n. 9, 2004, p. 1003-13.

30. MEDNICK, S. C. et al. "The restorative effect of naps on perceptual deterioration". *Nature Neuroscience.* V. 5, 2002, p. 677-81; MAQUET, P. "Be caught napping: you're doing more than resting your eyes". *Nature Neuroscience.* V. 5, 2002, p. 618-19.

31. MEDNICK, S. et al. "Sleep-dependent learning: a nap is as good as a night". *Nature Neuroscience.* N. 6, 2003, p. 697-98.

32. NASKA, A. et al. "Siesta in healthy adults and coronary mortality in the general population". *Archives of Internal Medicine.* V. 167, 2007, p. 296-301.

33. Comunicação pessoal com SaraMednick, 3 out. 2006; DEMENT, W.; VAUGHAN, C. *The Promise of Sleep.* p. 371.

34. Brooks, A.; Lack, L. "A brief afternoon nap following nocturnal sleep restriction: wich nap duration is mostrecuperative?" *Sleep*. V. 29, n. 6, 2006, p. 831-40.

35. Carskadon, M. "Ontogeny of human sleepinessas measured by sleep latency". In: Dinges, D. F.; Broughton, R. J. *Sleep and alertness: chronobiological, behavioral, and medical aspects of napping*. Nova York: Raven Press, 1989, p. 53-69.

O ESGOTAMENTO 7

Em vez de se entregar a um bom cochilo, talvez você prefira uma solução química para recuperar sua clareza mental. Então consegue escapar do escritório para ir buscar um *capuccino* grande e bem forte na cafeteria mais próxima. Porém, antes mesmo de sorver o líquido escuro, você já se sente um pouco menos sonolento. Talvez seja o ar fresco. Ou talvez sejam seus nervos.

A tensão foi aumentando no decorrer do dia, um aborrecimento atrás do outro. Agora, no caminho de volta para o escritório, você se atormenta com a pilha de trabalho que se avoluma em sua mesa, com aquele comentário depreciativo de seu supervisor, com seus prazos inatingíveis e com a impossibilidade de sair a tempo de ver a partida de futebol de sua filha. Ao atravessar a rua, uma buzina dispara estridente e você se vira bem na hora de ver um carro furando o sinal vermelho. De súbito, você recua para a calçada e derrama seu café; ofegante e zangado, percebe que escapou de ser atropelado por um triz. Seu coração bate forte, seus joelhos tremem. A essa hora do dia, o fluxo de cortisol e outros hormônios do estresse em seu corpo deveria estar diminuindo, a caminho de seu ponto mais baixo durante a noite. Entretanto, de repente eles surgem em sua corrente sangüínea. Se você não estava alerta antes, agora está, esgotado e assustado.

O escritor e psicólogo norte-americano William James escreveu certa vez que "nada caracteriza mais a evolução do bruto para o homem do que o declínio na freqüência das ocasiões em que há medo[...] Na vida civilizada, em particular, tornou-se afinal possível para milhares de pessoas passar do berço à sepultura sem jamais ter tido uma ponta sequer de medo genuíno".[1] Pode ser verdade que nossa chance de enfrentar o horror de terminar como o almoço de algum animal seja bem menor do que a de nossos antepassados. Contudo, aquela ameaça foi substituída por outros perigos, reais e imaginários. Lembro-me do mergulho que eu dava para debaixo da minha escrivaninha na terceira série durante o treinamento antibomba atômica da Guerra Fria, de estar em um carro dirigido por um amigo adolescente bêbado, de olhar pela janela de um avião e ver um dos motores em chamas, de acordar no meio da noite com o som de um invasor quebrando a janela do meu apartamento.

Lembro-me de um incidente em um luminoso dia de outono, agora, assim distante, mais engraçado do que assustador, embora não parecesse assim na ocasião. Era um final de tarde; depois de visitar um amigo, eu estava caminhando de volta para casa com minha filha Nell, nós duas exaustas após um longo fim de semana de atividades esportivas. Assim que começamos a subir a colina em direção à nossa casa, percebemos que alguma coisa estava fazendo os cachorros da vizinhança latir furiosamente. Nosso bairro é formado por casas urbanas e rurais nos limites da cidade, onde as calçadas são apenas um adorno esporádico para as casas mais novas, onde as pessoas têm dois, às vezes três cachorros e ainda usam um trator para plantar milho e batata em suas chácaras.

Pelo canto do olho, vi uma massa negra encobrindo os degraus da casa de estilo vitoriano do outro lado da rua. Há poucos metros de nós, estava um enorme touro plantado no gramado do vizinho. Com olhos enormes, batia uma das patas no chão, sem dúvida agitado pelos latidos dos cães. Ele devia pesar uma tonelada.

Um calafrio atravessou meus braços e pescoço. Nell olhou para mim: "Mãe?" Nós duas gelamos por um instante. O touro soltou um berro. Agarrei a mão de Nell e corremos até nosso portão. Eu sabia que o touro não era carnívoro. Eu sabia que era apenas um boi perdido que estava vagando pelo bairro vindo de algum sítio próximo. Mesmo assim, eu ainda sentia o pavor da presa. Minhas pernas latejavam, meus joelhos batiam. Minhas mãos tremiam tanto que mal conseguia abrir o portão. Nell me ajudou com seus dedos finos e assim corremos para casa.

Da segurança da janela da frente, vimos o touro desaparecer por detrás da casa do vizinho, justamente quando três viaturas de polícia chegavam. Um grupo de policiais corpulentos saltou dos veículos e se dirigiu ao quintal da casa. Eles desapareceram por um momento. Então, de repente, todos os cinco voltaram correndo, olhos arregalados, bocas entreabertas, respiração arquejante. "Meu amigo", disse um deles, "nunca tinha visto você correr desse jeito!".

Durante as cinco horas seguintes, o touro aterrorizou o bairro, pisoteando canteiros de flores e hortas, derrubando cercas e até invadindo varandas, antes que a polícia finalmente conseguisse encurralar o animal entre duas casas e um homem do sítio atingisse o bicho com um dardo tranqüilizante.

Um touro fugitivo, um motorista irresponsável, um chefe autoritário: a resposta do corpo é a mesma, uma rápida, mas sofisticada, reação "lute ou fuja", que afeta quase todos os aspectos de nosso ser.

Tudo começa com o medo subconsciente. "Fomos programados para primeiro lidar com o perigo, e só depois pensar nele", explica Joseph LeDoux, diretor do Centro de Neurociência do Medo e da Ansiedade, em Nova York. Em uma série de brilhantes estudos, LeDoux desvendou os circuitos cerebrais que controlam o medo como dois caminhos separados, que ele chama de "estrada baixa" e "estrada alta".[2]

A estrada baixa, diz LeDoux, é responsável por ainda estarmos aqui.

O medo se origina no fundo do cérebro, naquela estrutura em forma de amêndoa chamada amígdala. Quando vemos um objeto potencialmente perigoso ou ouvimos um som ameaçador – digamos, a sombra de um predador ou o zunido de um carro em alta velocidade – uma versão tosca e pré-consciente do estímulo, ou seja, um fragmento indistinto, mal-acabado do som ou da imagem, percorre a estrada baixa. Esse antigo e primitivo caminho visual não passa pelo córtex do "pensamento", mas segue diretamente para a amígdala, sem nenhuma percepção consciente e bem antes que a imagem ou o som completos sejam totalmente reconstruídos na mente. A amígdala envia um sinal de "cuidado!" instantâneo, que põe o corpo em movimento para responder rapidamente ao potencial perigo.

Enquanto isso, continua LeDoux, uma versão mais completa e bem-acabada do estímulo também viaja pela estrada alta, em direção ao córtex sensorial, onde é cuidadosamente considerada, processada em detalhes e analisada para criar um quadro preciso da situação. A estrada alta pode confirmar o perigo. Ou pode julgar o medo infundado e o risco, irreal – vamos dizer, um grande e escuro tronco de árvore, e não um touro gigantesco – e, assim, desligar a reação ao medo.

Contudo, a essa hora, a amígdala já ativou as defesas do corpo: o sobressalto, o calafrio, o cabelo em pé, toda a mobilização para lutar ou fugir. "Leva apenas doze milissegundos para acionar a reação do medo na amígdala", observa LeDoux. "Entretanto, é necessário o triplo desse tempo, ou seja, de trinta a quarenta milissegundos, para os [mesmos] estímulos alcançarem o córtex sensorial." Esses milissegundos extras podem significar a diferença entre a vida e a morte; portanto, aí está o valor evolutivo da estrada baixa.

Vamos voltar àquele incidente com o carro. A mensagem "cuidado!" sinalizada pela amígdala foi apenas o primeiro passo para sua salvação.[3] A mensagem de advertência foi capturada pelo hipotálamo, situado na base de seu cérebro, que, por sua vez, enviou um alerta químico para suas glândulas pituitária e supra-renais, duas pequenas glândulas em forma de feijão, situadas acima de seus rins. Estas responderam liberando um fluxo de hormônios do estresse que produziram o conhecido efeito da adrenalina, ou seja, acelerando seu batimento cardíaco, aumentando sua pressão sangüínea e fornecendo sangue extra, oxigênio e combustível para seus músculos, especialmente os grandes músculos das suas pernas. Enquanto isso, os canais brônquicos de seus pulmões se dilataram para obter oxigênio extra, que alcançou seu cérebro para mantê-lo vigilante e alerta. As reservas de energia e de gordura em seu corpo liberaram um pouco de glicose e de ácidos graxos para produzir mais combustível. Esses sinais hormonais em trânsito por seu corpo ativaram a constrição dos vasos sangüíneos que irrigam sua pele e a liberação do fator de coagulação fibrinogênio para ajudar a estancar a perda de sangue de um eventual ferimento. O hormônio do estresse cortisol provocou mudanças no sistema imunológico, preparando-o para reagir a potenciais estragos na pele, músculos e ossos, bem como a uma possível infecção. Nesse tempo, seu cérebro disparava endorfina, que age como analgésico para reduzir a dor, caso necessário. As ondas rápidas de adrenalina e cortisol também serviram para melhorar a acuidade mental. Ao mesmo tempo, seu corpo reduzia todas as funções que não são necessárias em uma emergência: digestão, reprodução, crescimento.

"A idéia de toda essa atividade é concentrar todos os recursos nas partes do corpo que são mais necessárias para enfrentar um desafio imediato", explica Bruce McEwen, neuroendocrinologista da Universidade Rockefeller.[4] Isso faz sentido, é claro: quando vemos um leão ou um carro vindo em nossa direção, como observa McEwen, é melhor usarmos nossa energia para correr em vez de empregá-la para digerir um ovo ou fazer crescer a unha do dedão do pé.

Na última década, cientistas que buscavam compreender a natureza da reação lutar ou fugir, também conhecida como reação do estresse, fizeram descobertas surpreendentes. "Essa espécie de reação aguda de estresse é boa para o corpo", afirma McEwen. "Trata-se de uma reação protetora; ela apura nossos sentidos, melhora nossa memória e até aumenta nossa resposta imunológica." De fato, o estresse em si é bom, observa McEwen, contanto que tenha uma curta duração. Embora um período curto de estresse consuma energia, ele faz maravilhas para o desempenho e pode realmente oferecer uma sensação de bem-estar físico e mental. A reação do estresse é um sistema extraordinário para enfrentar desafios de curto prazo, seja erguer um carro para retirar uma criança atropelada, resistir a um furacão, dar uma conferência ou fugir de um touro.

A ênfase, entretanto, é na palavra *curto*.

O que nos faz sentir estressados é a exposição crônica, repetida ou excessiva ao estresse, a luta com o barulho, o tráfego, os prazos, as pressões e preocupações cotidianas com trabalho e família, as dívidas, o envelhecimento dos pais, os problemas matrimoniais. "Esse tipo de pressão psicológica que nos faz perder o sono, parar de nos exercitar e comer as coisas erradas provoca um desgaste excessivo em nosso corpo", diz McEwen. "Está aí o verdadeiro perigo." É como a diferença que existe entre a dor aguda, que serve como um sistema essencial de alarme, e a dor crônica, que tem pouco propósito e causa grande sofrimento. O estresse crônico pode colocar o sistema de reação do corpo em marcha forçada, de tal maneira que ele se vira contra si mesmo, causando sérias doenças e até mesmo a morte.

Os cientistas já sabem há muito tempo que o estresse constante cobra um preço alto do corpo, mas apenas começaram a compreender como essa pressão psicológica de longo prazo age sob a pele.

À medida que o dia no escritório avança e as rugas aumentam – um chefe mal-humorado, documentos desorganizados, assuntos de família colocados de lado –, você se percebe, de repente, balançando a perna nervosamente e encolhendo os ombros, talvez lamentando sua decisão de não comprar um doce para comer com o café e considerando lançar mão daquela barra de chocolate guardada em sua mesa para uma emergência. Sua cabeça começa a latejar. Você se abaixa para apanhar uma pilha de memorandos que caíram no chão e sente uma punhalada de dor na região lombar.

A palavra "estresse" tem sido tão usada que perdeu muito de seu significado. Ela deriva do latim *stringere*, que significa apertar estreitamente. O cientista húngaro Hans Selye foi quem cunhou o termo, no verão de 1936, em um pequeno artigo para a revista *Nature*, intitulado "Uma síndrome produzida por agentes nocivos diversos".[5] Catorze estressantes anos depois, Selye publicou um compêndio de mil páginas sobre o assunto, que ele generosamente dedicou a todos aqueles no mundo que sofrem da pressão provocada por "ferimentos persistentes, perda de sangue ou exposição a extremos de temperatura, fome, fadiga, falta de ar, infecções, venenos ou raios mortais... que estão sob a tensão nervosa exaustiva de procurar seu ideal – seja qual for, aos mártires que se sacrificam pelos outros, como também aos que são perseguidos pela ambição egoísta, pelo medo, pelo ciúme e pelo pior de todos os sentimentos, o ódio". Isso descreve bastante todos nós, de um jeito ou de outro, até mesmo o próprio autor. Selye, que era conhecido por trabalhar uma média de dez a catorze horas por dia, sete dias por semana, também dedicou sua obra à esposa que, nas palavras dele, havia compreendido "que eu não posso, e não devo, ser curado do meu estresse, mas somente ensinado a desfrutá-lo".

Na mente de Selye, o estresse era qualquer espécie de crise no corpo, qualquer necessidade ou problema, da fome ou privação do sono até um esforço muscular extremo, uma infecção ou uma situação provocada pelo medo. Hoje, os cientistas tendem a definir um estressor como algo que rompe a homeóstase do corpo, e a reação de estresse como as inúmeras adaptações que restabelecem o equilíbrio do organismo.[6] Se o rompimento é curto, o corpo normalmente se recupera depressa.

Porém, a reação do estresse não foi projetada tendo em vista nossa vida moderna, pondera Bruce McEwen, com esse bombardeio de um estressor atrás do outro que parece caracterizar a existência contemporânea. Hoje, nosso corpo tem dificuldade de diferenciar um perigo imediato que ameaça nossa vida de, digamos, uma eterna briga em família ou do fardo pesado das preocupações com dinheiro. Como observa McEwen, uma luta corpo a corpo ou uma fuga apressada em busca de um lugar seguro não são reações apropriadas a um cônjuge zangado ou a um salário insuficiente. Esse tipo comum de estresse pode se acumular ao longo de um dia, uma semana, um ano, de maneira que a reação do estresse mantém-se em alta rotação até que, cedo ou tarde, os mecanismos que supostamente deveriam nos ajudar começam a nos trair. Além disso, muitas vezes fazemos as escolhas erradas, induzidos por um estresse implacável, afirma McEwen. Comemos em excesso, bebemos mais álcool, trabalhamos mais duro por longas horas, ficamos acordados até muito tarde, paramos de nos exercitar e acabamos nos sentindo cada vez mais ansiosos, exaustos, doentes.

Poucas semanas após os ataques terroristas de 11 de setembro de 2001, fiz uma conferência para estudantes de medicina da Universidade da Virgínia sobre as recentes descobertas no campo da genética e seus efeitos nas escolhas pessoais em medicina. Havia sido um mês difícil. Meu sobrinho, estudante de finanças que visitava Nova York pela primeira vez, havia estado na torre sul quando ela foi atingida. Por um milagre ele conseguiu sair. Muitos outros, não. Os dias após os ataques trouxeram ondas de preocupação e sofrimento. Como tantos outros, travei uma luta diária e dormi pouco, tive dificuldade de me concentrar e de trabalhar. Eu estava nervosa com essa palestra, com o fato de se tratar de um assunto tão amplo e complexo e de não ter tempo para me preparar adequadamente. Além disso, eu havia dispensado os exercícios, uma alimentação decente, o tempo com minha família e todo o resto.

No início da conferência, eu me sentia confiante, embora um pouco quente e corada, uma sensação que atribuí à excitação e aos efeitos da adrenalina. Uma ligeira elevação na temperatura do corpo não é uma coisa ruim sob circunstâncias normais, e de fato tem sido relacionada a um melhor desempenho (possivelmente, dizem alguns cientistas, porque a temperatura corporal elevada aumenta as funções neurocomportamentais). Porém, é uma questão de grau. Quando a temperatura excede os 38° C, as funções mentais e físicas começam a se deteriorar. Bem, durante a sessão de perguntas e respostas após a conferência, comecei a me sentir zonza e confusa, e dei às questões inteligentes dos estudantes respostas vagas, claramente ininteligentes.

"Isso responde sua pergunta?"

Provavelmente não.

Quando voltei para casa, minha temperatura era de quase 40° C. Era o começo de uma pneumonia que me deixou de cama por um mês.

Já em 1900, o médico inglês Sir William Osler observou que o estresse na forma de uma vida frenética pode causar doenças, mas apenas recentemente uma avalanche de novos estudos ofereceu evidências concretas da maneira como o estresse psicológico pode afetar nossa suscetibilidade a todo tipo de doenças. Os hormônios são uma chave importante nessa relação. Para começar, o estresse excessivo desequilibra o sobe-e-desce circadiano normal dos hormônios, estabilizando essa curva em seu ápice. Uma pequena e temporária dose de hormônios do estresse geralmente é uma coisa boa para o corpo, ensina McEwen; grandes doses a longo prazo não são. Níveis altos constantes de adrenalina aumentam a pressão sangüínea, o que pode criar cicatrizes ou lesões nos vasos sangüíneos do coração e do cérebro, onde os materiais que entopem as artérias, chamados placas, passam a se acumular.

Grandes quantidades de cortisol podem ser igualmente mortais, causando perda óssea e aumento da gordura abdominal. Os níveis elevados de cortisol que vêm com o estresse crônico realmente determinam a taxa em que nosso alimento é transformado em gordura e para onde essa gordura vai. McEwen e sua colega Elissa S. Epel, pesquisadora da Universidade da Califórnia em São Francisco (UCSF), descobriram que os elevados níveis de cortisol observados em mulheres sob estresse levam a grandes acumulações de gordura abdominal, mesmo em mulheres magras.[7] O hormônio ativa os receptores de gordura no abdômen, de forma que os depósitos de gordura se acumulam ali, em vez de nos quadris e nas nádegas – o que eleva o risco de doenças cardíacas, diabetes e derrame. Cortisol em excesso também induz o fígado a produzir mais glicose e, assim, fornecer energia, explica McEwen. Normalmente, o fígado libera muita glicose à noite. Quando essa dose habitual é aumentada por causa do cortisol, o excesso circula a noite inteira, enquanto estamos em repouso e, portanto, sem usá-la, o que nos predispõe a aumento de peso, resistência à insulina e diabetes.

Para tornar as coisas ainda piores, freqüentemente respondemos ao estresse de longo prazo ingerindo alimentos ricos em gordura. Nos dias após o 11 de setembro, dei as costas para a minha habitual dieta saudável e mergulhei com gosto em pães, macarrão, biscoitos de chocolate, qualquer coisa cheia de gordura ou açúcar. Meus amigos, logo descobri, estavam fazendo o mesmo. Esse é um comportamento comum quando nos sentimos esgotados, ou seja, buscamos a calma produzida por alimentos processados. "O estresse nos deixa famintos", esclarece McEwen.

Até recentemente, uma série de informações que indicavam comer aquele pedaço de doce ou chocolate poderia temporariamente acalmar nossa alma aflita, mas existia pouca confirmação científica. Isso mudou com uma pesquisa feita pela UCSF, mostrando que os sinais enviados pelo corpo depois de consumir alimentos ricos em calorias podem temporariamente diminuir a atividade do sistema hormonal do estresse.[8] No caso do estresse crônico de longo prazo, porém, as calorias em excesso podem significar um substancial acréscimo de gordura – e uma incapacidade de recuperação de um evento estressante. Quando os cientistas da Universidade de Maryland estudaram ratos alimentados com uma dieta rica em gordura durante dez semanas, eles descobriram que esses animais se recuperavam de um estresse muito mais lentamente do que os ratos mantidos com uma dieta normal.[9]

O nosso sistema imunológico também sofre. Construídas para serem sensíveis aos sinais de estresse agudo, as células imunológicas contêm receptores de cortisol e outros hormônios do estresse para que possam reagir rapidamente a ferimentos e eventuais infecções. Um único evento estressante tende a acelerar o sistema, melhorando seu desempenho. Entretanto, o estresse crônico tem o efeito inverso.

Cerca de 150 estudos sugerem que o estresse incessante enfraquece a reação imunológica, tornando as pessoas mais suscetíveis às infecções.[10] Indivíduos que sofrem condições estressantes por mais de um mês – sofrimento depois da morte de um membro da família, divórcio ou perda do emprego – são mais propensos a contrair um resfriado do que pessoas menos fragilizadas.[11] Eles também produzem uma reação imunológica mais fraca a uma vacina.[12]

Assim, também, o estresse acumulado retarda a cura de ferimentos. Um estudo descobriu esse efeito em mulheres que cuidavam de um parente portador da doença de Alzheimer – um trabalho altamente exigente que requer atenção intensiva e exaustiva. Nelas, pequenas feridas de pele levaram em média nove dias mais para ficar curadas do que as feridas em indivíduos do grupo de controle.[13] O estresse psicológico, como ficou demonstrado, inibe um componente fundamental nos estágios iniciais da recuperação de um ferimento, a secreção de substâncias químicas envolvidas na cura conhecidas como citocinas pró-inflamatórias.[14]

Ainda mais insidioso, talvez, é o efeito do estresse crônico sobre a aprendizagem, a memória e a própria estrutura do cérebro. O hipocampo, uma região do cérebro essencial para a memória, tem muitos receptores para o cortisol e, assim, é particularmente vulnerável ao excesso do hormônio. McEwen demonstrou que mesmo o estresse temporário, se suficientemente severo, é capaz de secar os dendritos dos neurônios do hipocampo, esses prolongamentos dos neurônios especializados na função de receber estímulos ou sinais.[15] "Esse pode ser um mecanismo de proteção contra eventuais danos permanentes", diz ele. "Ao interromper o contato com outras células, as células do hipocampo evitam ser desligadas permanentemente, funcionando como um interruptor." Entretanto, o hipocampo tem a função de fazer cessar a reação do estresse enviando sinais ao hipotálamo para que este deixe de produzir os hormônios do estresse. Portanto, os danos à estrutura causados por estresse de longo prazo podem resultar na liberação de ainda mais hormônios, provocando um ciclo de níveis elevados de hormônios e mais destruição.

Uma espécie de processo inverso ocorre na amígdala, com o efeito igualmente perigoso de aumentar a ansiedade e o estresse.[16] Cientistas descobriram que o estresse repetido faz os neurônios da amígdala florescerem com ramificações de dendritos. Com mais dendritos, os neurônios sensoriais criam mais conexões na baixa estrada, o que resulta em mais rotas de acesso para as informações emocionais inconscientes. Como conseqüência desse processo, mesmo um pequeno elemento sensorial de uma situação potencialmente ameaçadora – um detalhe inocente capturado de modo inconsciente – é capaz de acionar uma explosão de atividade na amígdala, aumentando o medo. Para Joseph LeDoux, esse mecanismo pode ser o responsável por certos tipos de ansiedade "inexplicáveis".

Porém, talvez a descoberta mais perturbadora seja a de que o estresse afeta nosso DNA.

Observe as pessoas em sua casa ou em seu escritório. Quem parece debilitado e exausto? De quem são os rostos abatidos? "As pessoas que sofrem de estresse por longos períodos tendem a parecer transtornadas", afirma Elissa Epel, da UCSF.[17] Todos nós sabemos disso intuitivamente. Para compreender por quê, Epel e sua equipe recrutaram 58 mães entre 20 e 50 anos de idade. Trinta e nove delas cuidavam – como a minha mãe – principalmente de crianças cronicamente doentes, com, entre outras moléstias, paralisia cerebral ou autismo. As mulheres responderam a um questionário que ajudou a determinar seus níveis de estresse perceptíveis. Então, a equipe estudou o DNA das mulheres, concentrando-se em estruturas minúsculas chamadas telômeros, que são uma espécie de cronômetro que informa à célula sua própria idade. Os telômeros protegem a extremidade dos cromossomos, como esses pequenos invólucros de plástico nos cadarços dos sapatos, impedindo o DNA de se desfazer. Toda vez que uma célula se divide, algumas seqüências do telômero são descartadas. Após muitas divisões, os telômeros estão tão reduzidos que a célula pára de se dividir e morre.

Em 2004, a equipe publicou os resultados notáveis de sua pesquisa: mães que sofriam do estresse psicológico mais evidente apresentavam telômeros substancialmente mais curtos. Elas também tinham uma atividade bastante reduzida de uma enzima chamada telomerase, que ajuda a preservar os telômeros. Comparadas com as células das mulheres sem estresse da mesma idade cronológica, as células das mães altamente estressadas haviam "envelhecido" o equivalente a um período de nove até dezessete anos. Os cientistas suspeitam que a causa subjacente a esse envelhecimento prematuro seja uma superabundância de substâncias químicas chamadas radicais livres – ativadas pelos hormônios do estresse – que impedem a atividade da telomerase.

A maneira como seu corpo reage a eventos estressantes pode ser determinada em parte por seus genes. Observe novamente seus amigos e colegas. Quem se preocupa com cada detalhe? Quem dança conforme a música? Enquanto um amigo se preocupa e se aborrece exageradamente com cada problema e cada responsabilidade, um outro parece não se abalar com nada. Todos nós conhecemos alguém que nunca se sente esgotado ou ansioso, alguém que parece procurar experiências estressantes e apreciar o perigo.

Minha amiga Miriam é uma dessas almas destemidas. Delicada mas poderosa e sempre otimista, ela parece velejar pelos traumas da vida com facilidade e perseverança. Na faculdade, seus amigos a chamavam de "Mitomim", apelido inspirado na mitocôndria, essas minúsculas fábricas de energia que existem dentro de nossas células. Miriam parece mais feliz quando força seu corpo e sua mente, escalando o Monte Washington, em New Hampshire, Estados Unidos, por exemplo, ou pressionando-se para levar adiante uma enxurrada de tarefas diferentes. Certa vez, não muito tempo depois de seu quadragésimo quinto aniversário, ela escalou a face perpendicular do Matterhorn, uma montanha nos Alpes na fronteira entre a Itália e a Suíça, durante as horas ainda escuras logo antes do amanhecer e sob uma tempestade de gelo – só pelo prazer da coisa. No ano seguinte, ela sofreu um grave acidente de carro que quase a matou; quando acordou, disse ela, seu primeiro pensamento foi se devia estragar a manhã do marido contando-lhe a notícia.

Do outro lado está Mary, para quem mesmo a menor dose de estresse, mental ou físico, é tão perniciosa que a leva ao desespero. Mary faz parte daquela categoria de pessoas que não conseguem superar temores moderados como falar em público ou confrontar um chefe. Em resposta às pressões cotidianas da vida, ela submete seu corpo a uma superexposição aos hormônios do estresse.

Qual é a explicação para o abismo que existe entre a alegre Miriam e a frágil Mary?

Não muito tempo atrás, esse assunto poderia ser considerado uma linha estéril de investigação, visto como algo tão nebuloso quanto a natureza ou o temperamento humano. Porém, recentemente divisou-se uma possível base biológica sustentando essas diferenças. Se somos ou não abatidos pelas pressões da vida depende de certos genes – especificamente, do comprimento de nossos chamados genes transportadores de serotonina.[18] Esses genes, que aparecem em dois tamanhos, curto e longo, afetam a manifestação da serotonina, a substância que regula o humor. Esses genes foram manchete alguns anos atrás, quando cientistas do Instituto Nacional de Saúde Mental mostraram que a versão curta do gene possuía uma fraca relação com comportamentos neuróticos, uma tendência para a ansiedade, inibição, variações de humor e baixa auto-estima – ele ficou conhecido como "o gene Woody Allen".[19] As pessoas abençoadas com duas cópias longas do gene (aproximadamente 30% da população) são mais aptas a reagir com perseverança às experiências estressantes da vida. No entanto, aquelas que possuem duas cópias curtas (aproximadamente 20% das pessoas) são duas vezes e meia mais propensas a sofrer seriamente com o estresse. O restante da população, presenteado com um exemplar de cada versão, é moderadamente vulnerável aos efeitos do estresse.

Tudo isso não pretende reduzir o caráter maleável de Miriam a um único retalho de DNA. Tampouco quer afirmar que possuir uma dose dupla de genes longos garante completa imunidade aos efeitos do estresse crônico. Nenhum gene sozinho carrega a total responsabilidade pela tolerância ao estresse ou pela tendência à alta ansiedade; provavelmente, centenas de genes figuram na mistura. De qualquer maneira, novas pesquisas sugerem o seguinte: a interação entre a constituição genética (duas variantes curtas do gene) e a experiência (grandes estresses como lesões incapacitantes, problemas em relacionamentos íntimos, longos períodos de desemprego) pode pôr Mary no extremo mais suscetível da escala, mais que dobrando suas chances de sucumbir a doenças relacionadas ao estresse. Contudo, duas versões longas do gene podem dar a Miriam uma chance relativamente pequena de sofrer, não importa quantos episódios estressantes ela viva.

Então, o que um encucado deve fazer?

Procure se sentir no controle de sua situação, aconselha Esther Sternberg, especialista em ciência das emoções e saúde e diretora do Programa de Integração Neuroimunológica dos Institutos Nacionais de Saúde.[20] Sentir que você está no assento do motorista, por assim dizer – capaz de agir para influir em seu próprio destino – elimina os sentimentos de desamparo e pânico, bem como reduz os efeitos do estresse de longo prazo.

Como exemplo, Sternberg relata a história de um piloto da Marinha norte-americana que ela conheceu e cuja atividade rotineira era pilotar um jato de caça F-14. O piloto admitiu que quando ele voava sob pressão – digamos, as ocasiões em que precisava decolar ou pousar a aeronave em um porta-aviões no meio da noite durante uma tempestade no Mar do Japão –, sentia todas essas coisas que a maioria de nós sente quando estamos estressados. Seu coração acelerava e a palma das mãos suava. Contudo, ele não ficava completamente estressado, porque se sentia no controle e capaz de usar os mecanismos da reação do estresse a seu favor.

Quando você não consegue controlar uma situação, diz Sternberg, outra estratégia é procurar acalmar sua mente por meio da respiração profunda e da meditação. Recentemente, Richard Davidson, da Universidade de Wisconsin, e seus colegas investigaram as mudanças fisiológicas que resultam da meditação.[21] O meditador concentra-se no momento presente, na consciência silenciosa de respirar, fazendo que os sentimentos e pensamentos perpassem a mente sem julgamento ou ação. Estudos mostraram que esse tipo de meditação pode funcionar como um poderoso antídoto para transtornos de ansiedade, dores crônicas e hipertensão; um dos estudos demonstrou também que a meditação tem um efeito significativo no clareamento da pele em pacientes com psoríase.[22]

A equipe de Davidson estudou 41 funcionários de uma companhia de biotecnologia. Vinte e cinco dos participantes freqüentaram um programa de meditação de oito semanas. Quando os cientistas mediram a atividade elétrica do cérebro antes e depois do programa (e novamente quatro meses depois), eles descobriram que os meditadores mostravam mais atividade elétrica do que os demais no córtex pré-frontal esquerdo, uma região do cérebro associada com emoções geralmente positivas – como entusiasmo, otimismo, confiança. Além disso, a equipe descobriu uma ligação direta entre essa atividade mental positiva e a saúde, especificamente o vigor do sistema imunológico. Os meditadores que tiveram aumento da atividade do córtex pré-frontal esquerdo também mostraram uma reação mais vigorosa a uma vacina contra a gripe; meses após a experiência, o organismo deles havia produzido os níveis mais altos de anticorpos contra a doença. O aumento na atividade cerebral indicou a magnitude da reação dos anticorpos à vacina – quanto maior a ativação no lado esquerdo do cérebro, mais anticorpos são produzidos.

Outro remédio para as emoções nervosas é a música. Pouco tempo depois do 11 de setembro, em uma igreja em uma rua arborizada da minha cidade natal, um grande coro reuniu centenas de pessoas para cantar o *Réquiem em Ré Menor*, uma missa de Mozart. A igreja foi projetada para uma congregação de trezentos fiéis, mas naquele dia a multidão transbordava pelos corredores, pelo vestíbulo e para além das duas imponentes portas da frente. Como eu, muitas pessoas estavam ali porque buscavam conforto, mas não conseguiam suportar os discursos sombrios, as vigílias e as cerimônias formais em homenagem às vidas perdidas nos ataques. Ouvir os vizinhos e amigos entoarem a última e inacabada obra-prima de Mozart parecia uma forma adequada de prestar tributo a tantas vidas também inacabadas.

A missa para os mortos começou. Eu entendia apenas um pouco de latim – *requiem*, é claro, "repouso, descanso", e também *recordare* e *lacrymosa* – por isso, preferi me concentrar nos puros e brilhantes timbres da música, na qual cada pequena variação tinha um significado, criando ordem, melodia e harmonia do caos.

No livro *A Montanha Mágica*, o personagem de Thomas Mann chama a música de uma arte "politicamente suspeita", por causa de seu poder de atrair as pessoas, tocando diretamente suas emoções, embalando seus humores, incitando-as até mesmo a agir contra seu melhor julgamento. A música tem o poder de lembrar, acalmar, curar – e foi o que ela fez naquele dia, extraordinariamente. Pense na maneira como a música emociona em casamentos, marchas, funerais.

Pense em como algumas passagens provocam um arrepio na espinha – por exemplo, o último movimento da *Sinfonia nº 5*, de Beethoven, ou o *Adágio para Cordas*, de Samuel Barber. Já se demonstrou que música em tempo rápido e em tom maior é capaz de produzir nos ouvintes muitas das mudanças físicas associadas com a alegria: excitação, batimento rápido do coração, liberação de endorfina, arrepios.[23] Já a música em tempo lento e em tom menor evoca mudanças relacionadas à tristeza, uma experiência de emoção "negativa" que, estranhamente, é considerada gratificante pela maioria das pessoas e procurada depois como prazerosa e reconfortante.

Não há muito tempo, cientistas do Instituto Neurológico de Montreal pediram a um grupo de músicos que escolhessem a composição que evocava tais reações poderosas; em seguida, usaram tomografias PET para analisar o cérebro dos músicos enquanto ouviam as peças escolhidas.[24] Os resultados registraram intensa atividade ao longo dos caminhos neurais do cérebro associados ao prazer e à recompensa – os mesmos caminhos que são ativados por comida, sexo e drogas. Outros estudos sugerem que a música pode abaixar a pressão sangüínea e ativar a produção de endorfinas, esses opiáceos naturais liberados pelo corpo em resposta à dor ou ao estresse.[25]

É interessante observar que outras espécies compartilham nossa sensibilidade à música calmante. Vacas leiteiras produzem mais leite quando escutam uma peça clássica, como como a sinfonia *Pastoral*, de Beethoven, ou uma canção popular como *Moon River*, do que quando expostas à batida rápida de *Pumping on Your Stereo* [Balançando seu Estéreo], do grupo Supergrass.[26] A música mais lenta, mais calma, parece reduzir o estresse e relaxar as Holsteins, raça de vacas leiteiras, aumentando o rendimento de leite em quase 1 litro por vaca por dia. Eu gostaria de ter colocado algum Puccini para pacificar nosso touro renegado naquela tarde, antes que ele estressasse o bairro inteiro.

Talvez os mais antigos de todos os remédios para o estresse sejam o bom humor e a companhia, dois ingredientes nos quais sempre acreditei para anular os estragos de um dia estressante. Agora, a ciência vem confirmar as minhas crenças. As pessoas que contam com uma forte rede social lidam melhor com o estresse, especialmente em relação a doenças cardíacas, imunidade e função cerebral, afirma Bruce McEwen.[27] "O apoio social é um talismã poderoso" contra as pressões estressantes.

Uma boa risada também. Allan Reiss e seus colegas da Universidade de Stanford usaram neuroimagens para vasculhar a cabeça de voluntários e observar quais regiões do cérebro são ativadas quando os indivíduos foram expostos a uma série de 42 caricaturas consideradas realmente hilariantes por um grupo de pessoas de idade e nível cultural similares.[28] As imagens revelaram que os desenhos despertaram não apenas o moderno córtex do pensamento, usado para analisar as piadas, como também os antigos circuitos de recompensa do cérebro, as regiões mesolímbicas – aquelas mesmas áreas ricas em dopamina ativadas por álcool e drogas.

Considerando que o humor estimula o primevo sistema de recompensa do cérebro, é possível afirmar que o riso faz parte da história humana há muito tempo e que ele pode ter valor de sobrevivência.[29] O escritor e humorista norte-americano E. B. White escreveu certa vez: "O humor pode ser dissecado, tal qual uma rã, mas a coisa morre no processo e suas entranhas desencorajam qualquer um, exceto a pura mente científica".[30] Dissecar as raízes neurais de uma boa gargalhada pode parecer uma boa idéia, porém, gosto de pensar que rir é uma terapia para o estresse que tem suas raízes na mais pura alegria.

O que afeta de modo mais eficaz a equação do estresse, na visão de McEwen, são as escolhas pessoais que fazemos diariamente.[31] Para a maioria das pessoas, "o problema real está em nosso estilo de vida moderno", afirma ele, nosso hábito de trabalhar muito por muitas horas, privando a nós mesmos do sono, comendo muita comida rica em gordura – tudo isso alimenta diretamente nossa carga de estresse e perturba nossa reação normal a ele.

Então, como guiar o corpo na direção certa? Relaxar com os amigos, fazer meditação, ouvir música. Rir. O mais importante, aconselha McEwen, é comer bem, descansar o necessário, abandonar os alimentos gordurosos e o cigarro e, especialmente, sair e fazer exercícios – uma ótima desculpa para deixar o escritório um pouco mais cedo e ir para a academia.

REFERÊNCIAS

1. James, W. *The principles of psychology*. Vol. 2, 1980, p. 415-16; <http://psychclassics.yorku.ca/james/principles/prin25.htm>. Acesso: 20/6/2008.

2. A descrição que segue sobre o medo e o cérebro vem de National Institutes of Health. "Neurosystems underlying fear". Documento entregue no simpósio Stress and the brain. Washington, D.C., 12 mar. 2003; Lanuza, E. K. et al. "Unconditioned stimulus pathways to the amygdala: effects of posterior thalamic and cortical lesions on fear conditioning". *Neuroscience*. V. 125, 2004, p. 305-15; LeDoux, J. "The emotional brain, fear, and the amygdala". *Cellular and Molecular Neurobiology*. V. 23, p. 4-5, 727-38, 2003; e comunicação pessoal com LeDoux, J. 16 jan. 2005.

3. A descrição que se segue sobre a resposta de lutar ou fugir vem de McEwen, B. *The end of stress*. Washington, D.C.: Dana Press, 2002.

4. A descrição que se segue e citações deste capítulo derivam de McEwen, B. *The end of stress*; e comunicação pessoal com McEwen, B. 17 jan. 2005.

5. Selye, H. "A syndrome produced by diverse nocuous agenst". *Nature*. V. 138, 1936, p. 32.

6. Sapolsky, R. "Sick of poverty". *Scientific American*. Dez. 2005, p. 96.

7. Epel, E. S. et al. "Stress and body shape: stress-induced cortisol secretion is consistently greater among women with central fat". *Psychosomatic Medicine.* V. 62, 2000, n. 5, p. 623-32.

8. Dallman, M. F. "Chronic stress and obesity: a new view of comfort food". *Proceedings of the National Academy of Sciences.* V. 100, n. 20, p. 11696-11701; Pecoraro, N. et al. "Chronic stress promotes palatable feeding, which reduces signs of stress: feedforward and feedback effects of chronic stress". *Endocrinology.* V. 145, 2004, p. 3754; Dallman, M. "Glucocorticoids: food intake, abdominal obesity and wealthy nations in 2004". *Endocrinology.* V. 145, 2004, p. 2633.

9. Kamara, K. et al. "High-fat diets and stress responsivity". *Physiology and Behavior.* V. 64, 1998, p. 1-6.

10. Padgett, D. A.; Glaser, R. "How stress influences the immune response". *Trends in Immunology.* V. 24, n. 8, 2003, p. 444-48.

11. Cohen, S. et al. "Psychological stress and susceptibility to the common cold". *New England Journal of Medicine.* V. 325, 1991, p. 606-12.

12. Quando Ronald Glader, Janice Kiecolt-Glaser e sua equipe de pesquisadores da Universidade Estadual de Ohio estudaram o efeito do estresse sobre as habilidades de um corpo ao responder a uma vacina, eles descobriram que estudantes de medicina sem estresse produziram em uma semana anticorpos que responderam à vacina de hepatite B. Já sujeitos controlados e pessoas que cuidam de portadores da doença de Alzheimer mostraram uma apatia em resposta à vacina contra o vírus da gripe. Kiecolt-Glaser, J. K. et al. "Stress-induced modulation of the immune response to recombinant hepatitis B vaccine". *Psychosomatic Medicine.* V. 54, 1992, p. 22-29; "Chronic stress alters the immune response to influenza virus vaccine in older adults". *Proceedings of the National Academy of Sciences.* V. 93, 1996, p. 3043-47.

13. Kiecolt-Glaser, J. K. et al. "Slowing of wound healing by psychological stress". *Lancet.* V. 346, 1995, p. 1194-96. A equipe de Glaser descobriu também que pequenas feridas que surgiam na gengiva em estudantes três dias antes de uma importante prova cicatrizou em média 40% mais devagar do que feridas nos mesmos sujeitos no período de férias.

14. Glaser, R. et al. "Stress-related changes in proinflammatory cytokine roduction in wounds". *Archives of General Psychiatry*. V. 56, 1999, p. 450-56.

15. Vyas, A. et al. "Chronic stress induces contrasting patterns of dendritic remodeling in hippocampal and amygdaloid neurons". *Journal of Neuroscience*. V. 22, n. 15, 2002, p. 6810-18; comunicação pessoal com McEwen, B. 17 jan. 2005.

16. Pawlak, R. "Tissue plasminogen activator in the amygdala is critical of stress-induced anxiety-like behavior". *Nature Neuroscience*. V. 6, n. 2, 2003, p. 168-74.

17. Epel, E. S. "Accelerated telomere shortening in response to life stress". *Proceedings of the National Academy of Sciences*. DOI: 10.1073/pnas. 0407 162101, 2004.

18. Caspi, A. et al. "Influence of life stress on depression: moderation in the 5-HTT gene". *Science*. V. 301, 2003, p. 386-89.

19. Kramer, P. "Tapping the mood gene". *New York Times*, 26 jul. 2003, p. A13.

20. Sternberg, E. Comunicação pessoal. 17 jan. 2005.

21. Davidson, R. et al. "Alterations in brain and immune function produced by mindfulness meditation". *Psychosomatic Medicine*. V. 65, 2003, p. 564-70.

22. Kabt-Zinn, J. "Mindfulness-based stress reduction: past, present and future". *Clinical Psychology Science and Practice*. V. 10, 2003, p. 144-56; Kabt-Zinn, J. "Influence of a mindfulness-based stress reduction intervention on rates of skin clearing in patients with moderate to severe psoriasis undergoing phototherapy (UVB) and photochemotherapy (PUVA)". *Psychosomatics Medicine*. V. 60, 1998, p. 625-32.

23. Krumhansl, C. L. "An exploratory study of musical emotions and psychophysiology". *Canadian Journal of Experimental Psychology*. V. 51, n. 4, p. 336-53, 1997.

24. Blood, A. J.; Zatorre, R. J. "Intensely pleasurable responses to music correlate with activity in brain regions implicated in reward and emotion". *Proceedings of the National Academy of Sciences*. V. 98, n. 20, 2001, 11818-23.

25. Etzel, J. A. et al. "Cardiovascular and respiratory responses during musical mood induction". *International Journal of Psychophysiology*. V. 61, 2006, p. 57-59.

26. North, A.; MacKenzie, L. "Milk yields affected by music tempo". *New Indian Express*. 4 jul. 2001.

27. McEwen, B. *The end of stress*. Washington, D.C.: Dana Press, 2002, p. 145.

28. Mobbs, D. et al. "Humor modulates the mesolimbic reward centers". *Neuron*. V. 40, 2003, p. 1041-48.

29. Panksepp, J. "Beyond a joke: from animal laughter to human joy". *Science*. V. 308, 2005, p. 62-63.

30. White, E. B. *A subtreasury of american humor*. Nova York: Coward-McCann, 1941, p. xvii.

31. McEwen, B. Comunicação pessoal. 17 jan. 2005.

8

EM MOVIMENTO

"Experimente suas pernas, senhor; coloque-as em movimento", exclama Sir Toby Belch em *Twelfth night* [A décima segunda noite]. Dessa maneira, reduzirá significativamente sua ansiedade, limpará sua mente e até aliviará a depressão. Procuro correr depois do trabalho algumas vezes por semana nas ladeiras de Charlottesville, pois prefiro as ruas a qualquer pista de corrida. (Em uma pista ou em uma esteira, eu me sinto como o ator Robin Williams uma vez já se sentiu, como um *hamster*.) A corrida me mantém em forma, porém, mais importante do que isso, é a melhor cura que eu conheço para meu estresse e mal-estar.

Até recentemente, não havia muita pesquisa sobre como a atividade física afeta o humor. Agora, isso mudou. Mais de cem estudos descobriram que a atividade aeróbica reduz o sentimento de ansiedade.[1] As pessoas que se exercitam diariamente sentem esse grande benefício, mas apenas quinze minutos de atividade duas ou três vezes por semana são capazes de erguer o ânimo durante duas a quatro horas depois dos exercícios.

Até mesmo uma caminhada acelerada em um parque oferece alívio para ansiedade e nervosismo temporários, como o medo de falar ou se apresentar em público. Pouco tempo atrás, pesquisadores fizeram uma experiência com jovens instrumentistas da Faculdade Real de Música, em Londres.[2] Quando cada estudante foi solicitado a tocar para os cientistas, estes descobriram que a ansiedade pré-apresentação aumentou o batimento cardíaco dos estudantes em aproximadamente 15%. Em seguida, a equipe pediu uma segunda apresentação, mas instruiu metade dos estudantes a caminhar durante 25 minutos antes de tocar novamente; enquanto isso, a outra metade assistiu a um vídeo. Os músicos que caminharam tiveram o batimento cardíaco significativamente mais baixo e, além disso, relataram se sentir mais relaxados e mais capazes de se concentrar em suas apresentações do que os colegas sedentários.

O efeito temporário de bem-estar que provém do exercício vigoroso era atribuído somente à endorfina. É verdade que os exercícios cardiovasculares prolongados – correr, remar, andar de bicicleta – aumentam os níveis de endorfina de duas a até cinco vezes.[3] Também é verdade que uma elevação da endorfina é freqüentemente associada a um melhor humor.[4] Entretanto, permanece obscuro se os dois fenômenos estão relacionados: de acordo com alguns neurocientistas, as endorfinas que circulam no sangue não cruzam facilmente a barreira semipermeável sangue-cérebro para alcançar o cérebro.[5] O efeito de euforia pode ser provocado por um aumento nos níveis de outras substâncias químicas, como a noradrenalina, a serotonina e a dopamina, as quais estimulam o centro de recompensa do cérebro.[6] É bem provável que a elevação do humor resulte da interação de todas essas substâncias e de outras, de acordo com John Ratey, professor de psiquiatria da Universidade de Harvard.[7] Um período de exercícios vigorosos, diz Ratey, não é diferente de tomar uma dose do estimulante da atenção Ritalin com um pouco do antidepressivo Prozac e colocá-los exatamente no lugar onde devem estar.

Na realidade, ao aliviar os sintomas da depressão ao longo do tempo, o exercício moderado regular pode funcionar tanto quanto uma terapia à base de drogas. Em um estudo chamado Smile (Intervenção Médica Padrão e Exercício de Longo Prazo,* cuja sigla em inglês significa "sorriso"), James Blumenthal e uma equipe de pesquisadores da Universidade de Duke descobriram que caminhar, correr ou andar de bicicleta vigorosamente por trinta a 45 minutos, três vezes por semana, é pelo menos tão eficiente quanto poderosas drogas antidepressivas em melhorar uma depressão severa e manter os sintomas à distância.[8]

A equipe estudou adultos acima de 50 anos de idade que sofriam de depressão severa. Os participantes foram divididos em três grupos: o primeiro recebeu um medicamento; o segundo, uma combinação de medicamento e um programa de exercícios; e o terceiro, apenas um programa de exercícios. Depois de quatro meses, os integrantes de todos os três grupos relataram menos sintomas de depressão. Em estudos de acompanhamento ao longo dos vários meses que se seguiram, o grupo que fez exercícios mostrou taxas mais baixas de recaída do que os participantes do grupo que tomou o medicamento.

A atividade física também oferece alívio aos que sofrem de depressão leve a moderada. Um estudo descobriu que pacientes que iniciaram um programa de exercícios de meia hora, de três a cinco vezes por semana, tiveram os sintomas depressivos reduzidos pela metade.[9]

Não é surpresa, então, constatar o reverso desse fenômeno. Uma pesquisa longitudinal com mais de 6.800 homens e mulheres mos-

* Em inglês, Standard Medical Intervention and Long-term Exercise. (N. E.)

trou que a *inatividade* física está associada a mais sintomas depressivos e menos sentimentos de bem-estar emocional.[10]

Qual é, então, a mágica que a atividade física exerce sobre o humor? Alguns cientistas acreditam que o condicionamento aeróbico é o truque, ou possivelmente uma redução na quantidade de sono REM que uma pessoa tem à noite (que pode ser a maneira como algumas drogas antidepressivas agem, também). Blumenthal suspeita que as pessoas que se exercitam podem também sentir uma sensação maior de domínio e autoconfiança, ou seja, a percepção de estar no controle – fazendo algo positivo e saudável, diz ele – que se transforma em um humor melhor.[11]

Mesmo que você não esteja estressado ou deprimido, existe outra boa razão para deixar o escritório e rumar direto para a academia: o final da tarde e o início da noite é considerado o período mais adequado para fazer vários tipos de atividade atlética.[12] É no final do dia que seu corpo em geral está com a melhor disposição física, gerando uma percepção de esforço mais baixa. Seus músculos estão mais potentes e suas articulações, mais flexíveis. Suas mãos e suas costas estão cerca de 6% mais fortes do que no começo do dia.

A prática de exercícios no final do dia também traz ainda melhores beneficios para o condicionamento dos músculos. Faça seus exercícios no crepúsculo, e você poderá ganhar até 20% mais força muscular do que se treinasse pela manhã. No fim do dia, você também respira melhor: as vias aéreas estão mais abertas nesse período.[13] Além disso, o coração trabalha com mais eficiência, e o tempo de reação está em seu auge. Toda essa condição física está relacionada, em parte, com a temperatura do corpo, que, normalmente, se eleva no decorrer do dia para atingir seu máximo justamente no fim da tarde ou no início da noite. Para cada 1° C a mais na temperatura corporal, o ritmo cardíaco aumenta em cerca de dez batidas por minuto, e a velocidade da condução nervosa se acelera em 2,4 metros por segundo.

Por todas essas razões, a maioria dos recordes esportivos é estabelecida entre as 3 horas da tarde e as 8 horas da noite. Os nadadores nadam mais rápido nesse período; os corredores correm mais rápido. Para os atletas de elite, treinar e competir nesses momentos ótimos pode trazer algumas vantagens. Para a maioria das pessoas, com freqüência, os exercícios apenas parecem mais fáceis de fazer no final do dia.

Entretanto, se você já está comprometido com as atividades físicas logo cedo pela manhã, não se desespere. Estudos sugerem que os praticantes matutinos podem alcançar desempenhos mais altos. Nas primeiras horas do dia, quando a temperatura do corpo é relativamente baixa, você pode começar sua atividade em um ritmo mais baixo do que as pessoas que se exercitam à tarde, aumentando gradualmente até que sua temperatura alcance um nível ótimo. Ao final da sessão de exercícios, você estará trabalhando mais duro do que os praticantes do fim da tarde.

Além disso, a dor nas costas é, em geral, menos severa de dia.[14] Nossa postura ereta sujeita os discos da coluna vertebral a uma pressão equivalente a algumas toneladas por centímetro quadrado. Essa pressão é capaz de esmagar os nervos que nascem da medula espinhal, causando dores que tendem a piorar no fim do dia, à medida que a força da gravidade comprime o espaço entre os discos durante o tempo em que estamos levantados. Em contrapartida, a coluna vertebral alonga-se durante a noite, quando nós a "descarregamos" ao adotar uma posição horizontal durante o sono. Como resultado desse descarregamento e alongamento, a altura do corpo atinge seu ápice pela manhã (por uma fração de centímetro) e a dor nas costas ameniza-se.

Por fim, as horas matutinas são melhores para atividades que envolvam equilíbrio, precisão e controle motor apurado. Se, por um lado, a noite favorece o corredor e o nadador, por outro, a manhã ajuda o cirurgião e o arqueiro, e também o principiante: o final da manhã é a melhor hora para aprender novas habilidades motoras e para lembrar as instruções complexas de seu treinamento físico.

Talvez isso explique a humilhação pela qual passei em uma aula de arco-e-flecha no fim do dia com uma especialista no esporte. Eu deveria saber mais.

"Cabeça para cima, mire em seu alvo, atire." Allison Duck posicionou-se no gramado atrás do ginásio, arrumou cuidadosamente uma flecha na corda de seu poderoso arco, puxou a corda até atingir sua tensão máxima e suavemente soltou a seta, que perfurou precisamente o círculo azul no centro do alvo.

Ela fez tudo isso parecer fácil. Allison se apaixonou pelo arco-e-flecha em sua nativa Carolina do Sul quando tinha 9 anos de idade. Hoje, com 1,80 metro de altura, uma constituição física poderosa e músculos na parte superior do corpo que mostram o levantamento de pesos que faz para desenvolver sua força, ela exercita o tiro ao alvo quase todos os dias por mais de uma década, além de dar aulas regularmente.

Aquela era a minha primeira vez com o arco-e-flecha, assim observei Allison cuidadosamente. Aliás, quase todos os movimentos corporais – dar o laço nos cadarços do sapato, sovar uma massa, dançar a *Macarena* – são mais bem aprendidos por meio da observação de um modelo ou professor. O cérebro humano é construído para a imitação. Mesmo crianças bem pequenas demonstram uma habilidade imitativa rudimentar; em uma ou duas horas, os bebês conseguem imitar caretas, sorrisos e outras expressões faciais.[15] Novas pesquisas sugerem que nosso cérebro possui sistemas imitativos de "espelho", redes de neurônios especiais que são ativadas tanto quando executamos uma ação como ao assistirmos a outra pessoa executar a mesma ação.[16] Quando vejo Allison puxar o arco, meus neurônios-espelho automaticamente simulam a ação em minha mente. Esse mecanismo me ajuda a entender o movimento e a intenção dela – o que ela planeja fazer em seguida. Esses neurônios são encontrados em muitas áreas do cérebro, incluindo o córtex pré-motor e a parte posterior do lobo parietal. Em uma imitação, a rede de neurônios-espelhos na área pré-motora é em geral mais ativa durante a observação do movimento do que durante sua realização propriamente.

Naquela aula, eu me esforcei ao máximo para reproduzir a postura de Allison, posicionando meus pés de maneira que meu lado esquerdo ficasse de frente para o alvo e virando ligeiramente a face, o tórax e o quadril em direção a ele. Até aí, tudo bem. Entretanto, surgiu um problema.

O arco-e-flecha tem sido descrito como uma competição do arqueiro com ele mesmo. A imobilidade calma é fundamental. Na realidade, dizem que uma mão firme é tão importante que os arqueiros procuram disparar a seta durante a calmaria que existe entre uma batida e outra do coração.

Admitirei aqui que ficar quieta não é o meu forte. Quando eu fazia teatro na faculdade, um dos exercícios sempre me escapou: o esforço consciente para aquietar, relaxar cada músculo em meu corpo, nas coxas, nos braços, no pescoço, nas bochechas. Eu não conseguia apaziguar a tensão, tampouco a inquietude. Também é certo que não conseguia relaxar a língua. Estou de acordo com Pascal, filósofo francês: "A nossa natureza reside no ao movimento; a calma completa é a morte". Afinal, somente 10% da massa corporal é destinada para a contemplação silenciosa e o julgamento; os restantes 90%, para a ação.

Então, ajeitei a seta no arco, procurando, como aconselhou Allison, manter meu ombro travado em uma posição mais baixa, a cabeça levantada, os dedos relaxados na pegada do arco. Porém, meu corpo começou a se contrair, e meus braços começaram a tremer. Desejei ter o peculiar músculo "trava" de certos moluscos, que é capaz de se contrair e então se travar naquele estado, aliviando o desconforto do animal na postura desajeitada de manter abertas suas válvulas para pegar uma presa.

Entretanto, eu não tinha a sorte do molusco. Meus músculos endureceram; meus ombros tremeram. "Dispare", ordenou Allison. No momento do lançamento, balancei ligeiramente para a direita, enviando a seta direto no muro do ginásio, onde ela se alojou firmemente no metal enrugado.

"Bem", observou Allison ironicamente, "*isso* nunca aconteceu antes".

Será que meu equilíbrio e controle motor, bem como minha habilidade para imitar Allison e absorver suas orientações, teriam sido substancialmente melhores se a aula fosse mais cedo? Jamais saberei. Em todo caso, pretendo ficar com a corrida. Como escreveu um médico do século XVI: "Cada movimento não é um exercício, mas somente aquele que é veemente". Em meu livro, então, o arco-e-flecha não se qualifica. Assim, o que é válido? Alguns pesquisadores modernos defendem que apenas uma atividade contínua e vigorosa, como correr, nadar ou fazer ginástica em uma academia durante uma hora é suficiente para garantir os amplos benefícios que o exercício traz para a saúde, especialmente reduzir os riscos de doenças cardíacas.[17] Outros acreditam que uma atividade mais moderada uma vez por dia é suficiente para proporcionar pelo menos alguns benefícios e oferecer uma meta mais realista para a maioria das pessoas. O governo norte-americano recomenda pelo menos trinta minutos diários de atividade moderada, mas é preferível mais.

Porém, o que é uma atividade física moderada? Uma corrida lenta? Uma caminhada acelerada? Levantar pesos três vezes por semana? O que dizer de limpar a casa com aspirador ou encerar o carro? Embora as tarefas domésticas comuns aparentemente não possam ser classificadas como uma atividade física veemente, algumas pesquisas sugerem que essas atividades podem contar como exercício, dependendo da forma como são executadas.

Recentemente, cientistas australianos persuadiram doze homens e doze mulheres a usar uma parafernália de equipamentos na cabeça para medir a energia despendida enquanto eles varriam a casa, cortavam a grama, lavavam as janelas e passavam o aspirador.[18] Demonstrou-se que algumas dessas atividades mais vigorosas qualificam-se como exercícios de intensidade moderada, se executadas de acordo com uma duração e freqüência adequadas – digamos, meia hora recolhendo folhas do jardim ou cortando a grama vigorosamente algumas vezes por semana.

Subir escadas também conta, como cientistas de Cingapura descobriram.[19] A equipe recrutou mais de cem homens e mulheres para subir e descer 22 lances de escada (o número médio de andares em um típico prédio de apartamentos, onde a maioria dos cingapurianos reside). Os resultados foram impressionantes. Descer os degraus revelou-se equivalente a uma caminhada enérgica a 4,1 quilômetros por hora, enquanto o esforço para subir ficou muito próximo de uma corrida a 9,6 quilômetros por hora. Subir e descer as escadas uma vez consumiu quase trinta calorias. Então, subir escadas é uma atividade ideal para as massas, concluiu a equipe de pesquisadores: conveniente, privada, não requer equipamento e é barata.

Infelizmente, apenas um quarto de todos os adultos norte-americanos tem o hábito de subir escadas, recolher folhas ou caminhar o suficiente para alcançar a quantidade mínima recomendada de exercícios diários, isso sem mencionar que quase um terço dos cidadãos é completamente sedentário.[20] Apenas 2,7% dos norte-americanos vão para o trabalho a pé; menos de meio por cento usa uma bicicleta. Uma existência assim tão ociosa é um desvirtuamento radical do modo de vida aeróbico de nossos antepassados. Algumas evidências sugerem que os antigos caçadores e extrativistas caminhavam até 20 quilômetros por dia e, sem dúvida, corriam grandes distâncias também.[21]

Pascal estava certo: somos feitos para a atividade física, não para a indolência. Sem uma atividade física de algum tipo – caminhar, subir escadas, remar, caçar –, nossos ossos definham e nossos músculos se atrofiam. A perda muscular e óssea resultante da falta de exercícios físicos tende a começar por volta de nossos 30 e tantos a 40 anos de idade.[22] Aos 50 anos, uma pessoa sedentária já pode ter perdido cerca de 7% da massa muscular; com a idade de 80 anos, aproximadamente 40%.

A boa notícia é a seguinte: nunca é tarde demais para lutar contra a decadência.

Bem, digamos que você comece seu condicionamento físico levantando pesos. Mantenha uma regularidade nos exercícios e você verá o surgimento de uma incrível plasticidade nos músculos e ossos.

Funciona assim: enquanto você ergue um peso, os músculos de seu braço trabalham em pares, um levanta o braço, o outro o abaixa, puxando o mesmo osso na direção oposta. Enquanto um músculo se contrai e exerce uma força, sua contraparte relaxa e se alonga. A força do músculo contra o osso fomenta a atividade das células chamadas osteoblastos, fundamentais no desenvolvimento ósseo. Quanto mais forte for a tração de seu músculo, maior será o estímulo para o crescimento do osso.

Talvez você não consiga perceber sua força óssea em desenvolvimento, mas notará a transformação em seus músculos. O condicionamento da resistência faz sua mágica muscular por meio de dois mecanismos: adaptações nas próprias fibras do músculo e mudanças nos sinais neurais que as ativam.[23]

Nós já nascemos com todos os músculos do corpo, ou seja, mais de 650 desses órgãos. As proteínas que formam as fibras musculares são destruídas o tempo todo; por isso, novas são constantemente produzidas.[24] Se seus bíceps se desenvolvem, atrofiam-se ou permanecem os mesmos depende da relação entre a formação e a destruição de fibras. Para alterar essa relação, você precisa trabalhar a musculatura. Um condicionamento pesado é capaz de dobrar o tamanho de um músculo; até mesmo um esforço leve pode aumentar sua força. Em um estudo, os participantes que apertaram um objeto com o máximo de sua força durante apenas um segundo por dia ganharam uma média de 33% mais força em um prazo de cinco semanas.

Em repouso, as fibras musculares são macias e flácidas. Porém, cada fibra é enervada por um neurônio da medula espinhal. Quando estimuladas por um impulso nervoso, as fibras se contraem, transformando-se de borracha frouxa em aço elástico. O exercício desenvolve a força muscular reforçando esses sinais nervosos e sincronizando-os.

Isso pode ajudar a explicar por que apenas *pensar* em um exercício pode aumentar nossa força. Os cientistas mostraram que colocar as pessoas em um regime de ginástica mental – instruindo-as a pensar em dobrar um dedo ou um cotovelo, ou flexionar um músculo do braço – realmente fortalece os músculos envolvidos nessa atividade. Uma equipe de cientistas da Fundação Clínica de Cleveland, em Ohio, pediu a um grupo de voluntários que executasse "contrações mentais" do dedo e do cotovelo durante quinze minutos por dia, cinco dias por semana, por três meses.[25] O condicionamento mental não afetou o tamanho do músculo, descobriram os cientistas, mas significativamente aumentou a força muscular em cerca de 35% na mão e 13% no cotovelo – provavelmente porque o exercício mental serviu para reforçar o sinal nervoso do cérebro para o músculo. Essa pode ser a explicação científica para a técnica de visualização que muitos atletas usam para melhorar seu desempenho, mentalmente ensaiando os movimentos de uma atividade esportiva antes de executá-la. No entanto, os pesquisadores enfatizam que esse exercício mental nunca pode substituir um vigoroso programa de exercícios diários, incluindo o desenvolvimento da força.

Para manter sua massa muscular e óssea ao longo da vida, afirmam os especialistas, você deveria exercitar os músculos levantando pesos duas ou três vezes por semana.[26] Os resultados de novas pesquisas sobre o ganho desse tipo de exercício de resistência – que faz os músculos exercerem quase o máximo de sua força por curtos períodos – são irrefutáveis.

Entretanto, nem todo mundo se beneficiará dessa atividade no mesmo grau. Em 2005, uma equipe da Universidade de Massachusetts, em Amherst, investigou as mudanças na força e no tamanho dos bíceps de 585 homens e mulheres após três meses levantando pesos duas vezes por semana.[27] Os homens mostraram um aumento maior no tamanho quando comparados com as mulheres, enquanto as mulheres ultrapassaram os homens em ganhos relativos de força. Entretanto, os resultados individuais tanto de homens como de mulheres variaram enormemente mesmo diante de regimes idênticos de condicionamento. Alguns indivíduos ganharam pouco em tamanho e força muscular, enquanto outros dobraram sua força e aumentaram o tamanho do músculo em centímetros. Pelo menos parte dos benefícios do exercício físico, ao que parece, depende de seus genes.

Se você jamais ergueu um peso sequer antes, ou se enfrenta uma sessão de treinamento particularmente difícil, você poderá sofrer mais tarde. Em geral, a dor muscular aparece de 24 a 48 horas depois de um exercício vigoroso.[28] O alongamento não previne essa situação.[29] Minha experiência com essa "dor muscular de início retardado", como os cientistas do esporte a chamam, ocorreu poucos dias depois que eu escalei um vulcão na Guatemala. A escalada de mais de três mil metros até o cume foi lenta e árdua, mas foi a descida na manhã seguinte que acabou com as minhas coxas. Mais tarde naquela semana, circulei pela linda cidade colonial de Antígua, cuidadosamente evitando os meios-fios das calçadas. Tão doloridos estavam os meus quadríceps que eu mal conseguia descer aqueles pequenos degraus para atravessar a rua.

A dor muscular resulta das chamadas contrações excêntricas – o alongamento de músculos contraídos que ocorre em movimentos descendentes (por exemplo, abaixar um peso ou descer um declive íngreme). Para ensinar essa lição a seus alunos na Universidade de Aberdeen, o fisiologista Henning Wackerhage pede-lhes que subam em um banco quinhentas vezes apenas com uma perna e desçam com a outra.[30] "Em geral, os estudantes estão convencidos de que a perna que fez o esforço de subir ficará dolorida nos dias seguintes ao exercício", diz Wackerhage. "Porém, eles têm uma surpresa. A perna do movimento ascendente normalmente está bem, enquanto alguns músculos da perna que fez o esforço descendente estão geralmente doloridos." Subir uma colina ou levantar uma carga pesada podem parecer tarefas penosas (e são para o coração e os pulmões), mas descer a colina ou abaixar aquela carga são os esforços mais duros para os músculos.

A dor muscular retardada é causada por microfissuras no músculo, que, depois de um ou dois dias, inflamam-se.[31] As células brancas do sangue que migram para o local a fim de ajudar a reparar as minúsculas fissuras liberam substâncias químicas que ativam a dor – um dispositivo de proteção usado para sinalizar uma lesão e a necessidade de descanso.

O lado bom dessa história é que os músculos reagem à lesão ficando mais fortes e maiores.[32] Células-satélites espalhadas pela superfície das fibras musculares proliferam, migram para a área danificada e se inserem no tecido do músculo. Ali, elas emprestam suas proteínas para as fibras. Com essa ajuda, as fibras podem bombear mais proteínas, dessa maneira não apenas reparando as fissuras, como também indo além para desenvolver a si mesmas. Os músculos adaptam-se ao condicionamento, de forma que se tornam mais resistentes às lesões dos exercícios que se seguem e são reparados com maior rapidez.

Talvez agora você prefira correr. Nossa espécie é feita para isso – nossos membros, pulmões e coração, afirma o antropólogo Dan Lieberman: "Somos capazes de correr a uma grande variedade de velocidades, alterando nossa respiração para acompanhar os diferentes ritmos, além de usarmos a energia armazenada em nossos tendões e músculos."[33]

Quando corremos, explica Lieberman, passamos do modo "pêndulo invertido" do caminhar para o modo "vara de saltar", usando os tendões e ligamentos de nossas pernas como propulsores elásticos. A elasticidade é aquela propriedade que faz os objetos voltarem à sua forma original após terem sido deformados. Quando seu pé atinge o chão durante uma corrida, seus tendões e ligamentos se estiram, absorvendo a energia elástica do impacto, como um arco quando é curvado; quando seu pé sai do chão, os tendões e ligamentos se contraem novamente, recuam e liberam a energia. Por meio desse processo, os tendões fazem grande parte do esforço de correr, aliviando o trabalho dos músculos.

O segredo da velocidade está em maximizar esse ressalto, ou seja, o recuo do pé. A velocidade não está na rapidez com que você reposiciona suas pernas no ar, mas na intensidade com que você sai do chão. Usando uma esteira com um painel de força para analisar corredores de habilidades variadas correndo em alta velocidade, uma equipe de pesquisadores de Harvard descobriu que virtualmente todos os participantes levam o mesmo tempo para reposicionar suas pernas.[34] Entretanto, os corredores mais velozes aplicam mais força vertical no chão com cada passada, o que resulta em maior força ascendente capturada por esses tendões e ligamentos elásticos. A diferença entre você e a velocista norte-americana Marion Jones, portanto, não é sua velocidade em movimentar as pernas, mas sua "força de chão", que determina a rapidez de cada ressalto.

É certo que podemos ser feitos para correr, mas essa ainda é uma atividade que exige grande esforço e energia, além de oferecer um condicionamento aeróbico, elevando a quantidade de oxigênio que extraímos do ar que respiramos. A quantidade de atividade aeróbica que mantemos determina em grande parte nossa condição física. As pessoas mais velhas que mantêm uma atividade aeróbica regular têm melhor forma física do que os indivíduos sedentários mais jovens. Esse tipo de exercício acelera o batimento cardíaco até três vezes mais que seu ritmo habitual e, com isso, o volume de sangue produzido em cada batida. O sangue também circula mais rapidamente, graças em boa medida à arquitetura tortuosa do coração.

A importância da curvatura sinuosa e circular do coração foi recentemente revelada por imagens de ressonância magnética. Cientistas britânicos mostraram que o sangue passa através das assimétricas cavidades curvas do coração como redemoinhos que redirecionam o influxo e o arremessam, à maneira de um estilingue, para a saída de cada cavidade.[35] Quando seu ritmo cardíaco se eleva durante um esforço, as cavidades assimétricas bombeiam vigorosamente de um lado para o outro, cada uma ajudando a encher a outra e a enviar o sangue velozmente pelas artérias, de forma que o tempo médio que uma célula de sangue leva para viajar o circuito inteiro do corpo é reduzido de um minuto a aproximadamente quinze segundos.

Ao mesmo tempo, seu corpo muda suas prioridades para onde seu sangue é enviado. Em repouso, aproximadamente 20% do sangue que deixa o coração vai para os músculos, 24%, para o sistema digestivo, 19% para os rins, e cerca de 34% para o cérebro e vários outros órgãos. Entretanto, quando você trabalha vigorosamente – correndo, andando de bicicleta, nadando – a quantidade de sangue que vai para os músculos salta para 88%, enquanto o fluxo destinado a estômago e rins é reduzido para um total de apenas 2% (o que pode ajudar a explicar por que eventuais câimbras podem ocorrer no estômago quando você se exercita vigorosamente logo depois de uma refeição).

Já há um certo tempo os cientistas sabem que a atividade aeróbica faz o coração bombear com mais eficiência, reduzindo a pressão sangüínea e aumentando o volume e o fluxo do sangue. Porém, apenas recentemente os pesquisadores compreenderam como tudo isso nos protege contra as doenças do coração. Como ficou demonstrado, o risco de um ataque do coração agrava-se quando ocorre uma inflamação, que pode ativar a ruptura da placa e outros eventos nas artérias coronárias. Os pesquisadores descobriram que o arrastão de um fluxo sangüíneo acelerado pela prática de exercícios ativa mecanismos antiinflamatórios em nossos vasos sangüíneos, reduzindo potencialmente o risco de ataque do coração e de derrame.[36] Até mesmo os exercícios de baixa intensidade podem diminuir as chances de uma pessoa desenvolver doenças cardíacas, elevando o nível do colesterol "bom" na circulação sangüínea e limpando o corpo das células viscerais de gordura, que liberam hormônios que tendem a inflamar partes do sistema cardiovascular.[37]

Se você desejar obter o máximo de seu programa de exercícios físicos, aconselha o cardiologista Michael Miller, deveria assistir à sua comédia favorita enquanto se exercita na esteira ou trocar piadas com seu parceiro de corridas: o benefício de rir para a saúde dos vasos sangüíneos é quase equivalente ao da atividade aeróbica. Em 2005, Miller usou clipes do filme *Kingpin – Estes Loucos Reis do Boliche* para fazer vinte voluntários rir enquanto ele media a dilatação de suas artérias e o fluxo sangüíneo.[38] A risada provocada pelas cenas engraçadas parecia fazer o endotélio – tecido que reveste internamente os vasos sangüíneos – dilatar ou se expandir, aumentando o fluxo do sangue em 22%. (Contudo, as cenas perturbadoras e estressantes do filme *O Resgate do Soldado Ryan* contraíram as artérias e reduziram o fluxo do sangue em 35%.) Esses resultados sugeriram a Miller que rir pode ser bom para o coração, compensando o impacto negativo do estresse nos vasos sangüíneos do corpo. Em todo caso, Miller não recomenda substituir as corridas por piadas, mas ele sugere uma dose diária de quinze minutos de alegria para suplementar seu exercício aeróbico.

Quando você pára seu condicionamento? Quando seus trinta minutos acabam? Quando você termina o circuito de sua corrida? Quando seu corpo diz "chega"? A maioria das pessoas não se esforça o suficiente para alcançar o que os atletas denominam "o muro", aquela barreira física e psicológica que faz os ciclistas cambalearem e os corredores sucumbirem. Ainda assim, mesmo o mínimo cansaço que sentimos é real. Onde ele se origina, nos músculos ou na mente?

Consigo correr cerca de onze ou doze quilômetros antes de me sentir realmente cansada. Minha amiga Francesca Conte corre quatro vezes essa distância. Uma das melhores na modalidade de ultramaratona, Francesca costuma correr em competições de oitenta e 160 quilômetros, a maioria em trilhas simples em matas – e vence muitas. Para conseguir esses resultados, ela treina intensamente, correndo de dia e de noite, no inverno, em trilhas de pedra e gelo, e no verão, quando ela sua tão abundantemente que perde 7% ou 8% de seu peso. Às vezes, corre tanto tempo e tão vigorosamente, diz ela, que seu cérebro se apaga e ela não consegue mais se orientar nem calcular a distância que correu, tampouco se lembrar do próprio sobrenome.

Educada como cientista, Francesca é inteligente, conscienciosa, metódica – quase fanática –, mas tem algumas histórias sobre os próprios treinamentos que são uma pausa para descanso. Uma vez, para se manter à frente de um outro competidor em uma corrida de 160 quilômetros, ela correu 1,6 quilômetros em sete minutos por sete vezes consecutivas, o que a fez sofrer dores extremas nas coxas a cada passada. Ela ganhou a corrida, mas, no dia seguinte, seus quadríceps estavam inchados e tão seriamente contundidos que ela mal conseguia ficar de pé.

Em uma outra vez, ela resolveu se preparar para uma grande corrida no Appalachian Trail, uma trilha montanhosa no Parque Nacional das Great Smoky Mountains com 114 quilômetros de extensão em terreno irregular. Apesar da previsão de ventos fortes e neve pesada nas elevações mais altas, ela e mais quatro corredores dirigiram o dia todo para chegar ao início da trilha às 7 horas da noite e começar a correr em direção à montanha no escuro.

Francesca adora correr durante a noite. "É como mergulhar", comenta ela, "tudo é calma e silêncio". Aquela noite não era exceção, com um céu repleto de estrelas e a lua se mostrando por entre nuvens. Porém, após dezesseis quilômetros de subida, o vento trouxe o granizo e uma chuva torrencial e fria. A trilha logo estava coberta com uma lama grossa e escorregadia, e a roupa de Francesca estava completamente encharcada. "Não podíamos parar por mais de alguns segundos porque o vento nos faria tremer incontrolavelmente", diz ela. "Com isso, foi impossível comer ou beber. Com o passar do tempo, eu ficava cada vez mais fraca e com mais frio, e tornava-se cada vez mais difícil me mexer o bastante para manter o corpo quente." Cansada, faminta, em sério risco de sofrer hipotermia, ela seguiu em frente. Dez horas depois, ela havia conseguido – porém, sentia como se tivesse "apenas sobrevivido".

Francesca e eu temos concepções diferentes sobre o cansaço. O fato de ela conseguir forçar a si mesma a tais extremos e continuar correndo para além do ponto de exaustão nos faz pensar sobre a natureza da fadiga.

"Tudo está no cérebro, não no corpo", disse-me Francesca. "Os percursos mais difíceis são aqueles para os quais sua mente não está preparada, aqueles que você não espera. Por exemplo, quando você encontra mau tempo ou quando está a dez quilômetros do final de sua corrida de 160 quilômetros e vê uma colina íngreme da qual não se lembrava e que fazia parte do circuito. De repente, você se sente completamente exaurida. Mas isso não está em seus músculos; está em sua mente."

A ciência começa a lhe dar razão.

Hipócrates, médico grego da Antigüidade, dizia que a fadiga muscular fruto de exercícios resultava da dissolução da carne. Durante o último século, os fisiologistas acreditavam que a sensação surge quando os músculos alcançam seu limite físico – quando falta-lhes oxigênio ou o combustível do corpo conhecido como glicogênio, ou quando eles produzem quantidades excessivas de venenos, como o lactato.

Entretanto, certos problemas contrariaram essa hipótese. Em primeiro lugar, a fadiga nem sempre é acompanhada por uma escassez de energia ou oxigênio. Na realidade, de acordo com Timothy Noakes, fisiologista da Universidade de Cape Town, na África do Sul – e corredor de ultramaratonas –, os músculos não esgotam coisa nenhuma durante os exercícios.[39] Eles não usam todas as suas reservas de combustível e dependem apenas de aproximadamente 30% de suas fibras mesmo para executar as tarefas mais exigentes. "Não há nenhuma evidência de que usamos toda a capacidade de trabalho de nossos músculos esqueléticos, mesmo quando nos exercitamos até o esgotamento", explica Noakes. Além disso, atletas como Francesca muitas vezes parecem ter algo extra reservado para o final da corrida, que lhes permite acelerar sua velocidade – para correr aqueles quilômetros finais, por exemplo. Se os músculos ficassem de alguma maneira esgotados ou envenenados por certas substâncias que eles mesmos produzem, como explicar essa capacidade de acelerar nos últimos quilômetros de uma corrida?

"Nenhum estudo estabeleceu claramente uma relação direta entre qualquer variável fisiológica e a percepção do esforço ou da fadiga", afirma Noakes. Como Francesca, Noakes acredita que a fadiga começa no cérebro.[40] Para demonstrar o componente mental do esgotamento, ele e seus colegas puseram dezesseis corredores bem-treinados em esteiras, pedindo-lhes periodicamente que classificassem a própria fadiga percebida.[41] No começo da experiência, a equipe de Noakes informou aos atletas que eles iriam correr em velocidade máxima durante dez minutos, quando na verdade eles teriam de correr durante vinte minutos. Entre o décimo e décimo primeiro minuto, quando os corredores eram informados de que deveriam correr mais dez minutos, eles relataram que sua sensação de fadiga aumentou súbita e enormemente.

De acordo com a teoria de Noakes, o cérebro possui uma espécie de "governador central", que fixa o nível de fadiga percebida baseado nas expectativas associadas com uma tarefa e estabelece uma estratégia de ritmo subconsciente para proteger o corpo do esgotamento e das lesões. O cérebro faz tudo isso monitorando uma combinação de sinais. Estes incluem sinais fisiológicos dos músculos sobre seu ritmo de trabalho e suas reservas de energia e oxigênio, como também sinais do centro do cérebro para a regulagem da temperatura. Na perspectiva de Noakes, o governador central é o que fez esses corredores se sentirem cansados entre o décimo e o décimo primeiro minuto, antes que pudesse se ajustar à nova informação. Quando o cérebro sente que o corpo está alcançando seus limites, diz Noakes, ele responde por meio de *feedbacks* para os músculos, ativando a sensação de fadiga. O cérebro também usa sinais conscientes para estabelecer uma estratégia de ritmo, adiando a fadiga até o fim esperado de uma corrida e criando a sensação de esgotamento apenas quando estiver na hora de sair. Dessa maneira, o cérebro protege a si mesmo e o restante do corpo de um colapso catastrófico.

Que tipos de sinais servem ao governador central, viajando entre o cérebro e os músculos para regular a fadiga, permanece em grande parte um mistério. Uma possibilidade é uma molécula chamada interleucina-6 (IL-6).[42] Depois de exercícios prolongados, os níveis sangüíneos da molécula saltam de sessenta para cem vezes o normal. Doses de IL-6 ministradas a corredores masculinos treinados os levaram a se sentir cansados e a reduzir a velocidade, prejudicando seu desempenho. É possível que atletas de resistência, como Francesca, tenham receptores de IL-6 menos sensíveis do que os seus ou os meus, afirmam alguns cientistas; assim a fadiga, para eles, de fato é algo bem diferente.

A teoria de Noakes ainda é controversa, mas gosto dela por sua explicação elegante de experiências comuns: o cansaço que Francesca sente diante da perspectiva de uma subida inesperada no final de uma de suas corridas. Ou o contrário: o sentimento experimentado por muitos de nós amadores de que o primeiro quilômetro de uma corrida de dez é de alguma maneira mais fácil do que o primeiro quilômetro de um corredor experiente; entretanto, não há nenhuma diferença objetiva. Em uma corrida mais longa, nosso governador central nos diz para não nos sentirmos cansados ainda; afinal, a corrida mal começou.

Você terminou seu exercício. Considere seus benefícios. "A atividade física revigora e estimula todas as faculdades", disse John Adams. "Ela inunda nossa mente de alegria e satisfação e nos prepara para todo tipo de trabalho e para todo tipo de prazer."

É verdade. Exercícios moderados realmente nos fazem sentir *menos* cansados porque constroem força e resistência. Eles melhoram o humor. Fortalecem músculos e ossos e melhoram a saúde cardiovascular. Um estudo de 2006 mostrou que exercícios moderados reduzem a incidência de resfriados em mulheres na pós-menopausa, talvez aumentando o número de células brancas do sangue, conhecidas como leucócitos, que combatem a infecção.[43] Eles elevam a sensibilidade à insulina, diminuindo assim o risco de diabetes tipo 2. Além disso, controlam o peso.

O exercício pode ajudar a reduzir a ingestão calórica, fazendo alguns alimentos parecerem doces demais para ser consumidos em grandes quantidades. Em 2004, uma equipe de pesquisadores japoneses relatou que em atletas, pelo menos, um bom condicionamento físico aumentou a sensibilidade ao doce.[44] Porém, sem dúvida, o impacto mais poderoso da atividade física sobre o peso vem de seu efeito no equilíbrio da energia do corpo. Uma hora de exercícios vigorosos é capaz de queimar cerca de um quarto do consumo de energia de um dia, além de aumentar a taxa metabólica. Mesmo depois de uma sessão de treinamento, tendemos a queimar mais calorias do que antes, e o efeito pode durar horas. Novos estudos mostram que esse aumento da atividade metabólica surge, em parte, por causa do aumento da circulação sangüínea e da temperatura corporal, como também dos esforços do corpo em completar suas reservas de oxigênio e remover o lactato.[45]

Os integrantes da seita ortodoxa Amish, na Pensilvânia, demonstram extraordinariamente esse fenômeno.[46] Embora eles consumam boas quantidades de alimentos calóricos – tortas, bolos, ovos, presunto –, suas taxas de obesidade são extremamente baixas, menos de um sétimo da média norte-americana. O segredo da boa forma dos Amish reside em seu estilo de vida ativo. Fisiologistas especializados em exercícios descobriram que os homens Amish caminham aproximadamente catorze quilômetros por dia; as mulheres, aproximadamente onze. Além disso, os homens enfrentam dez horas semanais de trabalho pesado nas fazendas (as mulheres, cerca de 3,5 horas) e dedicam outras 43 horas por semana a atividades mais moderadas, como jardinagem (as mulheres, 39 horas).

Qualquer pessoa que se preocupa em controlar o peso pode aprender alguma coisa com isso. Pesquisadores calcularam que a ingestão decrescente de energia ou o gasto crescente de energia de apenas cinqüenta a cem calorias por dia é capaz de compensar o aumento de peso em aproximadamente 90% das pessoas.[47] Para a maioria de nós, essas cem calorias extras poderiam ser facilmente eliminadas se adotássemos um pouco do estilo de vida dos Amish: cuidar do jardim durante vinte minutos, caminhar dois quilômetros, andar de bicicleta por quinze minutos.

Recentemente, novas descobertas indicam que a atividade física regular não apenas eleva o metabolismo, mas também a potência do cérebro. Aqui está um benefício de tirar o fôlego de qualquer um: os exercícios ativam mudanças no cérebro que melhoram a aprendizagem e a memória, bem como protegem contra a demência.

Alguns anos atrás, a pesquisadora do cérebro Henriette van Praag, do Instituto de Estudos Biológicos Salk (San Diego, Califórnia), deu a um grupo de ratos acesso livre a uma roda, bloqueando-o para um segundo grupo.[48]

Ela descobriu que os ratos que corriam regularmente aprenderam novas tarefas de modo mais rápido – e seus cérebros produziram mais células novas – do que os animais que não se exercitavam. Os ratos que corriam cinco quilômetros por dia aprenderam a se movimentar em um labirinto de água mais depressa do que seus colegas sedentários. Quando Van Praag e sua equipe examinaram os cérebros dos ratos, eles descobriram que os corredores possuíam duas vezes e meia mais células novas no hipocampo, aquela região central do cérebro responsável pela aprendizagem e memória.

O que poderia ter ativado o florescimento de novas células cerebrais? Os pesquisadores descobriram que os exercícios estimulam o crescimento de minúsculos vasos no cérebro que intensificam o fluxo sangüíneo, elevam os níveis de oxigênio e aumentam as quantidades do fator neurotrófico derivado do cérebro, ou BDNF, uma molécula muito importante no desenvolvimento celular, que o neurocientista Carl Cotman chama de "a maravilhosa droga do cérebro".[49] As células cerebrais dos ratos corredores também mostraram evidências de uma plasticidade sináptica maior, aquele mecanismo vital da aprendizagem e da memória.

"É razoável pensar, então, que as mesmas mudanças cerebrais observadas nos ratos resultantes da atividade física também podem estar presentes em algumas das melhorias que vemos nos processos cognitivos em humanos adultos", conjectura Art Kramer, psicólogo da Universidade de Illinois e especialista nos benefícios mentais trazidos pelo condicionamento físico.[50] De fato, novas evidências sugerem que os exercícios não apenas aguçam o pensamento, eles podem amenizar – e até mesmo suspender – a degeneração cognitiva que freqüentemente aparece com o aumento da idade.

Essas são com efeito notícias excelentes, especialmente se considerarmos que muitas pesquisas recentes indicam que a idade prejudica o cérebro. Não há muito tempo, Naftali Raz, da Universidade Estadual de Wayne, e seus colegas avaliaram cinco anos de mudanças no volume de determinadas regiões do cérebro em adultos saudáveis.[51] A equipe descobriu um encolhimento generalizado, embora com variações de acordo com a região. Diminuições significativas ocorreram no cerebelo – aquele "pequeno cérebro" atrás do tronco cerebral que controla o movimento, o equilíbrio e a postura do corpo – como também no hipocampo, essencial para a memória.

Não está claro como essas mudanças no tamanho de certas regiões do cérebro se relacionam com a deterioração das funções cognitivas que ocorre com a idade avançada. Porém, as falhas são todas bem visíveis. À medida que a vida declina a partir dos 20 anos, o mesmo ocorre com a memória de trabalho, a velocidade da percepção, o processamento rápido de novas informações e a capacidade para resistir a distrações. À medida que envelhecemos, temos mais dificuldades de desenvolver novas habilidades, de compreender textos, de encontrar a palavra certa (o fenômeno "está na ponta da língua") e de lembrar dos nomes de amigos e conhecidos. Não se trata de senilidade ou demência, mas de envelhecimento cognitivo normal. Até o meu pai, lúcido como nunca em seus mais de 70 anos de idade, admite que precisa de uma placa com os dizeres "não sou bom para nomes".

Tim Salthouse, da Universidade da Virgínia, acredita que a queda gradual do desempenho mental pode resultar de um processamento reduzido dos estímulos de nível mais baixo.[52] Se o cérebro processa lentamente as informações básicas que chegam, ele tem menos tempo para se dedicar a tarefas mentais mais complicadas, como habilidade para planejar, tomar decisões, realizar multitarefas, atualizar informações, bloquear dados irrelevantes e vasculhar a memória. "Contudo, por que o processamento mental diminui com a idade não está claro", diz Salthouse. "Talvez haja uma perda de neurônios que resulta em mais desvios neurais, ou talvez ocorram reduções na quantidade de neurotransmissores relacionadas à idade, ou uma degeneração da mielina, a bainha em torno dos neurônios envolvidos na comunicação entre eles."

Felizmente, os exercícios nos trazem uma esperança. Um grande estudo canadense mostrou que a atividade física ao longo de toda a vida está relacionada com riscos mais baixos de degeneração cognitiva e demência de qualquer tipo.[53] Essa relação mostrou-se especialmente forte para as mulheres. Esse dado foi confirmado em 2004, quando pesquisadores de Harvard estudaram os padrões de atividade física e desempenho mental em dezoito mil mulheres mais velhas, que fazem parte do Estudo da Saúde dos Enfermeiros, da Escola de Saúde Pública de Harvard.[54] As mulheres que caminhavam ou mantinham outro exercício regular obtiveram melhores resultados nos testes de memória e em outros testes cognitivos do que as mulheres que eram menos ativas; na realidade, afirmam os pesquisadores, as mulheres que se exercitavam alcançaram um desempenho equivalente ao esperado de mulheres três anos mais jovens. A atividade física na meia-idade pode ser essencial para esse efeito protetor. Estudos mostram que as pessoas mais velhas que se exercitaram pelo menos duas vezes por semana quando estavam na meia-idade eram de 50% a 60% menos propensas a desenvolver demência ou a perder a memória do que as pessoas sedentárias na mesma faixa etária. O exercício pareceu beneficiar particularmente aqueles que possuíam o gene associado ao risco maior de desenvolver o mal de Alzheimer na velhice.

Art Kramer e seus colegas recentemente investigaram as mudanças que os exercícios causam no cérebro humano.[55] O estudo mostrou que indivíduos em boa forma física apresentaram menor encolhimento do tecido cerebral relacionado à idade em áreas críticas para a memória e a aprendizagem do que os indivíduos menos ativos, e que os idosos em boa forma tinham um fluxo sangüíneo mais intenso nas áreas frontais do cérebro que normalmente são associadas à atenção em cérebros mais jovens. Estudos de imagem anteriores revelaram que o jovem usa essas regiões frontais do cérebro para completar uma variedade de tarefas cognitivas. À medida que envelhecemos, nosso cérebro mostra menos acuidade na realização dessas mesmas tarefas – possivelmente porque recorremos a outras regiões do cérebro para compensar a perda de eficiência de nossos neurônios nessas áreas. "Talvez os exercícios cardiovasculares, ao aumentarem o fluxo sangüíneo, ajudem nosso cérebro a atrasar o relógio, biologicamente falando", observa Kramer, restabelecendo dessa maneira a eficiência dessas áreas das quais dependemos quando jovens.

Pense no seguinte enquanto você se refresca depois de uma atividade física vigorosa: a mente que inicia sua corrida, seu remo, seu nado, é ela mesma modificada, aumentada e protegida pela corrente sangüínea e pela química corporal que ela originalmente colocou em movimento.

REFERÊNCIAS

1. Dishman, R. K. "Neurobiology of exercise". *Obesity*. V. 14, n. 3, 2006, p. 345-56; Landers, D. M. "The influence of exercise on mental health". *President's Council on Physical Fitness and Sports Research Digest*. V. 2, 1997, n. 12. Disponível em: <www.fitness.gov/mentalhealth.htm>. Acesso em: 23/6/2008; Hale, B. S. et al. "State anxiety and fitness on psycho-physiological responses to a musical performance and laboratory stressor". In: Stevens, K. et al. *Proceedings of the 7th International Conference on Music Perception and Cognition*. Sydney: Casual Productions, 2002, p. 93-96.

2. Wasley, D.; Taylor, A. "The effect of physical activity and fitness on psycho-physiological responses to a musical performance and laboratory stressor". In: Stevens, K. et al. *Proceedings of the 7th International Conference on Music Perception and Cognition*. Sydney: Casual Production, 2002, p. 93-96.

3. Ruffin, M. T. et al. "Exercise and secondary amenorrhoea linked through endogenous opioids". *Sports Medicine*. V. 10, n. 2, 1994, p. 65-71.

4. Daniel, M. et al. "Opiate receptor blockade by naltrexone and mood state after acute physical activity". *British Journal of Sports Medicine*. V. 26, n. 2, 1992, p. 111-15.

5. SFORZO, G. A. "Opioids and exercise. An update". *Sports Medicine.* V. 7, n. 2, 1989, p. 109-24; RATEY, J. *A user's guide to the brain.* Nova York: Vintage, 2001, p. 360.

6. RATEY, J. *A user's guide to the brain.* Nova York: Vintage, 2001, p. 360; PRETTY et al. "The mental and physical outcomes of green exercise". *International Journal of Environmental Health Research.* V. 15, n. 5, 2005, p. 319-37; BAATILE, J. et al. "Effect of exercise on perceived quality of life of individuals with Parkinson's disease". *Journal of Rehabilitation Research and Development.* V. 37, n. 5, 2000, p. 529-34; BOVE, A. A. "Increased conjugated dopamine in plasma after exercise training". *Journal of Laboratory and Clinical Medicine.* V. 104, n. 1, 1984, p. 77-85.

7. RATEY, J. Op. cit. p. 360.

8. BIBYAK, M. et al. "Exercise treatment for major depression: maintenance of therapeutic benefit at 10 months". *Psychosomatic Medicine.* V. 62, 2000, p. 633-38.

9. DUNN, A. L. et al. "Exercise treatment for depression: efficacy and dose response". *American Journal of Preventive Medicine.* V. 28, n. 1, 2005, p. 1-8.

10. GALPER, D. I. et al. "Inverse association between physical inactivity and mental health in men and women". *Medicine and Science in Sports and Exercise.* V. 38, n. 1, 2006, p. 173-78.

11. BLUMENTHAL, J. Comunicação pessoal. 7 ago. 2006.

12. A descrição que se segue sobre exercícios ritmados vem de "Circadian rhythms in sports performance". In: REILLY, T. et all. *Biological rhythms and exercise.* Nova York: Oxford University Press, 1997; comunicação pessoal com REILLY, T. Set. 2006; WINGET, C. M. et al. "Circadian rhythms and athletic performance". *Medicine and Science in Sports and Exercise.* V. 17, 1985, p. 498-516.

13. MEDAROV, B. I. Estudo apresentado na 70ª assembléia anual internacional científica da American College of Chest Physicians. Seattle, 23-28 out. 2004.

14. SMOLENSKY, M.; LAMBERG, L. *The body clock guide to better health.* Nova York: Holt, 2000, p. 223-26.

15. Meltzoff, A. N. "Elements of a developmental theory of imitation". In: Meltzoff, A. N.; Prinz, W. *The imitative mind: development, evolution, and brain bases.* Cambridge: Cambridge University Press, 2002, p. 19-41.

16. Iacoboni, M. "Understanding others: imitation, language, empathy". In: Hurley, S.; Chater, N. *Perspectives on imitation: from cognitive neuroscience to social science.* Cambridge: MIT Press, impresso. Disponível em: <www.cbd.ucla.edu/bios/royaumont.pdf>. Acesso em: 23/6/2008.

17. Disponível em: <www.cdc.gov/nccdphp/dnpa/physical/recommendations/index/htm>. Acesso em: 23/6/2008.

18. Gunn, S. M. et al. "Determining energy expenditure during some household and garden tasks". *Medicine and Science in Sports and Exercise.* V. 34, n. 5, 2002, p. 895-902.

19. The, K. C.; Aziz, A. R. "Heart rate, oxygen uptake, and energy cost of ascending and descending the staris". *Medicine and Science in Sports and Exercise.* V. 34, n. 4, 2002, p. 695-99. Para maximizar os benefícios, os cientistas recomendam que as pessoas subam e desçam os 22 degraus sete vezes em cada sessão, em um total de 26 minutos de atividade, quatro vezes por semana.

20. Centers for Disease Control. "Morbidity and Mortality Weekly Rport". 1º dez. 2005.

21. Comunicação pessoal com Wrangham, R.; Lieberman, D. Harvard University. 26 fev. 2005.

22. Nelson, M. Comunicação pessoal. 30 out. 2006.

23. Wackerhage, H. Ccomunicação pessoal. Out. 2006.

24. Biolo, G. et al. "Increased rates of muscle protein turnover and amino acid transport after resistance exercise in humans". *American Journal of Physiology, Endocrinology, and Metabolism.* V. 268, 2005, p. E514-20.

25. Ranganathan, V. K. et al. "From mental power to muscle power – gaining strength by using the mind". *Neuropsychologia.* V. 42, 2004, p. 944-56.

26. Layne, J. E.; Nelson, M. "The effects of progressive resistance training on bone density. A review". *Medicine and Science in Sports and Exercise.* V. 31, n. 1, 1999, p. 25-30.

27. Clarkson, P. M. et al. "Variability in muscle size and strength gain after unilateral resistance training". *Medicine and Science in Sports and Exercise.* V. 37, n. 6, 2005, p. 964-72, 2005.

28. Wackerhage, H. "Recovering from eccentric exercise: get weak to become strong". *Journal of Physiology.* V. 553, 2003, p. 681.

29. Herbert, R.; Gabriel, M. "Effects of stretching before and after exercising on muscle soreness and risk of injury: systematic review". *British Medical Journal.* V. 325, 2008, p. 468.

30. Wackerhage, H. Comunicação pessoal. Out. 2006.

31. Fridén, J.; Lieber, R. L. "Eccentric exercise-induced injuries to contractile and cytoskeletal muscle fibre components". *Acta Physiologica Scandinavica.* V. 171, 2001, p. 321-26.

32. Clarkson, P. M. "Molecular responses of human muscle to eccentric exercise". *Journal of Applied Physiology.* V. 95, p. 2485-94, 2003; Clarkson, P. M.; Tremblay, I. "Exercise-induced muscle damage, repair, and adaptation in humans". *Journal of Applied Physiology.* V. 65, n. 1, 1988, p. 1-6.

33. Bramble, D. M.; Lieberman, D. E. "Endurance running and the evolution of Homo". *Nature.* V. 432, 2004, p. 345-52; comunicação pessoal com Lieberman, D. Jan. 2005.

34. Weyand, P. et al. "Faster top running speeds are achieved with greater ground forces, not more rapid leg movements". *Journal of Applied Physiology.* V. 89, 2000, p. 1991-2000.

35. Kilner, P. J. et al. "Asymmetric redirection of flow through the heart". *Nature.* 404, 2000, p. 759-61.

36. Ji, J. Y. et al. "Shear stress causes nuclear localization of endothelial glucocorticoid receptor and expression from the GRE promoter". *Circulation Research.* V. 92, 2003, p. 279.

37. Rauramaa, R. "Results of DNASCO (DNA polymorphism and carotid atherosclerosis) study, a six-year study on the effects of low-intensity exercise and genetic factors on atherosclerosis". (Abstract 3855). Apresentado no American Heart Association's Scientific Sessions Conference, 2001.

38. MILLER, M. et al. "Impact of cinematic viewing on endothelial function"2006, . *Heart.* V. 92, p. 261-62; comunicação pessoal com MILLER, M. Set. 2006.

39. NOAKES, T. D.; GIBSON, A. St. C. "Logical limitations to the 'catastrophe' models of fatigue during exercise in humans". *British Journal of Sports Medicine.* V. 38, 2004, p. 648-49; comunicação pessoal com NOAKES, T. Ago. 2006.

40. NOAKES, T. D.; GIBSON, A. St. C. "Evidence for complex system integration and dynamic neural regulation of sketeal muscle recruitment during exercise in humans". *British Journal of Sports Medicine.* V. 38, 2004, p. 797-806; NOAKES, T. D.; GIBSON, A. St. C. "Logical limitations to the 'catastrophe' models of fatigue during exercise in humans". *British Journal of Sports Medicine.* V. 38, 2004.

41. BADEN, D. A. et al. "Effect of anticipation during unknown or unexpected exercise duration on rating of perceived exertion, affect, and physiological function". *British Journal of Sports Medicine.* V. 39, 2005, p. 742-46; GIBSON, A. St. C. et al. "The role of information processing between the brain and peripheral physiological systems in pacing and perception of effort". *Sports Medicine.* V. 36, n. 8, 2006, p. 705-22.

42. ROBSON-ANSLEY, P. J. et al. "Acute interleukin-6 administration impairs athletic performance in healthy, trained male runners". *Canadian Journal of Applied Physiology.* V. 29, n. 4, 2004, p. 21-24. Veja também PEDERSEN, B. K.; FEBBRAIO, M. "Muscle-de-rived interleukin-6: a possible link between skeletal muscle, adipose tissue, liver, and brain". *Brain, Behavior, and Immunity.* V. 19, 2005, p. 371-76.

43. ULRICH, C. et al. "Moderate-intensity exercise reduces the incindence of colds in postmenopausal women". *American Journal of Medicine.* V. 119, n. 11, 2006, p. 937-42.

44. OKAMURA, K. et al. Apresentação no encontro de 2004 da Experimental Biology. Washington: 17-21 abr. 2004.

45. BORSHEIM, E.; BAHR, R. "Effect of exercise intensity, duration and mode on post-exercise oxygen consumption". *Sports Medicine.* V. 33, n. 14, p. 1037-60, 2003.

46. Basset, D. et al. "Physical activity in an Old Order Amish community". *Medicine and Science in Sports and Exercise.* V. 36, n. 1, 2004, p. 79-85.

47. Hill, J. O. et al. "Obesity and the environment: where do we go from here?" *Science.* V. 299, 2003, p. 853-55.

48. Van Praag, H. "Running enhances neurogenesis, learning, and long-term potentiation in mice". *Proceedings of the National Academy of Science.* V. 96, 1999, p. 13427-31.

49. Entrevista de Cotman, C. *The Health Report.* ABC Radio National, 24 mar. 1997.

50. Comunicação pessoal com Kramer, A. 16 jan. 2005.

51. Raz, N. et al. "Regional brain changes in anging healthy adults: general trends, individual differences, and modifiers". *Cerebral Cortex.* V. 15, n. 11, 2005, p. 1676-89; comunicação pessoal com Raz, N. 3 fev. 2005.

52. Salthouse, T. Comunicação pessoal. 28 jan. 2005.

53. Laurin, D. et al. Physical activity and risk of cognitive impairment and dementia in elderly persons. *Archives of Neurology.* V. 58, p. 498-504, 2001.

54. J. Weuve et al. "Physical activity, including walking, and cognitive function in older women". *Journal of the American Medical Association.* V. 292, n. 12, 2004, p. 1454-61.

55. Kramer, A. Comunicação pessoal. 16 jan. 2005; Colcombe, S.; Kramer, A. F. "Fitness effects on the cognitive function of older adults: a meta-analytic". *Psychological Science.* V. 14, n. 125-30, 2003; Churchill, J. D. et al. "Exercise, experience, and the aging brain". *Neurobiology of Aging.* V. 23, 2002, p. 941-55; Kramer, A. F. et al. "Aging, fitness and neurocognitive function". *Nature.* V. 400, 1999, p. 418-19.

ANOITECER

Se você conseguir passar pelo crepúsculo, viverá por toda a noite.

DOROTHY PARKER

CARA DE FESTA

9

PENUMBRA, A HORA entre o cão e o lobo. Finalmente, você está em casa depois de um dia de trabalho, bem exercitado ou não, e talvez ainda se sentindo um pouco estressado. Para deixar para trás os problemas do dia, você pode experimentar o caminho do esquecimento sugerido pelo Júlio César[1] de William Shakespeare: "Dêem-me uma taça de vinho. Nela eu enterro toda a descortesia".* O final de um dia de trabalho é uma boa hora para tomar uma bebida. A tolerância ao álcool é maior agora, bem a tempo da hora de um drinque. A hora do dia influencia a velocidade com que o álcool é metabolizado e a maneira como ele afeta diferentes órgãos e funções do corpo.[2] Quando ingerido no começo do dia, o álcool é mais tóxico do que a mesma dose tomada ao cair da noite. Em um estudo com vinte homens, aqueles que receberam uma dose grande de vodca às 9 horas da manhã obtiveram um desempenho pior nos testes psicoló-

* Versão livre do original do dramaturgo inglês do século XVI, como citado pela autora: "Give me a bowl of wine. In this I bury all unkindness." (N. T.)

gico e de tempo de reação do que aqueles que receberam a mesma dose às 6 horas da tarde.[3]

Roube um momento antes de ir para aquela festa do escritório e sente-se com seu vinho ou gim para assistir à luz se apagar no horizonte. Eu adoro essa hora do dia: o crepúsculo, a hora da estrela Vésper, a passagem para a noite, quando a claridade da forma se dissolve, quando tudo próximo fica distante e difuso com o ocaso da luz. O corpo se encanta nos limiares, disse o poeta norte-americano Theodore Roethke. O corpo aprecia a doce aproximação do sono, e isso nós sentimos quando a noite chega. O sol avermelhado desenhando o horizonte ajuda a dissolver as tensões e a desacelerar o tempo.

Essa hora do dia pode, de fato, afetar sua percepção do tempo. No final da tarde e início da noite, quando a temperatura do corpo é mais alta, a passagem do tempo parece ficar um pouco mais lenta.[4] Para o cronômetro de intervalo do cérebro, um minuto em tempo real pode parecer vários segundos mais longo.

Drogas como maconha e haxixe provocam um efeito semelhante de tempo expandido.[5] O psicólogo norte-americano William James escreveu sobre o "aumento curioso" na percepção do tempo provocado pela intoxicação de haxixe.[6] "Nós proferimos uma frase, e antes que o final seja alcançado o começo já parece ter ocorrido indefinidamente muito tempo atrás. Entramos em uma rua curta, e é como se nós nunca chegássemos ao seu final." Aquela taça de vinho ou a dose de gim, contudo, podem fazer o tempo voar. O álcool reduz a sensação do tempo comparado com o tempo do relógio, possivelmente impedindo o cérebro de receber muitos estímulos sensoriais por segundo.

Entretanto, se a bebida enterra toda descortesia é tema de muito debate. Dependendo das circunstâncias, da pessoa e da situação, o álcool pode tanto amenizar o estresse como intensificá-lo.[7] Um fator importante pode ser, mais uma vez, a hora. Se você consumir álcool antes de uma experiência estressante, a bebida pode reduzir seu impacto, diz Michael Sayette, da Universidade de Pittsburgh – isso porque a bebida não deixa você passar completamente pela experiência. O fenômeno é chamado de miopia do álcool. A intoxicação corrompe a capacidade do cérebro de avaliar informações novas e relacioná-las a associações estressantes. Em outras palavras, um evento traumático depois de um drinque pode parecer menos enervante ou perturbador porque a bebida garante que você não vai saber exatamente o que o atingiu.

A miopia do álcool também pode aliviar a ansiedade e a depressão *depois* de uma ocorrência estressante, diz Sayette, contanto que o álcool seja acompanhado de algum tipo de distração, como uma festa. Essa combinação literalmente mantém sua mente longe das preocupações. Sem tal distração, ingerir álcool depois de um fato traumático pode ter um efeito inverso, exacerbando o estresse – fenômeno denominado por um pesquisador como o efeito "chorar as mágoas em um copo de cerveja".

Muito depende da dose. Aquele primeiro drinque nos faz alegres e falantes, talvez um pouco sem firmeza nas pernas; o segundo ou o terceiro enrolam nossa fala, embaralham a percepção, afetam nosso equilíbrio e obscurecem nossa capacidade de notar nossos próprios erros. A causa de tudo isso é nossa concentração de álcool no sangue, ou CAS, a proporção de álcool em relação ao sangue. Por sua vez, isso é influenciado pela velocidade com que bebemos, como também a velocidade com que o álcool é absorvido na circulação sangüínea e a taxa na qual o corpo distribui e metaboliza a substância.

A concentração de álcool no sangue normalmente é expressa em porcentagem, medindo gramas de álcool por decilitro de sangue. (Por exemplo, 0,08% equivale a 0,08 gramas por decilitro, uma taxa que faria a maioria das pessoas se sentir bastante bêbada.) Depois que uma pessoa começa a beber, o tempo que ela levará para alcançar o pico da CAS pode variar entre dez e noventa minutos.[8] Uma hora depois de consumir duas cervejas com estômago vazio, um homem de 72 quilos pode alcançar uma CAS de cerca de 0,04%.[9]

Eu posso desfrutar de dois drinques no começo da noite. Contudo, para além disso, meu corpo protesta: "Chega!". Minha baixa tolerância é bastante típica do meu sexo. As mulheres alcançam níveis mais altos de álcool no sangue do que os homens mesmo depois de consumirem doses iguais de bebidas alcoólicas, e se intoxicam com quantidades menores.[10] Já se acreditou que essa diferença de gênero era uma simples questão de tamanho ou peso do corpo: as mulheres, geralmente menores em estatura do que os homens, alcançam uma CAS mais alta com menos álcool porque o líquido não tem muito espaço mais para onde ir. Em um corpo grande, a bebida viaja mais longe, dilui-se e perde sua potência – é o que ocorre com certeza em um homem de 90 quilos. Porém, de acordo com o trabalho de cientistas da Universidade de Stanford, a verdadeira divergência é fruto da constituição da massa corporal nos homens e nas mulheres, e talvez algumas diferenças químicas de gênero.[11] As mulheres têm proporcionalmente mais gordura corporal e menos água do que os homens com o mesmo peso. Considerando que o álcool é diluído na água do corpo, as mulheres – com um menor volume de água – alcançam um nível de álcool mais alto do que os homens depois de consumir quantidades iguais de bebida. Além disso, pode ser que nas mulheres o álcool e seus subprodutos sejam processados e eliminados com uma eficiência menor.

Contudo, a concentração de álcool no sangue é influenciada por uma série de fatores além do gênero e da constituição física: se seu estômago estiver vazio ou cheio, por exemplo (em um estômago cheio, a absorção é mais lenta), e a quantidade de sono que você teve (o álcool bate duro nos insones, de tal maneira que uma dose pode ter o efeito de duas).[12].

Beber com moderação, como recomendado pela maioria dos especialistas, corresponde a uma dose de bebida (um copo de cerveja ou uma taça de vinho) por dia para as mulheres, e duas doses para os homens. Para impedir que o cão se transforme em lobo, escreveu o poeta inglês George Herbert, "o terceiro cálice não bebas, que tu podes não domá-lo quando uma vez ele estiver dentro de ti".*

Anoitece. Você chegou à sua festa e começou a se entrosar na sala abarrotada, embarcando em uma conversa animada com um colega. Embora você tenha tomado apenas um copo de vinho, sua mente falha quando um conhecido se aproxima: no meio das apresentações, você esquece o nome dele. Está ali, aquele nome, desafiadoramente, na ponta de sua língua, mas você não consegue se lembrar dele de jeito nenhum e, depois de um instante paralisado e sem graça, você murmura: "Vocês dois já se conhecem?".

William James descreveu esse lapso como uma espécie de lacuna intensamente ativa em nossa mente: "Um tipo de simulacro do nome está na mente, atraindo-nos para uma determinada direção, animando-nos com a proximidade de encontrá-lo para, então, deixar-nos frustrados sem o termo a que aspirávamos".[13] Esse é um dos "sete pecados da memória" descritos por Daniel Schacter, psicólogo da Universidade de Harvard.[14] A pesquisa de Schacter sugere que essa lacuna ativa particular tenha suas raízes na ausência de significado da maioria dos nomes próprios, que ele chama de efeito padeiro/Padeiro [baker/Baker]. Se eu lhe digo que sou um padeiro [baker], explica ele, estou lhe dando uma informação sobre o que faço e sobre como passo o meu tempo, o que ajuda a construir toda uma estrutura de memória. Se eu lhe digo que o meu nome é Padeiro [Baker], estou apenas lhe oferecendo um termo sem significado. Dessa ma-

* Versão livre do original do poeta do século XVII, como citado pela autora: "drink not the third glass, which thou canst not tame when once it is within thee." (N. T.)

neira, a memória fica isolada, privada de associações ou ligações mentais e, portanto, vulnerável a esquecimentos temporários.

O que podemos fazer nesse caso é utilizar algum tipo de estratégia associativa, relacionando o nome a um animal ou objeto. Ou, quem sabe, lançar mão de uma solução mais tecnológica para o problema, como a inventada por Hewlett-Packard: um fone de ouvido especial dotado com uma pequena câmera fotográfica que focaliza seu campo de visão e que se conecta ao seu computador pessoal, onde acessa, via telefone celular, uma base de dados de fotografias e nomes.[15] Ao capturar um rosto que se aproxima, o apetrecho consulta sua base e assopra o nome em seu ouvido.

Esquecemos nomes com freqüência, mas raramente esquecemos um rosto. Dê uma olhada no mar de pessoas em sua festa e, em uma fração de segundo, você é capaz de identificar aquelas que conhece. Esse dom de instantaneamente reconhecer faces familiares em diferentes contextos, independente da aparência, idade, luz e pose, é uma extraordinária façanha de percepção. As máquinas geralmente falham diante da tarefa. "Testes reais realizados com sistemas automatizados de reconhecimento de faces não produziram resultados encorajadores", observa Pawan Sinha, do Instituto de Tecnologia de Massachusetts.[16] Como exemplo, ele cita um teste com um *software* de reconhecimento de faces, projetado para identificar passageiros com ligações terroristas. O sistema teve uma taxa de sucesso de menos de 50%, e cerca de cinqüenta alarmes falsos para cada cinco mil passageiros.

Para o filósofo Ludwig Wittgenstein, o rosto é "a alma do corpo", e para William Shakespeare, "um livro onde os homens podem ler coisas estranhas". Não, disse o escritor Milan Kundera,[17] a face é apenas uma "combinação acidental e irreproduzível de características. Ela não reflete nem o caráter nem a alma, nem o que chamamos de ego". Em todo caso, os rostos são uma moeda corrente de troca social, e a capacidade de reconhecê-los é de importância vital. "Este homem" se torna "meu amigo" ou "meu marido". Todos nós temos fracassos momentâneos – quando não reconhecemos alguém que nos cumprimenta em uma festa como se fôssemos velhos amigos. Para a maioria das pessoas, esses são meros lapsos temporários. Contudo, alguns indivíduos sofrem de um esquecimento permanente de faces.

Heather Sellers, amiga de minha irmã e professora de inglês da Hope College, além de uma escritora muito talentosa, não consegue reconhecer nem recordar as faces de amigos ou até mesmo de membros da família. Cada vez que eles reaparecem em sua vida, eles parecem novos e estranhos. Heather tem prosopagnosia severa, uma síndrome desconcertante, só em parte compreendida até agora, que destrói a capacidade do cérebro de reconhecer e recordar características da face humana. "Quando vejo um rosto, suponho que eu vejo exatamente o que você vê", disse-me ela. "Para mim, as faces não são borrões nebulosos ou alterados de alguma forma. Porém, o que eu me lembro deles, o que eu guardo – isso é diferente."

Heather acredita que ela e outros portadores da síndrome têm dificuldade de recordar faces porque eles as generalizam da mesma maneira que os não-biólogos generalizam as árvores e os não-criadores generalizam as galinhas; eles não vêem nem retêm os detalhes necessários para categorizá-los em subtipos. "Eu não consigo descrever lábios, narizes, estruturas ósseas, testas, queixos, nem mesmo os olhos", conta ela. "Quando penso em alguém que conheço bem, como sua irmã", continuou ela, "eu vejo seu cabelo e sinto seu calor e energia. Eu a vejo em uma blusa de linho bege e posso lembrar de seus brincos de ouro. Eu sei que ela tem um rosto, mas não consigo lhe dizer uma única coisa sequer sobre ele".

Como outros portadores de prosopagnosia, Heather usa estratégias alternativas para reconhecer as pessoas – indicadores não-faciais como modo de andar, penteado, perfil do corpo, gestos e tom de voz –, mas que freqüentemente falham. "No inverno é mais difícil do que no verão", diz ela. "As pessoas estão totalmente vestidas, e isso encobre seu andar e suas silhuetas; às vezes, só suas caras estão à mostra. Nessas situações, não consigo reconhecer nem meus amigos mais íntimos." Não é admira que a perspectiva de um contato social a encha de medo. "A pior situação é uma festa com dez pessoas que conheço bastante bem", explica ela. "Eu sei que eu não vou reconhecer ninguém. Por isso, eu ficarei nervosa, pois sei que terei de me esforçar estupidamente para identificá-las e manter tudo em minha mente para administrar a ansiedade." Por causa de todos esses aspectos, ela evita as festas a todo custo, ou, pelo menos, leva junto o que ela chama de "olho humano ambulante", uma pessoa que sussurra em seu ouvido a identidade de amigos e colegas: "Ali está o reitor, Jim. Quem acaba de entrar é John S., da Psicologia. De vestido marrom e pulseiras, é Dede. Quem fala conosco agora mesmo é Lynn".

Pode parecer estranho, mas Heather não sabia que tinha prosopagnosia até os 40 anos de idade. (Se você não sabe o que é reconhecer um rosto, explicou ela, não sabe necessariamente que você não faz o que os outros fazem.) Então, ela esbarrou nas descrições do transtorno enquanto pesquisava sobre a esquizofrenia, para traçar o perfil de um de seus personagens literários. Quando leu os relatos sobre a síndrome, ela ficou surpresa em ver como eles descreviam com precisão sua própria experiência. Então, Heather se inscreveu para um estudo em Harvard, onde foi diagnosticada oficialmente em 2005. "Fiquei aliviada e feliz", conta ela. "Finalmente, eu tinha uma ótima desculpa para todos os terríveis encontros sociais pelos quais passei. Foi o melhor teste em que fui mal em toda a minha vida."

Alguns casos de prosopagnosia resultam de um derrame ou de uma lesão em uma porção diminuta do córtex do lado direito do cérebro, logo atrás do ouvido, conhecida como circunvolução fusiforme.[18] Estudos de imagem mostram que a atividade neural nessa porção do cérebro aumenta quando as pessoas normais vêem faces.[19] As pessoas que sofreram lesões na área não reconhecem rostos familiares, nem se lembram dos novos. Entretanto, a maioria dos casos do transtorno é um mistério, talvez causados por problemas sutis de desenvolvimento ou por questões genéticas que afetam essa e outras regiões do cérebro. Pesquisas sugerem que cerca de 2% das pessoas apresentem algum grau de cegueira facial.

"Descobri que o reconhecimento facial é um processo enormemente complicado", disse-me Heather, "que envolve não apenas a capacidade de 'ler' a topografia dos rostos, mas também a memória, as sensações e a emoção. Para mim, não é tão estranho que eu não possa ler um rosto", afirma ela. "É espantoso que você possa."

Por anos, os cientistas têm estudado onde o reconhecimento facial ocorre no cérebro e como ele funciona. Nosso cérebro possui módulos especializados de reconhecimento de faces? Em uma experiência recente com macacos, Doris Tsao, da Universidade de Bremen, descobriu que 97% das células na circunvolução respondem quase exclusivamente a faces – uma evidência de que essa região, uma saliência sinuosa na superfície cerebral, possa ser justamente aquele módulo.[20]

Estariam os milhões de neurônios envolvidos no processo trabalhando todos juntos, orquestrando os milhares de informações sobre a forma do nariz, o tamanho dos olhos, a simetria dos lábios em uma única fisionomia familiar? Ou existem neurônios especializados em responder seletivamente a um determinado rosto?

Este último conceito, conhecido como a teoria do neurônio da vovó, costuma parecer risível para alguns: então, você tem uma única célula dedicada à vovó? Um outro para Hillary Clinton? E outro ainda para Mick Jagger? Realmente, a idéia parecia ser bem improvável até 2005, quando uma equipe de cientistas, incluindo Christof

Koch e Itzhak Fried, neurocirurgião da Universidade da Califórnia em Los Angeles, mostrou surpreendentemente que certos neurônios são na realidade especialistas em "identificação de rostos".[21] Em um estudo com oito pacientes que receberam implantes com eletrodos, a equipe descobriu que um único neurônio disparou seletivamente em resposta a vários retratos de uma mesma celebridade. Em um paciente, o mesmo neurônio foi ativado por sete fotografias diferentes da atriz norte-americana Jennifer Aniston. "Esse neurônio procura por todo mundo como uma 'célula Jennifer Aniston'", observou um neurocientista.[22] Os pesquisadores se apressaram em dizer que esses não são literalmente os neurônios da vovó, mas células que reagem a algo específico e familiar, como um rosto bem conhecido. Essa reação pode estar mais relacionada à memória do que à visão. "Eu suspeito", explica Koch, "que se esse paciente perdesse essas células, ele ainda reconheceria Jennifer Aniston como um rosto feminino, mas poderia não saber que era o rosto de Jennifer Aniston, que estrelava aquela série de TV e era casada com Brad Pitt".[23]

De que maneira essas células "codificariam" rostos específicos? O trabalho de Doris Tsao sugere que cada neurônio de reconhecimento facial esteja "sintonizado" a um conjunto de características faciais; cada um age de acordo com seu próprio conjunto de "réguas específicas para faces", afirma ela, "medindo os rostos em suas múltiplas e distintas dimensões", como tamanho e forma de características individuais – por exemplo, o tamanho da íris, ou a distância entre os olhos.[24] Por meio da combinação das medidas de todas essas pequenas réguas, propõe Tsao, as células especializadas em faces de indivíduos podem realizar a milagrosa tarefa de reconstruir um rosto no cérebro.

Ao passear os olhos pela multidão na festa, algum rosto em particular prende sua atenção? Os habitantes da Terra do Fogo têm uma expressão, *mamihlapinatapei*, registrada no *Livro Guinness de Recordes* como a palavra mais sucinta do mundo.[25] Ela se refere ao ato de "olhar um nos olhos do outro, cada um na esperança de que o outro tomará a iniciativa do que ambos querem fazer mas que nenhum quer começar".

O que atrai duas pessoas? Os cientistas descobriram que tanto o rosto como o olhar enviam uma profusão de sinais visuais sobre interesses mútuos, saúde e até mesmo sobre genes bons. Embora tenhamos sido ensinados a não julgar um livro por sua capa, Shakespeare tinha razão: uma pessoa lê em um rosto muitas coisas estranhas – identidade, expressão, até intenção. Todos nós fazemos isso, provavelmente centenas de vezes por dia.

Dê uma olhada. Somos os únicos animais a possuir olhos que sinalizam para onde estamos olhando. O branco de nossos olhos, que realça a íris, permite-nos estabelecer contato visual e revela imediatamente a direção do olhar de uma pessoa.[26] Essa peculiaridade intensifica a "sinalização do olhar", um estímulo fundamental para a comunicação e o comportamento cooperativo.

Uma equipe da Universidade de Londres descobriu que um olhar direto vindo de um rosto atraente e desconhecido aumenta sua atração e ativa os circuitos da dopamina em nosso cérebro, que são dedicados a antecipar uma recompensa.[27] Pelo contrário, se aquele mesmo rosto olhar para o outro lado, a atividade nessa área diminuirá. A elevada atividade da dopamina não se origina na capacidade de atração em si de quem olha, mas no potencial de interação sinalizado pelo contato visual, *mamihlapinatapei*.

Se um olhar significativo leva a uma interação mais íntima, isso depende, em grande parte, de julgamentos que fazemos sem nem mesmo saber. A razão de acharmos uma pessoa atraente, diz a mais recente pesquisa, pode estar em fórmulas nada sentimentais para buscar parceiros saudáveis com bons genes. Essas fórmulas estão enraizadas em nossa mente, de maneira que reagimos aos sinais que prometem realizá-las.

Então, o que estamos procurando?

Simetria facial, para começar. A maioria das pessoas prefere rostos com boa simetria bilateral, que pode sinalizar a existência de um sistema imunológico forte e a ausência de problemas genéticos.[28] (Assimetrias surgem freqüentemente durante o desenvolvimento fetal, derivadas de estresses biológicos como subnutrição, doenças, parasitas ou endogamia – que é o casamento entre indivíduos do mesmo grupo.)

A qualidade masculina ou feminina de um rosto é outro ponto de referência. Recentemente, uma equipe de cientistas escoceses e japoneses mostrou que tanto homens como mulheres são atraídos por rostos mais femininos do sexo oposto.[29] Ao dar forma à nossa face no útero e ao longo da vida, a testosterona ajuda a esculpir as características faciais masculinas mais marcantes dos homens; por sua vez, o estrogênio ajuda a moldar as características mais suaves e arredondadas das mulheres. Em seu estudo, os pesquisadores modificaram retratos de rostos aumentando ou diminuindo diferenças entre os sexos. Os participantes consideraram mais honestos e cooperativos aqueles rostos masculinos e femininos que foram feminilizados – formas arredondadas, com mandíbulas menores. Os rostos masculinos feminilizados, em particular, pareciam transmitir para as mulheres o sinal "bom pai". Os cientistas especulam que essa preferência pode realmente ter limitado a extensão do dimorfismo sexual humano – fenômeno em que, na mesma espécie, a fêmea difere do macho – na aparência facial.

Craig Roberts e sua equipe da Universidade de Newcastle descobriram que os homens acham especialmente atraente a face de mulheres que estão ovulando.[30] Há muito tempo acreditava-se que as mulheres não revelavam quando estavam ovulando com nenhum tipo de sinal visual. Enquanto a maioria das espécies animais anuncia seu período de fertilidade por meio de cores e odores, nós humanos parecíamos esconder o nosso. Contudo, os estudos de Roberts apontam para a interessante possibilidade de que nossa face seja o sinal. A equipe mostrou que os homens consideraram as fotografias do rosto de mulheres que estavam em seu período fértil mais atraentes do que as fotografias das mesmas mulheres fora desse período.

"Esse aumento na atração do rosto é sutil", afirma Roberts, e envolve variações na cor e no tamanho dos lábios, dilatação da pupila e tom da pele. Porém, diz ele, em termos evolutivos, mesmo esses efeitos tênues podem ter um impacto significativo no sucesso reprodutivo, elevando a visibilidade de uma mulher em um momento de seu ciclo em que a probabilidade de concepção é mais alta.

Um olhar direto, um rosto feminino, simétrico, lábios carnudos e pupilas dilatadas; acrescente um sorriso (um sinal potente que, se o sorriso for suficientemente largo, pode ser lido com precisão a uma distância de centenas de metros) e você tem a soma dos sinais visuais que podemos ler naquele rosto do outro lado da sala ou logo ao nosso lado.

Entretanto, há mais coisas em jogo aqui. Bem debaixo de nosso radar visual e sob o véu da consciência existem outros tipos de mensagens – sinais químicos que carregam muito mais sedução do que jamais imaginamos.

Enquanto perambula entre os convidados da festa, considere o que você recebe como estímulos sociais. Pode parecer que tudo se resume a conversa e a estímulos visuais. Porém, um conjunto crescente de evidências sugere que em matéria de avaliação social e atração, o cheiro pode ser, no mínimo, tão importante quanto os demais estímulos. "Em minhas conferências, pergunto se as senhoras na audiência ficam excitadas pelo cheiro de certos homens", diz Mel

Rosenberg, da Universidade de Tel Aviv. "Invariavelmente, recebo uma resposta positiva."[31] Para determinar se a capacidade de atração do sexo oposto é influenciada pelo cheiro, uma equipe de cientistas britânicos pediu a 32 mulheres jovens que avaliassem rostos masculinos considerando os aspectos da atração e, em seguida, expuseram as jovens a um pouco de suor de axilas masculinas.[32] Por fim, os pesquisadores pediram a elas que novamente avaliassem os rostos. Depois da fragrância, as mulheres consideraram os homens significativamente mais atraentes.

Embora tenhamos menos receptores olfativos do que animais como o rato ou o cachorro, que farejam comida e sexo, isso não significa que não sejamos tocados pelos poderes sutis do odor. Como sabemos agora, nosso sistema olfativo é perfeitamente sensível, capaz de distinguir dezenas de milhares de odores em evanescentes e ínfimas quantidades.[33] Nesse aspecto, as mulheres são melhores do que os homens, afirmam os cientistas do Monell Chemical Senses Center, na Filadélfia – pelo menos as mulheres em idade reprodutiva.[34] Esse aumento da sensibilidade olfativa pode ser o resultado dos hormônios sexuais femininos que se manifestam na puberdade, e provavelmente serve para ajudar as mulheres a descobrir substâncias tóxicas na comida quando estão grávidas e a criar laços com filhos e companheiros.

Também viemos a perceber a natureza impressionante de nossos próprios odores. De acordo com D. Michael Stoddart, zoologista da Universidade da Tasmânia, nós humanos estamos entre os mais cheirosos dos primatas.[35] As glândulas odoríferas abundam em nossa face, no couro cabeludo, no lábio superior, nas pálpebras, nos canais do ouvido, nos mamilos, no pênis, no escroto e no púbis. Porém, a maior parte de nosso odor corporal normal e saudável, um cheiro almiscarado, vem das glândulas sebáceas e apócrinas, agrupadas em nossas axilas, que começam a funcionar somente na puberdade. As glândulas apócrinas segregam uma substância oleosa que é inodora, até que as vastas populações de microorganismos que vivem dentro e ao redor dos folículos e dos próprios pêlos axilares a modifiquem para produzir componentes odoríferos almiscarados. (Esse é outro exemplo de como nossos parceiros microbianos modelam o nosso organismo.) Essas moléculas são levadas para o mundo através dos pêlos axilares, explica Charles Wysocki, do Centro Monell.[36] Remover o hábitat bacteriano e as "antenas" de odor por meio da depilação pode resultar em uma redução do cheiro. Mesmo assim, inevitavelmente, a selva axilar retorna e, com ela, o aroma penetrante dessas moléculas fragrantes – entre elas, compostos de ácidos graxos muito parecidos com aqueles que servem como sinalizadores sexuais em outros animais.

Há muito se suspeitava que as glândulas axilares produzem um odor atraente para o sexo oposto. Em seu livro *The Scented Ape* [O Macaco Perfumado], Stoddart cita algumas histórias folclóricas, como a de "um jovem rapaz que, para cortejar uma garota camponesa, colocou um lenço na própria axila durante uma dança. Quando a menina transpirava, ele cavalheirescamente retirava o lenço para enxugar o suor da face de sua amada. O poder e o encantamento do cheiro do rapaz eram tais que ela sucumbiu imediatamente aos desejos dele".[37] Antigamente, no interior da Áustria, as moças costumavam colocar um pedaço de maçã sob as axilas durante as danças, conta Stoddart. Ao final da dança, a garota oferecia a maçã ao mancebo de sua escolha, que – galante ou prontamente – comia a fruta.

Realmente, "uma das razões que fazem a dança ser tão atraente assim é o fato de ela ser uma oportunidade para as pessoas sentirem bem de perto o cheiro umas das outras", observa Mel Rosenberg, que conheceu a própria esposa em um salão de dança.

Por que, entre todos os lugares do corpo, as axilas são uma fonte excepcional de odores sexualmente atraentes? Possivelmente por causa da nossa postura ereta: Na vida cotidiana, os odores que se originam nos órgãos sexuais não são normalmente perceptíveis. Como os humanos caminham na vertical, as axilas são o ponto ideal de produção de odores – uma região que freqüentemente contém pêlos que podem ampliar enormemente a superfície para a dispersão de nosso cheiro, explica Wysocki, "além disso, uma área aquecida para ajudar na dispersão e bastante próxima do nível do nariz das outras pessoas".

Entretanto, temos um problema aqui. "Se o cheiro das axilas funciona, de fato, como um estímulo sexual, então por que nos sentimos afrontados por ele?", pergunta Rosenberg.[38] A resposta, suspeita ele, pode residir nos hábitos da civilização moderna, que nos colocou cara a cara, ou melhor, nariz a axila, com completos estranhos em ônibus, elevadores e salas de espera, obrigando-nos a sentir seus odores íntimos.

Aqui está uma nova perspectiva daquela multidão em sua festa. Exaladas das axilas de amigos, colegas, conhecidos distantes, flutuam no ar ondas de substâncias químicas que são capazes de afetar sua percepção, comportamento, humor e até mesmo sua libido e sua escolha de um companheiro. O termo "feromônio" (das palavras gregas *pherin*, transferir, e *hormon*, excitar) foi cunhada meio século atrás para descrever os poderosos sinais químicos emanados e recebidos por indivíduos da mesma espécie.[39] Por exemplo, os ratos enviam vívidos sinais nos fluidos corporais como a urina e, até mesmo, de acordo com uma nova pesquisa, nos hormônios sexuais secretados dos olhos.[40] Esses mensageiros invisíveis podem incitar ao acasalamento, prevenir a gravidez e acelerar a puberdade.

A idéia de que os humanos poderiam se valer de tais formas invisíveis de comunicação foi recebida com uma grande dose de ceticismo. Porém, cada vez mais evidências indicam que isso é quase certo. Uma das primeiras pistas da existência de feromônios humanos surgiu em 1971, quando Martha McClintock, agora na Universidade de Chicago, publicou um artigo mostrando que os ciclos menstruais de companheiras de quarto na Faculdade Wellesley tendiam a se sincronizar com o passar do tempo.[41] Mais tarde, foi descoberto que o mesmo efeito poderia ser alcançado simplesmente depositando um pouco de suor das axilas de mulheres sobre o lábio superior de outras mulheres.[42]

Recentemente, a equipe de McClintock descobriu que os odores de mulheres que amamentam afetam as mulheres não lactantes – influenciando não apenas a duração de seus ciclos menstruais, mas também sua libido.[43] Quando expostas às substâncias próprias da amamentação, as mulheres não lactantes sentiram um aumento de 17% a 24% no desejo sexual. Os pesquisadores sugerem que feromônios desse tipo podem ter evoluído como uma maneira de regular a fertilidade dentro de grupos de mulheres – por exemplo, sinalizando uma para a outra que existe um bom ambiente para o amadurecimento das mais jovens.

Em relação à potência dos odores masculinos, observam-se efeitos similares: basta colocar um pouco do suor das axilas de homens debaixo do nariz de mulheres voluntárias para que percepção, humor e ciclo menstrual sejam influenciados por esse aroma. George Preti e seus colegas do Centro Monell expuseram mulheres a odores de axilas masculinas e, então, monitoraram o humor e o nível do hormônio luteotrófico no sangue, substância que afeta a duração dos ciclos menstruais e o período de ovulação.[44] Em geral, a glândula pituitária libera esse hormônio em pulsos que aumentam em tamanho e freqüência à medida que a ovulação se aproxima. As mulheres submetidas às secreções axilares masculinas apresentaram uma aceleração no começo de seu pico hormonal seguinte. Elas também disseram se sentir menos tensas e mais relaxadas ao inspirarem aquele suor de macho.

Qual possível razão evolutiva poderia existir para isso? Preti e sua equipe especulam que os primeiros seres humanos podem ter tido pouco tempo para passar na companhia de seus semelhantes; o sistema reprodutivo feminino evoluiu de forma a acelerar o início da ovulação quando uma mulher sentia o cheiro de seu homem.

Pesquisas também indicam que uma mulher é capaz de revelar quando está ovulando não apenas por meio das expressões faciais, mas também pelo cheiro. Cientistas pediram a mulheres que usassem uma camiseta por três noites consecutivas durante a ovulação e uma segunda camiseta por outras três noites durante a fase anovulatória de seu ciclo reprodutivo.[45] A equipe descobriu que os homens consideraram o odor da camiseta usada durante a fase fértil como mais agradável e sensual do que o odor de uma camiseta usada durante a fase sem ovulação, mesmo depois que a camiseta foi mantida em temperatura ambiente durante uma semana.

Até recentemente, a maneira como poderíamos sentir esses sinais feromônicos sutis era uma verdadeira caixa preta. A ciência acreditava que os mamíferos detectavam os feromônios somente com a ajuda de um órgão olfativo especializado, que nos humanos não funciona efetivamente. Contudo, em 2003 o falecido Lawrence Katz, neurocientista da Universidade Duke, reverteu essa visão relatando que os neurônios no sistema olfativo principal do corpo são capazes de detectar feromônios.[46] Desde então, vários estudos confirmaram que não precisamos de um órgão especial para sentir as vibrações feromônicas; nosso equipamento normal pode muito bem servir para farejarmos substâncias químicas voláteis.[47]

Então, que outros sinais você transmite enquanto anda zumbindo pela colméia de uma reunião social? Nada menos do que sua mais profunda identidade pessoal – e, possivelmente, seu *status* como um parceiro genético aceitável. Há décadas, descobrimos que os ratos possuem "assinaturas" odoríferas individuais, que podem ser lidas em grandes detalhes por outros ratos e usadas para escolher seus parceiros. Agora, parece que isso também é verdade para os humanos.

Cada um de nós carrega um cartão químico de identificação que registra nosso próprio e exclusivo cheiro, bem como reflete nossas sutis diferenças genéticas. Além disso, essa "impressão odorífera" pode ser detectada pelos outros. Mais do que os homens, as mulheres são especialmente bem dotadas para identificar o odor de parentes e de seus filhos e companheiros, afirma Mel Rosenberg. A fonte de nosso cheiro singular é um conjunto de genes conhecido como complexo de histocompatibilidade principal (MHC), que tem grande importância em nossa capacidade de combater doenças. Esses são os mais diversos de todos os genes do corpo, e os melhores para lidar com a multiplicidade de bactérias, vírus e outros germes potencialmente prejudiciais. As mulheres tendem a preferir o cheiro de homens cujos genes do MHC diferem dos seus.[48] Um estudo descobriu que as mulheres classificaram esses odores como "agradáveis", e os odores de homens com genes semelhantes aos seus como "menos agradáveis". Ao selecionarmos parceiros com genes diferentes dos nossos, dizem os pesquisadores, podemos evitar os problemas da endogamia ou aumentar a capacidade de nossos descendentes de combater doenças.

Para complicar um pouco essa história, porém, temos mais um ponto novo e surpreendente: as mulheres procuram traços do próprio pai nos genes do MHC de seus parceiros. Martha McClintock e seus colegas descobriram que, em populações com grande diversidade genética, uma mulher prefere os odores de machos que possuem genes do MHC que combinem com alguns dos genes que ela mesma herdou do pai.[49] Por quê? Talvez as mulheres prefiram um parceiro que compartilhe alguns de seus próprios genes imunológicos fortes, em vez de alguém com genes completamente desconhecidos. Ou elas podem querer evitar uma grande quantidade de uma mesma coisa boa. Enquanto a diversidade nesses genes geralmente é considerada benéfica, muita variação pode fazer o sistema imunológico disparar, aumentando o risco de transtornos auto-imunes – o corpo que se vira contra si mesmo. Em todo caso, a melhor escolha parece ser um número pequeno de combinações. O notável, como mostram os cientistas, é que as mulheres possuem um sistema olfativo tão extraordinariamente sensível que lhes permite perceber essas ínfimas diferenças genéticas.

Essas revelações científicas que sugerem a possibilidade de que a atração seja influenciada por um disparo preciso de feromônios ou pela detecção apurada dos genes do MHC podem parecer os exemplos máximos do poder da ciência para "prender um anjo pelas asas, conquistar todos os mistérios por decreto e sentença",* nas palavras do poeta britânico John Keats. Porém, eu não penso assim. Para mim, essas revelações, de alguma maneira, aumentam o mistério. Acreditamos que fazemos nossas escolhas, de modo consciente e deliberado, por meio da contemplação cuidadosa das opções; acreditamos que sabemos tudo aquilo que nos impressiona e nos afeta. Mas, na verdade, uma parte do que faz seu coração bater mais forte e seu sangue saltar nas veias pode ser, no fim das contas, uma intuição química, cujo objetivo é proteger seus filhos que ainda não nasceram.

REFERÊNCIAS

1. *Julius Caesar,* act 4, scene 3.

2. Wasielewski; J.; Holloway, F. "Alcohol's interactioons with circadian rhythms". *Alcohol Research and Health.* V. 25, n. 2, 2001, p. 94-100.

---

* Versão livre do original do poeta do século XIX, como citado pela autora: "clip an angel's wings, conquer all mysteries by rule and line". (N. T.)

3. Lawrence, N. W. et al. "Circadian variation in effects of ethanol in man". *Pharmacology, Biochemistry, and Behavior.* V. 18, supp. 1, 1983, p. 555-58; veja também Brick, J. et al. "Circadian variations in behavioral and biological sensitivity to ethanol". *Alchoholism: Clinical and Experimental Research.* V. 8, 1984, p. 204-11.

4. Reilly, T. et al. *Biological Rhythms and Exercise.* Nova York: Oxford University Press, 1997, p. 40-41.

5. Chait, L. D. "Acute and residual effects of alcohol and marijuana, alone and in combination, on mood and performance". *Psychopharmacology.* V. 115, 1994, p. 340-49.

6. James, W. *The Principles of Psychology.* V. 1, p. 639, 1890. Disponível em: <http://psychclassics.yorku.ca/james/principles/prin15.htm>. Acesso em: 23/6/2008.

7. Sayette, M. A. "Does drinking reduce stress?" *Alcohol Research and Health.* V. 23, n. 4, 1999, p. 250-55; Sayette, M. A. "An appraisal-disruption model of alcohol's effects on stress responses in social drinkers". *Psychological Bulletin.* V. 114, 1993, p. 459-76; Sayette, M. A. Comunicação pessoal. Ago. 2006.

8. Friel, P. N. et al. "Variability of ethanol absorption and breath concentrations during a large-scale alcohol administration study". *Alcoholism: Clinical and Experimental Research.* V. 19, n. 4, 1995, p. 1055.

9. National Institute on Alcohol Abuse and Alcoholism. "Alcohol and transportation safety". *Alcohol Alert.* N. 52, abr. 2001.

10. Mumenthaler, M. et al. "Gender differences in moderate drinking effects". *Alcohol Research and Health.* V. 23, n. 1, 1999, p. 55-64.

11. Mumenthaler, M. et al. Op. cit., p. 57.

12. Roehrs, T. et al. "Sleep extension, enhanced alertness and the sedating effects of ethanol". *Pharmachology, Biochemistry, and Behavior.* V. 34, 1989, p. 321-24.

13. James, W. Op. cit. v. 1, p. 251.

14. Schacter, D. *The Seven Sins of Memory.* Boston: Houghton Mifflin, 2001, p. 63; Maril, A. et al. "On the tip of the tongue: and event-related fMRI

study of semantic retrieval failure and cognitive conflict". *Neuron.* V. 31, 2001, p. 653-60.

15. "On the tip of my tongue". *New Scientist.* V. 7, 2002, p. 17.

16. Sinha, P. "Recognizing complex patterns". *Nature Neuroscience Supplement.* V. 5, 2002, p. 1093-97.

17. Kundera, M. *Immortality.* Nova York: Perennial, 1999, p. 13.

18. Duchaine, B. C.; Nakayama, K. "Developmental prosopagnosia: a window to content-specific face processing". *Current Option in Neurobiology.* V. 16, 2006, p. 166-73; B. Duchaine, B. Comunicação pessoal. Ago. 2006.

19. Tsao, D. Y. et al. "A cortical region consisting entirely of face-selective cells". *Science.* V. 311, 2006, p. 670-74; Loffler, G. "Fmri evidence for the neural representation of faces". *Nature Neuroscience.* V. 8, n. 10, 2005, p. 1386-90.

20. Tsao, D. Y. "A dedicated system for processing faces". *Science.* V. 314, 2006, p. 72-73.

21. Quiroga, R. Q. et al. "Invariant visual representation by single neurons in the human brain". *Nature.* V. 435, 2005, p. 1102-7.

22. Connor, C. R. "Friends and grandmothers". *Nature.* V. 435, 2005, p. 1036-37.

23. Koch, C. Comunicação pessoal. Set. 2006.

24. Tsao, D. Y. Op. cit., p. 72-73.

25. Rheingold, H. *They have a word for it.* Louisville: Sarabande Books, 2000, p. 80.

26. Kobayashi, H.; Kohshima, S. "Unique morphology of the human eye and its adaptative meaning: comparative studies on external morphology of the primate eye". *Journal of Human Evolution.* V. 40, 2001, p. 419-35.

27. Kampe, K. et al. "Reward value of attractiveness and gaze". *Nature.* V. 413, 2001, p. 589.

28. Mealey, L. et al. "Symmetry and perceived facial attractiveness". *Journal of Personality and Social Psychology.* V. 76, 1999, p. 151-58.

30. Perrett, D. et al. "Effects of sexual dimorphism on facial attractiveness". *Nature.* V. 394, 1998, p. 884-87.

31. Robert, S. C. et al. "Female facial attractiveness increases during the fertile phase of the menstrual cycle". *Proceedings of the Royal Society of London B* (Supp.), DOI: 10.1098/rsbl.2004.0174, 2004; I. Penton-Voak, S. et al. "Menstrual cycle alters face preference". *Nature*. V. 399, 1999, p. 741-42; Roberts, C. Comunicação pessoal. 21 jan. 2005.

32. Rosenberg, M. Comunicação pessoal. Set. 2006.

33. Thorne, F. et al. "Effects of putative male pheromones on female ratings of male attractiveness: influence of oral contraceptives and the menstrual cycle". *Neuroendocrinology Letters*. V. 23, n. 4, 2002, p. 291-97.

34. Friedrich, R. W. "Odorant receptors make scents". *Nature*. V. 430, 2004, p. 511-12.

35. Dalton, P. et al. "Gender-specific induction of enhanced sensitivity to odors". *Nature Neuroscience*. V. 5, 2002, p. 199-200.

36. Soddart, D. M. *The Scented Ape*. Nova York: Cambridge University Press, 1991; Stoddart, D. M. Comunicação pessoal. 3 mar. 2005.

37. Wysochi, C.; Preti, G. "Facts, fallacies, fears, and frustrations with human pheromones". *Anatomical Record*. V. 281A, 2004, p. 1201-11; Wysocki, C. Comunicação pessoal. Set. 2006.

38. Soddart, D. M. Op. cit., p. 63

39. Rosenberg, M. Comunicação pessoal. 29 jul. 2006.

40. Karlson, P.; M. Luscher. "Pheromones: a new term for a class of biologically active substance". *Nature*. V. 183, 1959, p. 55-56.

41. Kimoto, H. "Sex-specific peptides from exocrine glands stimulate mouse vomeronasal sensory neurons". *Nature*. V. 437, 2005, p. 898-901.

42. McClintock, M. K. "Menstrual synchrony and suppression". *Nature*. V. 229, 1971, p. 244-45.

43. McClintock, M. K. et al. "Regulation of ovulation by human pheromones". *Nature*. V. 392, 1998, p. 177-79.

44. Jacob, S. et al. "Effects of breastfeeding chemosignals on the human menstrual cycle". *Human Reproduction*. V. 19, n. 2, 2004, p. 422-29; Spencer, N. A. "Social chemosignals from breastfeeding women increase sexual motivation". *Hormones and Behavior*. V. 46, 2004, p. 362-70.

45. Preti, G. et al. "Male auxiliary extracts contain pheromones that affect pulsatile secretion of luteinizing hormone and mood in women recipients". *Biology of Reproduction.* V. 68, 2003, p. 2107-13.

46. Singh, D.; Bronstad, P. M. "Female body odour is a potential cue to ovulation". *Proceedings of the Royal Society of London B.* V. 268, 2001, p. 797-801.

47. Luo, M. et al. "Encoding pheromonal signals in the acessory olfactory bulb of behaving mice". *Science.* V. 299, 2003, p. 1196-1201.

48. Liberles, S. D.; Buck, L. B. "A second class of chemosensory receptors in the olfactory epithelium". *Nature.* V. 442, 2006, p. 645-50; Yoon, H. et al. "Olfactory inputs to hypothalamic neurons controlling reproduction and fertility". *Cell.* V. 123, 2005, p. 669-82; Shepherd, G. M. "Smells, brains and hormones". *Nature.* V. 439, 2006, p. 149-51.

49. Wedekind, C. et al. "MHC-dependent mate preferences in humans". *Proceedings of the Royal Society of London B.* V. 260, 1995, p. 245-49.

50. Jacob, S. et al. "Paternally inherited MHC alleles are associated with women's choice of male odor". *Nature Genetics.* V. 30, 2002, p. 175-79.

NOITE

À noite, todo gato é um leopardo.[1]

PROVÉRBIO ITALIANO

A HORA DO ENCANTAMENTO

10

TALVEZ VOCÊ ESTEJA EM CASA NESTE MOMENTO, acomodado em seu ninho com seu companheiro ou sua companheira. Lá fora, a escuridão da noite baixou, trazendo as horas da intimidade em que reinam o cheiro, a audição e o toque. A noite sempre ofereceu os prazeres negados pela luz do dia, garantindo privacidade e refúgio. "A luz e a luxúria são inimigas mortais", escreveu William Shakespeare.

O período após as 11 horas da noite é reservado ao sexo pela maioria das pessoas, mas não por causa de algum ritmo natural intrínseco. Quando os cientistas estudaram a distribuição circadiana do comportamento sexual humano, eles descobriram que a maioria dos encontros sexuais aconteceu na hora de dormir por causa unicamente da rigidez dos horários de trabalho e das obrigações familiares.[2] (Qual é exatamente a hora de dormir pode ser um assunto para ser discutido entre quatro paredes. Como já se supunha, as pesquisas sugerem que os casais com cronotipos incompatíveis – cotovias casadas com corujas – consideram seu casamento menos satisfatório do que os casais perfeitamente combinados, indicando mais discussões, menos tempo gasto em atividades conjuntas e sexo menos freqüente.[3])

Ao contrário de nossos parentes mamíferos, que geralmente têm um tempo predeterminado para seus atos sexuais visando a maximizar o sucesso reprodutivo, nossos relógios e hábitos culturais confinaram nosso comportamento sexual de tal forma que nossa hora preferida para fazer sexo tem suas raízes mais na conveniência do que na pulsão; assim, ela não se coaduna perfeitamente bem com nossos ritmos hormonais naturais ou nossos ciclos de fertilidade. Por exemplo, os níveis de testosterona são significativamente mais baixos no início da noite e mais altos pelo alvorecer, atingindo o ápice por volta das 8 horas da manhã.[4] A qualidade do sêmen, entretanto, alcança seu máximo pela tarde (com 35×10^6 mais espermatozóides por ejaculação do que pela manhã).[5] Essa concentração mais alta de espermatozóides no fluido seminal provavelmente não deriva das variações circadianas na produção e maturação das células sexuais masculinas, explicam os pesquisadores, mas das variações nos mecanismos nervimusculares que controlam a ejaculação. Seja qual for a razão, alguns especialistas aconselham os casais que querem ter filhos a manter relações sexuais não à noite, mas à tarde.

Mais de 1.500 anos atrás, a poetisa grega Safo descreveu as sensações físicas do amor: os olhos cegos, "as pequenas chamas evanescentes que inflamam a pele e queimam embaixo", a fraqueza e o estupor. Desde Safo, não aprendemos muito mais sobre a anatomia e a fisiologia do amor. Nossa compreensão de tais estados positivos como prazer, felicidade e excitação sexual não avançou tão espetacularmente quanto nosso conhecimento sobre o estresse, a raiva e o medo.[6] Talvez esse conhecimento do amor simplesmente não seja possível. "Como na face da terra alguém poderia explicar em termos químicos e físicos um fenômeno biológico tão importante como o primeiro amor?" É o que o físico Albert Einstein gostaria de saber. Entretanto, até mesmo os aspectos mais exatos do sexo ainda estão envoltos em mistério – os mecanismos cerebrais que controlam a excitação, por exemplo, ou os comos e os porquês do orgasmo, aspectos que, convenhamos, são bem complicados de determinar estudando uma experiência de laboratório.

Ainda assim, a ciência fez recentes e valiosas tentativas para colocar sob o microscópio alguns dos aspectos mais fugidios do amor e do sexo e, ao fazê-lo, divisou algumas luzes de seu funcionamento. Vamos considerar a biologia de um carinho. Recentemente, os neurocientistas depararam com algumas pistas sobre a natureza de nossas reações a essa espécie de contato físico suave estudando uma pessoa que parecia ter perdido o tato (veremos a seguir).

Entre os grandes prazeres físicos da vida a dois está a troca de demorados carinhos entre os parceiros, o metódico movimento das mãos ao longo das costas subindo pelos músculos do pescoço e dos ombros; então, vêm os beijos e os abraços, e os dois ficam entrelaçados, confortados pelo contato.

Diferentemente de nossos outros sentidos, o tato é onipresente no corpo, com receptores em quase todos os lugares – dentro e fora – que registram sensações de pressão, dor, calor e frio, movimento e também a consciência de nossa localização no espaço. O tato é o sentido menos facilmente enganado ao longo da vida, o primeiro a surgir no feto em desenvolvimento, o último a nos deixar no final e, talvez, o mais essencial para nosso bem-estar.[7]

Os bebês privados do toque têm seu desenvolvimento prejudicado. Quando os cientistas visitaram os infames orfanatos superpovoados da Romênia, depois da queda do regime ditatorial de Nicolae Ceausescu, descobriram que os bebês que raramente ou nunca eram tocados mostravam-se subdesenvolvidos e com altos níveis de cortisol. Ainda que houvesse muitas causas para seu trauma, a deficiência do toque parecia ter um papel fundamental no agravamento de seu estresse.

No entanto, mostrou-se que amplos toques, especialmente a massagem, reduzem os níveis dos hormônios do estresse e aumentam a oxitocina, o hormônio da união entre casais e do amor materno, que provoca um efeito calmante, reduzindo o ritmo cardíaco e a pressão sangüínea. Os supostos efeitos positivos da massagem são muitos, entre eles a diminuição da dor, o melhor funcionamento dos pulmões em pacientes com asma e até a melhora no desempenho de crianças com transtornos de atenção.[8]

O toque é tão antigo quanto a própria vida, já presente naquelas remotas criaturas unicelulares que desenvolveram uma sensibilidade para pressionar sua camada exterior protetora. Nos seres humanos, o tato surge das terminações nervosas sob a superfície da pele, que sente a tensão ou a pressão física, convertendo essa energia mecânica em sinais elétricos que viajam até o cérebro. Essas terminações nervosas são distribuídas por todo o corpo, mas se concentram mais densamente nos lábios, na língua, na ponta dos dedos, nos mamilos, no pênis e no clitóris. Entre elas, é o que parece, existem algumas terminações especializadas em detectar carinho.

Não há muito tempo, o neurofisiologista Håkan Olausson e seus colegas da Suécia estudaram o caso de uma paciente de 54 anos de idade que havia perdido a sensibilidade de seus receptores do tato.[9] Com isso, ela não conseguia detectar pressão nem cócegas e negava ter sensibilidade de toque em todas as regiões do corpo abaixo do nariz. Ainda assim, ela conseguia detectar uma fraca sensação do toque pele a pele, que ela considerava distintamente agradável. O caso sugere que nosso corpo possui um sistema de receptores de tato separado dos nervos, que detectam pressão e vibração. Essas terminações nervosas de "lenta condução" localizam-se logo abaixo dos pêlos de nossa pele e são especificamente sensíveis ao toque suave;

quando estimuladas, elas ativam áreas no cérebro envolvidas na excitação sexual e no processamento das emoções. "Essa espécie de receptores é abundante em animais, mas se acreditava que há muito tempo havia desaparecido durante a evolução dos seres humanos", observa Olausson. "A descoberta de que ainda temos um sistema de tato especial dedicado a processar aspectos emocionais ou sociais originados da estimulação da pele indica a excepcional importância da estimulação tátil para o bem-estar humano."

Por que basta a mão de meu marido escorregar pela pele das minhas costas para me deixar em êxtase? Não é do carinho de qualquer um que eu gosto. Compreender os mecanismos do toque amoroso é uma coisa, mas explicar como funciona o amor é outra coisa totalmente diferente. Apesar disso, a ciência continua tentando.

Pesquisadores italianos que investigavam as mudanças hormonais ocorridas durante o namoro descobriram que homens e mulheres em seu primeiro arroubo de amor têm mais cortisol pulsando em seu sangue, o que sugere que esse estado é estressante e excitante ao mesmo tempo.[10] Talvez mais notáveis sejam os estudos que mostram que os homens abatidos pelo amor apresentaram níveis reduzidos de testosterona comparados com outros homens; as mulheres apaixonadas apresentaram níveis elevados. Esse poderia ser um simples resultado indicando uma atividade sexual mais intensa, afirmam os pesquisadores, ou talvez essa convergência hormonal, de alguma maneira, facilitasse o jogo da conquista. Níveis maiores de testosterona tornariam as mulheres mais determinadas do ponto de vista sexual; níveis menores do hormônio tornariam os homens menos agressivos – um bom começo para a formação de laços fortes, observa a antropóloga Helen Fisher.

Em outra pesquisa, Fisher investigou quais sistemas do cérebro podem ser ativados quando estamos loucos de paixão, ou envolvidos em um namoro ou ainda em um relacionamento duradouro.[11] Ela e sua equipe, da Universidade Rutgers, estudaram imagens do cérebro de jovens adultos que tinham acabado de se apaixonar loucamente, paixão essa medida conforme a chamada Escala do Amor e da Paixão. Esse padrão de laboratório (uma versão sexual para a Escala de Sonolência de Stanford) classifica o que um indivíduo sente quando está na presença da pessoa amada – tremores, coração pulsando forte, respiração acelerada ou agitação excessiva. A escala também mede a porcentagem de horas que um indivíduo apaixonado gasta pensando em seu "objeto de amor" e, então, classifica a intensidade do sentimento, de morno a loucamente apaixonado.

Os cientistas escolheram os indivíduos considerados ferozmente apaixonados e, em seguida, usaram imagens de fMRI para observar os circuitos cerebrais que se ativaram quando esses indivíduos doentes de paixão viram fotografias da pessoa amada, comparadas com as fotografias de meros conhecidos. Como se demonstrou, o retrato da pessoa querida ativou os neurônios no sistema de recompensa do cérebro, rico em dopamina, no núcleo caudal e na área tegmental ventral – as mesmas regiões que reagem ao uso de álcool e drogas. O enamorado também mostrou níveis elevados de noradrenalina e baixos de serotonina, semelhantes aos das pessoas com transtorno obsessivo-compulsivo.

Que a neuroquímica dos recém-apaixonados esteja entrelaçada ao sistema de recompensa do cérebro não é tão surpreendente do ponto de vista evolutivo. O que é interessante é o seguinte: quando Fisher e seus colegas compararam a atividade cerebral dos recém-arrebatados pela paixão com a das pessoas envolvidas em relacionamentos duradouros, eles descobriram uma diferença. Nos amantes de longo prazo, a visão da pessoa amada fez disparar uma grande atividade nas regiões do cérebro dedicadas à emoção. Porém, para aqueles recém-apaixonados, as imagens mostraram pouca atividade nessas áreas. Esse resultado confirmou descobertas anteriores de pesquisadores que estudaram voluntários que professaram ter recentemente se apaixonado "de modo verdadeiro, profundo e louco".[12] Esses cientistas ficaram surpresos com a pequena área do cérebro (justamente aquela região rica em dopamina) que foi ativada quando os voluntários olharam a fotografia da pessoa amada: "É fascinante observar", escreveram eles, "que a face que lançou tantos sinais fez isso por uma extensão tão limitada do córtex".

A loucura, a fúria de um amor em seu início se parece mais com uma compulsão do que com uma emoção, sugere Fisher, um impulso motivacional tão poderoso que se assemelha à pulsão induzida por drogas viciadoras, fazendo o cérebro se concentrar exclusivamente no desejo e na busca por recompensa – neste caso, o objeto do amor.

À medida que o amor passa da paixão para o compromisso, diferentes tipos de biologia e química do cérebro passam a agir, afirma Fisher. A simples paixão, que motiva as pessoas a procurar sexo com uma série de parceiros, envolve circuitos andrógenos. O amor romântico, que leva à busca dos parceiros preferidos, está fortemente relacionado aos sistemas da dopamina. O relacionamento, que assegura que os indivíduos permaneçam com seu companheiro tempo bastante para criar bem um filho, é associado a uma rede de circuitos neuroquímicos que envolvem dois hormônios: a vasopressina, que aumenta o compromisso masculino, e a oxitocina, que parece regular as interações sociais positivas, incluindo a confiança. (Um estudo de 2005 com estudantes suíços engajados em um jogo de investimentos relatou que a oxitocina ministrada na forma de *spray* nasal aumentou a disposição dos estudantes para confiar uns nos outros.[13])

É evidente que nada na biologia humana é tão simples. Esses sistemas podem operar independentemente ou podem se sobrepor, observa Fisher, e sua atividade difere nos homens e nas mulheres.

O padrão neuronal que incendeia seu cérebro enamorado não combina necessariamente com aquele de seu amante.

"Um homem se apaixona com os olhos, uma mulher, com os ouvidos", disse um político britânico.[14] De fato, estudos sobre as diferenças sexuais no processamento de imagens sexualmente excitantes mostram que os homens exibem uma atividade extra nas áreas visuais do cérebro, na amígdala e no hipotálamo, e, como explica Fisher, nas regiões "associadas à turgidez peniana".[15] As mulheres ficam mais excitadas sexualmente por palavras e temas românticos em filmes e histórias do que por imagens, diz ela.[16] No início de um relacionamento, as mulheres apaixonadas em geral também exibem mais atividade de que os homens nas áreas do cérebro relacionadas com a atenção e a memória; daí por diante, ambos mostram mais atividade nas regiões associadas com as emoções.

Quando se trata do processamento mental de homens e mulheres, a lista de estudos indica que existem mais diferenças: processamento da linguagem, aptidões espaciais, orientação, olfato.[17] Estudos com imagens funcionais de ressonância magnética mostram que, durante a leitura, homens e mulheres usam certas áreas cerebrais da linguagem de maneira diferente.[18] Ao orientar-se no mundo físico, os homens são melhores na leitura mental de mapas, com uma tendência a pensar em termos de pontos cardeais, ao passo que as mulheres são mais bem-sucedidas em lembrar de marcos de referência e usam direções relativas. (Essa disparidade aparece apenas na puberdade; antes desse período, as meninas e os meninos usam o mesmo sistema de orientação, o que sugere que os hormônios esteróides podem ser os responsáveis por essa diferença.) Estamos apenas começando a compreender a natureza dessas diferenças de gênero na atividade cerebral, especialmente em relação ao sexo, mas o abismo parece mesmo ser verdadeiro. Por isso, é um tanto inesperado descobrir que o orgasmo é processado no cérebro de um modo semelhante para ambos os sexos – mesmo que pensar ou ler sobre o assunto não seja.

Já proclamada o "supremo êxtase" e "*la petite morte*" [a pequena morte], a intensa onda de prazer conhecida como orgasmo tem sido tema de extensa literatura; apesar disso, ele permanece um mistério persistente. Em seus clássicos estudos sobre a sexualidade humana, o biólogo norte-americano Alfred Kinsey descreveu o orgasmo como a liberação explosiva de uma tensão neuromuscular exacerbada – tão intensa em alguns indivíduos que pode levar um homem (ou uma mulher) a "lançar o corpo inteiro em um contínuo e violento movimento, arquear as costas, levantar os quadris, girar a cabeça, estender braços e pernas, falar, gemer, murmurar ou gritar, de uma maneira muito parecida com uma pessoa que sofre tortura extrema".[19]

Sabemos que o orgasmo é o resultado de contrações na pélvis e da percepção do prazer no cérebro. Contudo, até recentemente não havíamos compreendido como os dois fenômenos estão vinculados.

Nos homens, o orgasmo coincide normalmente com a ejaculação, mas um pode ser experimentado sem o outro. A ereção, o prelúdio necessário para a ejaculação e o orgasmo, em geral começa com a excitação tátil, especialmente da glande peniana, que possui uma alta densidade de receptores táteis de pressão. A sensação do toque viaja ao longo dos nervos sensoriais até a medula espinhal inferior, que faz os vasos sangüíneos do pênis dilatarem e o sangue fluir através de centenas de vasos até os tecidos esponjosos do órgão a um volume cinqüenta vezes maior que o normal.

Todo esse processo pode ocorrer sem controle consciente. Na realidade, a maioria das ereções experimentadas por homens jovens, que totalizam cerca de três horas no decorrer de um dia, acontece principalmente durante o sono. Como Leonardo da Vinci escreveu, com uma irreverência característica, o pênis "às vezes exibe uma inteligência própria; quando um homem deseja que ele seja estimulado, ele permanece obstinado e segue seu próprio caminho; e, às vezes, ele se movimenta por conta própria sem a permissão ou qualquer pensamento de seu dono. Não importa se o homem está acordado ou adormecido, ele faz o que lhe aprouver; muitas vezes, o homem está adormecido e ele está acordado; muitas vezes, o homem está acordado e ele está adormecido; ou o homem gostaria que ele entrasse em ação, mas ele se recusa; muitas vezes, ele deseja ação e o homem a proíbe. É por essas razões que essa criatura muitas vezes tem uma vida e uma inteligência separadas das do homem".[20]

Alguns anos atrás, cientistas da Escola de Medicina da Universidade Johns Hopkins descobriram um fator de controle na complexa fisiologia da ereção: contribuindo para o fluxo sangüíneo que inicia e sustenta uma ereção, está o óxido nítrico, o mesmo gás formado durante uma tempestade de raios e tão essencial à respiração pesada que acompanha o esforço físico.[21] No pênis, o óxido nítrico age como um potente relaxante muscular sobre os delicados músculos que circundam as paredes dos vasos sangüíneos, permitindo que estes se dilatem. Um pensamento erótico ou uma excitação tátil provoca uma onda inicial de óxido nítrico das terminações nervosas na região que ativa a ereção; então, os vasos sangüíneos liberam mais gás para sustentá-la. Em algum momento, uma enzima entra em ação para estancar a produção de óxido nítrico, de maneira que as artérias se contraem e a animação enfraquece. A droga Viagra interfere na ação dessa enzima, mantendo o óxido nítrico ativado por mais tempo e, assim, capaz de manter a pressão.

Além disso, houve alguns avanços no conhecimento sobre o que controla a ejaculação. Não se trata aqui de nenhum reflexo muscular simples como o do joelho, como já se imaginou, mas do resultado de complexas ações coordenadas envolvendo a próstata, as vesículas seminais, a uretra e os músculos do assoalho pélvico. O que ativa o processo ainda é pouco compreendido. Um estudo conduzido por Lique Coolen, neurocientista da Universidade de Ontário do Oeste, revelou que um pequeno núcleo de células nervosas situado na medula espinhal inferior pode gerar a ação.[22] Ratos nos quais esse chamado gerador de ejaculação é destruído são capazes de encontrar uma parceira, montar nela e alcançar uma ereção, mas não conseguem ejacular. Coolen suspeita que o gerador de ejaculação serve como uma espécie de estação intermediária, ligando e processando os estímulos sensoriais dos órgãos genitais e as percepções eróticas do cérebro. Então, o gerador envia sinais que controlam os espasmos musculares da ejaculação, ao mesmo tempo informando o cérebro de sua ocorrência. O trabalho de Coolen também sugere que as células no gerador espinhal da ejaculação podem formar sinapses com células na área tegmental ventral do cérebro – uma região do prazer ativada durante o orgasmo.[23]

Em relação às mulheres ocorre o seguinte: o estrogênio tem um pequeno papel na excitação, apesar de seu nome derivar do grego *estrus*, que significa "desejo intenso".[24] Decerto, ele prepara a vagina para o sexo, distendendo e alargando a área vaginal, bem como ativando as células que revestem a passagem para segregar gotículas de fluido lubrificante. Entretanto, é uma versão mais fraca do hormônio "masculino" testosterona, produzido nas glândulas supra-renais e nos ovários da mulher. A testosterona eleva a sensibilidade e a reação dos receptores de toque no clitóris, nos lábios e nos mamilos. Desses receptores e de uma rica variedade de terminações nervosas especializadas na área genital – corpo clitoridiano, glande, uretra e o chamado ponto G, uma região de sensibilidade aguçada – surgem as faíscas da excitação.

Sim, o ponto G realmente existe, pelo menos de acordo com pesquisadores italianos.[25] Acredita-se que esse ponto se localiza a poucos centímetros dentro da vagina, na parede logo atrás do osso pubiano. Ali, sob a carne, encontram-se glândulas comparáveis à próstata masculina. A equipe italiana relatou que os mesmos marcadores de enzima da atividade do óxido nítrico encontrados no tecido erétil do pênis também abundam na região do ponto G na maioria das mulheres. Uma pressão suave nesse ponto eleva os limiares de dor em 40% e aumenta os níveis de oxitocina em até cinco vezes mais do que normal.[26] Alguns cientistas acreditam que essa efervescência da oxitocina pode explicar o efeito calmante do sexo. Em 2006, pesquisadores britânicos descobriram que fazer sexo antes de um evento estressante, como falar em público, abaixa a pressão sangüínea, um efeito que pode durar por até uma semana.[27]

Os nervos responsáveis por comunicar a sensação estimulante das áreas genitais para o cérebro originam-se da coluna vertebral. Contudo, cientistas da Universidade Rutgers que estudaram mulheres com lesões na medula espinhal afirmam ter descoberto um novo caminho sensorial fora da medula que também pode transportar as sensações diretamente da vagina para o cérebro.[28] Esse caminho alternativo segue pelo nervo vago, que se estende do tronco cerebral, passa por órgãos no pescoço, tórax e abdômen ("vago" no sentido de vaguear, andar), desviando-se completamente da medula espinhal. Graças a esse caminho, afirmam os pesquisadores, as mulheres que sofreram lesões "completas" na coluna podem, apesar disso, experimentar o orgasmo.

Por que algumas mulheres alcançam o orgasmo durante o intercurso sexual e outras não tem sido um enigma persistente. Um novo estudo aponta um dedo intrigante para a hereditariedade.[29] Uma equipe do Hospital St. Thomas, em Londres, perguntou a milhares de gêmeas com que freqüência elas alcançavam o orgasmo durante o intercurso sexual. A maioria das mulheres disse ser apenas infreqüente; uma pequena porcentagem afirmou sempre experimentá-lo, e uma porcentagem igualmente pequena disse nunca alcançar o orgasmo. Ao examinar as diferenças nos resultados entre gêmeas idênticas e não idênticas, a equipe verificou uma clara influência genética, responsável por 35% a 45% da variação. A natureza dessa influência, entretanto, está longe de ser óbvia. Ela pode residir em uma série de fatores, das características de personalidade até a anatomia dos órgãos sexuais e os níveis de enzimas e hormônios em circulação.

A maioria das pessoas fica surpresa em saber que o orgasmo ocorre não nos órgãos genitais, mas no cérebro. Um estudo de caso publicado na revista *Lancet* e intitulado "Unwelcome orgasms" [Orgasmos indesejados] lançou luz sobre um fenômeno estranho.[30] Uma mulher de 44 anos de idade relatou ter episódios recorrentes de orgasmo sem nenhuma relação com atividade sexual, uma vez a cada duas semanas. "Não se identificou nenhum estímulo definido para eles", afirmaram os médicos, "tampouco eram particularmente prazerosos ou satisfatórios, pois esses orgasmos estavam fora de seu controle. Em várias ocasiões, ela experimentou um desses episódios enquanto dirigia e precisou parar o carro". Depois de vários exames, constatou-se que a mulher apresentava uma anormalidade vascular no lobo temporal direito de seu cérebro.

O orgasmo é, na realidade, uma experiência cerebral, como afirmou certa vez o neurocientista Jean-Pierre Changeux, "e é no cérebro que devemos procurá-lo".[31]

Cientistas holandeses chocaram a comunidade neurocientífica ao fazer exatamente isso.[32] Gert Holstege e seus colegas da Universidade de Groningen, na Holanda, usaram tomografias PET para estudar as regiões do cérebro ativadas em homens que foram manualmente estimulados até o orgasmo pela companheira. Um ano depois, eles repetiram a experiência com as mulheres. Os resultados mostraram que o cérebro de mulheres e de homens exibe o mesmo padrão de atividade neural – coincidentes em cerca de 95%. (A principal diferença estava em uma área chamada massa cinzenta periaquedutal; essa região, responsável pela modulação da dor, foi ativada somente nas mulheres.) Grande parte da atividade ocorreu no núcleo caudal e na área tegmental ventral do cérebro, os mesmos circuitos da dopamina ativados pelo amor romântico e pelo uso de drogas. Na realidade, a ativação cerebral durante o orgasmo se assemelha bastante ao padrão observado durante uma "viagem" de heroína ou de cocaína. Isso pode explicar por que os viciados em heroína têm seu impulso sexual suprimido – a droga já estimula essa região pesadamente.

Observou-se também uma significativa desativação da amígdala nas mulheres (em menor escala nos homens), levando os cientistas a supor que o sexo pode nos distrair de eventos no ambiente, até mesmo aqueles que poderiam invocar justamente o medo – talvez, afirma Holstege, para que possamos fazer sexo "sem sermos importunados por estímulos externos".

Toda essa atividade pode trazer alguns benefícios de longo prazo para a saúde. A Universidade de Bristol divulgou que em homens que relataram ter a freqüência mais alta de orgasmos, o risco de eventos coronários fatais foi reduzido à metade – possivelmente porque a atividade sexual exercita o sistema cardiovascular, ou talvez porque os homens com uma vida sexual vigorosa são simplesmente mais felizes e menos estressados.[33] Outro estudo mostra que universitários que mantêm relações sexuais uma ou duas vezes por semana têm níveis 30% mais altos de anticorpos do tipo imunoglobulinas do que os abstinentes.[34] Ainda um outro estudo altamente controverso sugere que o sexo pode ter efeitos positivos de longo prazo no humor de mulheres. Em uma amostra de universitárias sexualmente ativas, os pesquisadores descobriram que as mulheres que mantiveram relações sexuais sem camisinha apresentaram menos sintomas de depressão do que aquelas que usaram preservativos ou se abstiveram completamente de sexo.[35] Os cientistas afirmaram que não recomendam suspender o uso de preservativos por razões psicológicas, já que doenças sexualmente transmissíveis ou uma gravidez indesejada facilmente excederiam os benefícios oferecidos pelo sêmen.[36] Entretanto, o estudo sugere que algumas das substâncias presentes no sêmen e que podem ser absorvidas pela vagina, incluindo a testosterona, o estrogênio e prostaglandina, podem ter efeito antidepressivo.

Uma torrente de prazer; a diminuição do estresse, da depressão e do medo. Que pena tantas vezes deixarmos o sexo para o final da noite e não para o começo do dia!

REFERÊNCIAS

1. Torriano, G. *Piazza universale di proverbi italiani*; ou *A common place of italian proverbs and proverbial phrases.* Londres, 1666, p. 171, citado em Ekirch, A. R. *At day's close: night in times past.* Nova York: Norton, 2005, p. 42.

2. Refinetti, R. "Time for sex: nycthemeral distribution of human sexual behavior". *Journal of Circadian Rhythms.* V. 3, n. 4.

3. Larson, J. et al. "Morning and night couples: the effect of wake and sleep patterns on marital adjustment". *Journal of Marital and Family Therapy.*

V. 17, 1991, p. 53-65; relatado em Smolensky, M.; Lamberg, L. *The body clock guide to better health.* Nova York: Holt, 2000, p. 51.

4. Luboshitzky, R. "Relationship between rapid eye moment sleep and testosterone secretion in normal men". *Journal of Andrology.* V. 20, 1999, p. 731-37; Tureck, F. W. "Biological rhythms in reproductive processes". *Hormone Research.* V. 37, supp. 3, 1992, p. 93-98.

5. Cagnacci, A. et al. "Diurnal variation of semen quality in human males". *Human Reproduction.* V. 14, n. 1, 1999, p. 106-9.

6. Passadas três décadas, cerca de 90 mil estudos abordaram ansiedade, raiva e depressão e só 5 mil foram dedicados à alegria e à felicidade. Números

extraídos de Martin, P. *Making happy people.* Nova York: Harper Perennial, 2006, citado em McDonald, M. Cheer up children. *New Scientist.* 4 fev. 2006, p. 56.

7. Sachs, F. "The intimate sense". *The Sciences.* Jan./fev. 1988, p. 28-34.

8. Touch Research Institute. University of Miami School of Medicine. Disponível em: <www.miami.edu/touch-research/>, reeditado em 23 fev. 2006. Acesso em: 23/6/2008.

9. Olausson, H. "Unmyelinated tactile afferents signal touch and project to insular cortex". *Nature Neuroscience.* V. 5, n. 9, 2002, p. 900-904; Olausson, H. Comunicação pessoal. Set. 2006.

10. Marazziti, D.; Canale, D. "Hormonal changes when falling in love". *Psychoneuroendocrinology.* V. 29, 2004, p. 931-36.

11. Fisher, H. E. et al. "Defining the brain systems of lust, romantic attraction, and attachment". *Archives of Sexual Behavior.* V. 31, n. 5, 2002, p. 413-19; Fisher, H. Comunicação pessoal. 18 fev. 2005.

12. Bartels, A.; Zeki, S. "The neural basis of romantic love". *Neuroreport.* V. 11, n. 17, 2000,, p. 3829-33.

13. Kosfeld, M. et al. "Oxytocin increases trust in humans". *Nature.* V. 435, 2005, p. 673-76.

14. Wyatt, W. citado em "Imaging gender differences in sexual arousal". *Nature Neuroscience.* V. 7, n. 4, 2004, p. 325-26.

15. Hamann, S. et al. "Men and women differ in amygdala response to visual sexual stimuli". *Nature Neuroscience.* V. 7, n. 4, 2004, p. 411-16.

16. Fisher, H. E. et al. Op. cit.

17. Kimura, D. "Sex differences in the brain". Disponível em: <www.sciam.com/article.cfm?articleID=00018E9D-879D-1D06-8E49809EC588EEDF>. Acesso em: 23/6/2008.

18. Shaywitz, B. A. et al. "Sex differences in the functional organization of the brain for language". *Nature.* V. 373, 1995, p. 607-9.

19. The Kinsey Reports: *Sexual behavior in the human male.* Bloomington: Indiana University Press, 1948, reeditado em 1998, e *Sexual behavior in the human female.* Philadelphia: Saunders, 1953.

20. Ensaio de Leonardo da Vinci "The Penis" citado em S. Bramly. *Leonardo: The artist and the man.* Trans. S. Reynolds. Londres: Edward Burlingame Books, 1991.

21. Hurt, K. J. et al. "Akt-dependent phosphorylation of endothelial nitric-oxide synthase mediates penile erection". *Proceedings of the National Academy of Sciences.* V. 99, n. 6, 2002, p. 4061-66.

22. Truitt, W. A.; Coolen, L. M. "Identification of a potential ejaculation generator in the spinal cord". *Science.* V. 297, 2002, p. 1566-69.

23. Coolen, L. M. et al. "Activation of mu opioid receptors in the medial preoptic area following copulation in male rats". *Neuroscience.* V. 124, n. 1, 2003, p. 11-21.

24. Traish, A. M. et al. "Biochemical and physiologicalmechanisms of female genital sexual arousal". *Archives of Sexual Behavior.* V. 31, n. 5, 2002, p. 393-400.

25. Giorgi, M. et al. *Type 5 phosphodiesterase expression in the human vagina. Urology.* V. 60, 2002, p. 191-95.

26. Whipple, B.; Komisaruk, B. R. "Analgesia produced in women by genital self-stimulation". *Journal of Sex Research.* V. 24, n. 1, 1988, p. 130-40.

27. Brody, S. "Blood pressure reactivity to stress is better for people who recently had penile-vaginal intercourse than for people who had other or no sexual activity". *Biological Psychology.* V. 71, 2006, 2006, p. 214-22.

28. Komisaruk, B. R. et al. "Brain activation during vaginocervical self-stimulation and orgarsm in women with complete spinal cord injury: fMRI evidence of mediation by the vagus nerves". *Brain Research.* V. 1024, 2004, p. 77-88.

29. Dunn, K. et al. "Genetic influences on variation in female orgasmic function: a twin study". *Biology Letters.* Jun. 2005; edição *on-line*, DOI: 10.1098/rsbl.2005.0308.

30. Reading, P. J.; Will, R. G. "Unwelcome orgasms". *Lancet.* V. 350, 1997, p. 1746.

31. Changeux, J. P. *Neuronal man: the biology of the mind.* Princeton: Princeton University Press, 1997, p. 112-14.

32. Holstege, G. et al. "Brain activation during human male ejaculation". *Journal of Neuroscience.* V. 23, 2003, p. 9185-93; Georgiadis, J. R. et al. "Brain activation during female sexual orgasm". *Society of Neuroscience Abstracts.* V. 727, 2003, p. 31; Georgiadis, J. R. et al. "Deactivation of the amygdala during human male sexual behavior". Programa n. 727.6, encontro da Society for Neuroscience. New Orleans: 8-12 nov. 2003; Komisaruk, B. R.; Whipple, B. "Functional MRI of the brain during orgasm im women". *Annual Review of Sex Research.* V. 16, 2005, p. 62-86.

33. Smith, G. D. et al. "Sex and death: are they related? Findings from the Caerphilly cohort study". *British Medical Journal* 315, 1997, p. 1641-44; Ebrahim, S. et al. "Sexual intercourse and risk of ischaemic stroke and coronary heart disease: the Caerphilly study". *Journal of Epidemiology and Community Health.* V. 56,2002, p. 99-102.

34. Charetski, C. J.; Brennan, F. X. "Sexual frequency and immunoglobulin A (IgA)". Documento apresentado na reunião anual do Eastern Psychological Association. Providence, 1999.

35. Gallup, G. et al. "Does semen have antidepressant properties?". *Archives of Sexual Behavior.* V. 31, n. 3, 2002, p. 289-93.

36. Persaud, R. "Semen acts as an anti-depressant". *New Scientist.* 26 jun. 2002. Disponível em: <www.newscientist.com/article.ns?id=dn2457>. Acesso em: 23/6/2008.

11 OS ARES DA NOITE

Já são mais de 11 horas da noite, e você deveria estar se acomodando. Seu companheiro (ou sua companheira) dorme tranqüilamente. Mas você ainda está bem acordado, curtindo uma indigestão por causa de um enorme bife que comeu no jantar, talvez, ou arquejando devido a um ataque de asma ou por causa de um terrível resfriado.

Um padre italiano do século XVI, Sabba da Castiglione, preveniu seus seguidores sobre as "numerosas doenças que o ar da noite costuma gerar no corpo humano".[1] Porém, você sabe que seus males, sejam quais forem, não são causados pelo ar malévolo. Entretanto, é verdade que muitas enfermidades pioram à noite.[2] A febre aumenta. A irritação na pele pega fogo. A gota, as úlceras e a azia se intensificam.

Algumas das doenças que nos espreitam nas horas da escuridão são subprodutos dos mecanismos noturnos de proteção do corpo. Durante a noite, muitas das nossas defesas se enfraquecem ou são desligadas – a reação de regurgitação da garganta, por exemplo, e os pêlos que mantêm o trato respiratório limpo. Os mecanismos que atuam durante esse período de proteção diminuída, incluindo secreção ácida elevada e reações inflamatórias intensificadas, têm o potencial de causar a própria destruição, agravando todos os males, das úlceras até a psoríase. Os baixos níveis noturnos de adrenalina e cortisol (que, em geral, ajudam a manter as vias aéreas abertas durante o dia) tornam os ataques de asma noturnos centenas de vezes mais comuns.[3] Além disso, a noite alta traz uma mudança no funcionamento dos pulmões: os brônquios se tornam mais hiper-reativos, e os canais brônquicos que conduzem o ar para dentro e para fora dos pulmões diminuem seu diâmetro em cerca de 8%.[4] Para as pessoas saudáveis, essa constrição apresenta pouco problema. Contudo, para aqueles que sofrem com a asma, esse estreitamento pode reduzir de 25% a 60% o fluxo de ar nos pulmões, causando tosse, respiração difícil e falta de ar.

Talvez seu mal-estar seja um simples resfriado. Duas minúsculas esferas parecem ter se hospedado em suas narinas, obstruindo sua respiração. Sua garganta está inflamada e dolorida, por isso, está difícil engolir. Hoje mesmo, durante o dia, você se sentia bem, era uma pessoa saudável; agora, tudo indica, você é o miserável anfitrião de um germe apanhado em algum lugar, talvez em um elevador, ou de um filho que o trouxe da escola para casa.

A noite é o período em que a atividade das células imunológicas do corpo deveria estar no auge. Essas glândulas que incham em sua garganta estão cheias de florescentes populações de glóbulos brancos, conhecidas como linfócitos. Eles se multiplicam bem, mas seu completo florescimento contra esse invasor insidioso levará uma semana. No momento, eles não estão preparados para a luta e, assim, você tosse e arqueja pela noite adentro.

Em média, os adultos pegam de dois a quatro resfriados por ano; já as crianças, cerca de quatro a oito.[5] Pesquisadores calcularam cuidadosamente os prejuízos provocados por essas doenças: em um ano, os cerca de 500 milhões de casos de resfriado nos Estados Unidos são responsáveis por aproximadamente 400 milhões de dias perdidos no trabalho e na escola, e mais de 100 milhões de visitas aos consultórios médicos, em um custo anual total de até 40 bilhões de dólares.[6]

A propósito, o que é um resfriado? Como seu(sua) companheiro(a) resistiu ao germe que tanto aflige você? Por que um mesmo bicho provoca apenas uma irritação na garganta em uma pessoa e coloca outra na cama por uma semana?

A palavra resfriado tem origem popular e se refere ao frio, tomar friagem, resfriar-se. No século II d.C., o filósofo grego Celsus escreveu que o "inverno provoca dor de cabeça, tosse e todas as afecções que atacam a garganta, o tórax e os pulmões".[7]

A ciência moderna julgava a conexão frio-resfriado um completo mito – até recentemente. A convicção de que a temperatura ambiente tinha pouco a ver com a suscetibilidade à infecção surgiu de um estudo na década de 1950. Os cientistas persuadiram um grupo de mais de duzentos voluntários a se empoleirar em um grande frigorífico durante duas horas, enquanto um segundo grupo, igualmente grande, permanecia em uma sala a 15° C, apenas com as roupas íntimas; então, a multidão inteira de quatrocentas pessoas foi exposta a um vírus de resfriado.[8] O resultado: todos os voluntários contraíram o resfriado mais ou menos na mesma intensidade.

Uma década mais tarde, uma experiência semelhante foi realizada depois da descoberta da causa mais recorrente do resfriado comum, o rinovírus (do grego *rhinos*, nariz).[9] Os pesquisadores colocaram o rinovírus diretamente no nariz dos internos de uma prisão no Texas e, então, expuseram os indivíduos a um frio extremo. Condições como frio ou calor, presença ou ausência de roupas, cabelos molhados ou secos, nada afetou a taxa de contaminação, motivando os pesquisadores a recomendar que não eram necessários novos estudos.

Porém, a ciência não seguiu essa recomendação, e uma nova pesquisa veio oferecer algumas evidências para apoiar a velha sabedoria popular.[10] Em 2005, uma equipe do Centro de Estudos do Resfriado Comum, em Gales, sujeitou noventa voluntários saudáveis a um banho de água gelada; noventa outros participantes em um grupo de controle permaneceram secos. Em menos de uma semana, quase um terço do grupo submetido ao banho havia desenvolvido os sintomas do resfriado, comparados com menos de um décimo do grupo de controle. Qual a razão? Quando as pessoas estão com o corpo frio, sugerem os pesquisadores, os vasos sangüíneos do nariz se constringem, interrompendo o fornecimento de sangue para os glóbulos brancos que combatem a infecção. Entretanto, afirmam os céticos, os indivíduos "esfriados" não foram examinados para detectar a presença anterior de algum vírus de resfriado; seus sintomas da doença podem ter sido principalmente subjetivos.[11]

A tendência dos resfriados em florescer nos meses frios, como se observa, não está vinculada à temperatura, mas à umidade e ao comportamento humano, rebate Jack Gwaltney, professor emérito da Universidade da Virgínia e especialista em resfriado comum.[12] A sobrevivência do rinovírus depende de condições de umidade acima de 55%. Mais importante ainda: nos dias úmidos, as crianças são mantidas juntas dentro de berçários e escolas lotados, o que oferece um ambiente ideal para a procriação do vírus. As pessoas, não o clima, são o principal problema, afirma Gwaltney: "A melhor maneira de evitar um resfriado é viver como um eremita; a melhor maneira de contrair um é se expor a muitas crianças". Os jovens narizes são a fonte principal do vírus do resfriado. "Se seu filho pega um resfriado, e você não é imune àquele vírus", explica ele, "há uma chance de 40% de que você, também, sucumbirá".

Os vírus são organismos altamente contagiosos; pequenas doses de apenas uma partícula em trinta são suficientes para produzir uma contaminação.[13] E apenas um dia depois de ser contaminada, uma pessoa já pode transmitir o germe. O vírus do resfriado comum é muito contagioso nos três primeiros dias da doença, e suas partículas são eliminadas pelas secreções nasais por até três semanas. Essas partículas são surpreendentemente potentes e resistentes. Em um artigo intitulado "Rhinovirus transmission: one if by air, two if by hand" [A transmissão do rinovírus: um pelo ar, dois pela mão], Gwaltney e seus colegas relataram que os rinovírus sobrevivem e permanecem infecciosos nas superfícies – mãos, maçanetas, balcões, pias – e geralmente são transmitidos pela inserção do dedo no nariz.[14] Durante apenas dez segundos de exposição, o vírus na mão de uma pessoa contaminada é transferido para os dedos de um receptor em 70% das vezes.[15] Com freqüência, a infecção acontece quando as pessoas tocam um objeto contaminado ou os dedos de indivíduos infectados e, em seguida, tocam os próprios olhos ou nariz. A equipe descobriu que a transmissão poderia ser interrompida limpando-se as superfícies com desinfetante ou até mesmo aplicando iodo nos dedos.[16]

Uma vez alojado em seu nariz, o vírus do resfriado é absorvido por uma fina camada de muco que recobre as pequenas estruturas nasais chamadas turbinados. No prazo de dez ou quinze minutos, os pêlos que revestem os turbinados transferem o muco e sua bagagem para a parte posterior da garganta, onde eles são engolidos e, depois, destruídos no estômago. Entretanto, em certos casos infelizes, as partículas de vírus transportadas pelo muco são depositadas em suas adenóides – glândulas linfáticas localizadas acima do céu da boca e atrás do nariz, que abrigam células às quais o vírus pode imediatamente se atracar. Eis aí o foco daquela sensação áspera e dolorosa em sua garganta. Em princípio, as células adenóideas docilmente acolhem o vírus; porém, depois vem a tempestade. Leva aproximadamente de oito a doze horas para um rinovírus completar seu ciclo reprodutivo e dar origem a novos vírus. Logo em seguida, os sintomas do resfriado têm início.

Ah, esses sintomas.

Apesar da crença popular, aquela congestão nasal desagradável não é o resultado do muco, mas do inchaço dos turbinados causado pela dilatação dos vasos sangüíneos. Em geral, essas estruturas incham uma de cada vez em um ciclo de oito horas, mesmo quando você não está resfriado.[17] Ninguém sabe por quê, embora alguns cientistas acreditem que esse processo cíclico pode propiciar um descanso a uma das câmaras nasais, enquanto a outra realiza o trabalho de condicionar o ar. Durante um resfriado, contudo, os dois lados incham ao mesmo tempo, e a respiração se torna sufocante.

O nariz escorrendo de um resfriado é produto de um muco espesso produzido por células no revestimento do trato respiratório. Esse muco está suspenso em um fluido aquoso feito de plasma que escorre das junções nas células das paredes dos vasos sangüíneos que revestem o nariz. O plasma contém anticorpos e bradicinina – uma substância do sistema imunológico que estimula as fibras nervosas da dor no nariz e na garganta, causando desconforto.

Cuidado ao assoar o nariz, adverte Gwaltney: uma nova descoberta indica que assoar o nariz com força pode fazer mais mal do que bem, empurrando as secreções para os seios nasais, onde infecções bacterianas secundárias podem se desenvolver.[18]

Se o prurido mucoso irritar suficientemente as terminações nervosas em suas fossas nasais, um alarme pode soar no centro de espirros de seu cérebro.[19] Supostamente localizado no tronco cerebral, o centro de espirros coordena a atividade dos músculos do abdômen, tórax, diafragma, cordas vocais e garganta, que se contraem, fazendo a saliva voar de sua boca e ativando um fluxo nasal abundante para expulsar o invasor.

Por sua vez, a tosse é capaz de alcançar um poder ainda maior de expulsão.[20] Na maioria dos idiomas, a palavra para tosse é onomatopaica, imitando esse ato respiratório por vezes tão violento que pode romper os vasos sangüíneos: *husten, toux, cough.* Primeiro, verifica-se uma forte inspiração de ar, seguida por uma contração muscular no diafragma e no abdômen, enquanto as cordas vocais fecham a glote da laringe por uma fração de segundo. Então, quando a glote se reabre de repente, um rápido e poderoso fluxo de ar é exalado dos pulmões a uma velocidade de cerca de 800 quilômetros por hora, explodindo qualquer matéria estranha que necessite ser expelida.

Já considerado um simples reflexo, o ato de tossir é na realidade um mecanismo sutil.[21] No trato respiratório, da laringe aos pulmões, encontram-se receptores sensoriais que são ativados por agentes irritantes – muco, partículas de fumaça e substâncias do sistema imunológico. Esses receptores são uma espécie de "interruptor mestre" da tosse. Quando estimulados, eles disparam um sinal ao longo do nervo vago até o centro da tosse, na área da medula do tronco cerebral. (É nessa região que os princípios ativos de alguns medicamentos para a tosse – opiáceos como a codeína – exercem seu efeito calmante.)

Coriza, espirros, tosse.[22] Como afirma Gwaltney, nenhum desses sintomas do resfriado resulta de lesão direta causada pelo vírus ao organismo, mas da ação exacerbada – ou hiper-reação – do próprio sistema imunológico do corpo. Quando Gwaltney e seus colegas analisaram a biópsia das células do epitélio nasal durante um resfriado, eles não identificaram nenhum sinal de destruição ou lesão causadas pelo vírus. O rinovírus e outros organismos como ele provocam a doença estimulando o corpo a fazer coisas que são prejudiciais para suas próprias células e tecidos. Na realidade, observa Gwaltney, você pode criar um resfriado artificial totalmente desenvolvido no próprio corpo sem a participação de nenhum vírus. Aqui está a receita do pesquisador:

- Uma *pitada de histaminas* – para fazer o nariz escorrer, dilatar os vasos sangüíneos (causando aquela sensação de sufocamento) e estimular o reflexo do espirro. (Não é fácil provocar um espirro, alerta Gwaltney. Ele tentou fazer cócegas no nariz dos voluntários de sua pesquisa e ministrou-lhes uma pequena porção de pimenta; a única coisa que funcionou infalivelmente foi introduzir um pouco de histaminas direto no epitélio nasal.)

- Uma dose de *bradicininas* para estimular as fibras nervosas da dor de garganta.
- Algumas gotas de *prostaglandinas* para provocar uma boa tosse e também dor de cabeça.
- Uma borrifada de *interleucinas* para desenvolver o mal-estar.

Misture bem todos os ingredientes, inocule no nariz e espere.

Todos esses elementos são substâncias naturais que intermedeiam a reação inflamatória do corpo – a linha de frente da defesa contra lesões ou infecções no organismo. Um processo inflamatório pode ocorrer praticamente em qualquer lugar do corpo, na pele, causado por uma farpa, nas articulações (onde é chamado de artrite), no cérebro (encefalites) ou na membrana mucosa nasal (rinite). Infelizmente, no caso de um resfriado, toda essa intrépida atividade inflamatória não livra o corpo imediatamente de um vírus. Espirros e coriza podem ajudar a remover as impurezas do nariz, mas não as partículas do vírus; estas estão escondidas em segurança dentro das células do nariz, que, é claro, não vamos querer que sejam eliminadas. Uma vez ativadas, as reações inflamatórias tendem a ganhar impulso, produzindo grandes quantidades de muco em cerca de uma semana, antes que a infecção seja resolvida.

Seu companheiro ou sua companheira nem se mexeu na cama; você se detém por um instante e observa, com uma boa dose de inveja, aquela desimpedida e calma respiração. Vocês dois foram expostos à mesma festa, à mesma criança, à mesma cama e ao mesmo banheiro. Por que você é o feliz ganhador de um resfriado?

Dê uma boa olhada em sua vida. Talvez você seja mais vulnerável porque sofre de estresse crônico, que já foi relacionado a uma suscetibilidade maior a resfriados provocados por rinovírus.[23] Talvez você tenha uma carência de proteínas, de zinco ou de vitamina E, o que pode debilitar sua imunidade. Ou talvez seu sistema imunológico hiperzeloso deixe você mais predisposto a sofrer seus sintomas.

Como Gwaltney descobriu, nem todo mundo exposto a um vírus – ou mesmo contaminado por ele – vai experimentar os sintomas do resfriado.[24] Quando ele e sua equipe inocularam doses de rinovírus em um grande grupo de jovens adultos saudáveis, que não possuíam previamente nenhum anticorpo para esse vírus, quase todos eles foram infectados. Mesmo assim, apenas 75% desenvolveram os sintomas de um resfriado. O que exatamente ocorre no organismo de uma entre quatro pessoas que não sucumbe à doença permanece um enigma. "Existem certas pessoas que afirmam jamais ter contraído um refriado sequer", diz Gwaltney. "Minha esposa é uma delas. É uma coisa bem irritante. O corpo dessas pessoas pode não produzir as quantidades normais de mediadores inflamatórios. Se esse for o caso, há uma certa ironia aqui. Sabemos que os sintomas do resfriado são o resultado da reação inflamatória do corpo a um invasor estranho. Portanto, as pessoas que possuem um sistema imunológico mais ativo podem ser mais propensas a desenvolver os sintomas do resfriado do que as pessoas que apresentam uma reação imunológica menos potente."

Aparentemente, você faz parte do grupo "ativo", por isso é melhor procurar algum tratamento medicamentoso. No armário de seu banheiro, talvez você possa encontrar uma profusão de remédios contra os resfriados, cada um especificamente produzido para combater um determinado sintoma e não outro. Os descongestionantes reduzem o inchaço dos tecidos nasais, visando a aliviar a congestão nasal. Os anti-histamínicos suprimem os espirros agindo nos receptores de histamina no centro de espirros (onde eles também produzem sonolência).[25] O ibuprofeno ajuda a aliviar o mal-estar geral. Se em seu armário não houver nenhum medicamento contra a tosse, cuja venda é feita sem receita médica – supressores, emolientes e expectorantes que prometem acalmar a irritação e acabar com o catarro –, não perca seu tempo indo até a farmácia. Uma importante avaliação dos medicamentos para a tosse vendidos sem prescrição médica concluiu que há bem pouco que os recomende.[26]

Uma coisa é certa, seu armário de remédios não oferece nenhuma cura verdadeira para o resfriado comum; isso porque ela simplesmente não existe. A procura por uma já conduziu a muitos becos sem saída, embora poucas se comparem com a solução de Thomas Jefferson. Dizem que o grande presidente norte-americano havia aconselhado um amigo a evitar os resfriados fazendo o que ele fazia, ou seja, mergulhar os pés em água fria todas as manhãs. Um século mais tarde, um remédio popular para abortar um resfriado recomendava irrigar o nariz duas vezes por dia com água morna e bórax: "Não é necessário seringa; basta simplesmente imergir o nariz em uma bacia com água e induzir movimentos inspiratórios e expiratórios, prendendo o fôlego na epiglote, para que as fossas nasais sejam completamente irrigadas".[27] Existem vantagens no uso da seringa, do ponto de vista da limpeza. Porém, o tratamento não traz nenhum benefício comprovado, afirma Gwaltney, e pode oferecer riscos inerentes se o bórax estiver contaminado com bactérias.

Os esforços modernos para curar o resfriado comum se concentraram em certas pílulas mágicas que objetivam atingir um único sintoma, mas elas oferecem apenas um alívio parcial. Qualquer cura realmente efetiva, defende Gwaltney, deve atacar tanto o próprio vírus como seus sintomas. Por mais de uma década, Gwaltney tem trabalhado nessa combinação de tratamento antivirótico e antiinflamatório para o resfriado.[28] Uma dessas misturas combinando interferon e ibuprofeno que ele testou recentemente parece promissora: em um grande grupo de pessoas que contraíram um resfriado, a equipe contou e examinou os lenços de papel usados do segundo ao quinto dia da doença e descobriu que o grupo tratado com a terapia combinada havia reduzido dramaticamente a severidade dos espirros, obstrução nasal, dor de garganta, tosse, dor de cabeça e mal-estar; esse grupo também apresentou 71% menos coriza, reduzindo o uso de lenços de papel em mais da metade. Entretanto, o tratamento deve ser iniciado o quanto antes para garantir todos os seus benefícios.

Gwaltney e outros pesquisadores que estudam o resfriado passam muito tempo medindo e analisando o muco. Eles recolhem, contam e pesam os lenços usados para assoar o nariz, subtraindo do total o peso equivalente aos próprios lenços quando secos. "Não é um trabalho particularmente agradável", observa Gwaltney. Não obstante, a análise dos lenços encharcados já rendeu muita informação relevante, incluindo *insights* sobre a natureza circadiana dos sintomas do resfriado.

Demonstrou-se que o nariz segue seu próprio relógio. Gráficos mostram que espirros, congestão nasal, coriza e coceira no nariz, resultantes de um resfriado ou de alguma alergia, atingem seu ponto máximo pela manhã.[29] Voluntários contaminados com os vírus do resfriado e da gripe usam a maioria de seus lenços entre 8 e 11 horas da manhã (com pesados espirros por volta das 8), enquanto o menor número de lenços é utilizado entre 5 horas da tarde e 8 horas da noite. A freqüência da tosse, também, mostra um ritmo circadiano marcado, atingindo o pico entre o meio-dia e as 6 horas da tarde.[30] Provavelmente, a maioria das pessoas fracassaria se tivesse de responder a um questionário sobre o assunto. Eu mesma acreditava que a minha tosse era mais intensa à noite. Contudo, as pesquisas sugerem que as pessoas enganam-se ao estimar a freqüência da própria tosse; dados mais precisos somente podem ser recolhidos com a ajuda de um gravador.

Doenças de muitos tipos são afetadas pelos ritmos biológicos do corpo.[31] Como sugere Michael Smolensky, cronobiólogo da Universidade do Texas, as flutuações cotidianas de enfermidades como alergias, hipertensão, gota e asma podem ser tão distintas que os exames para sua detecção, se realizados na hora errada do dia, podem levar a falsos resultados. Para diagnosticar uma alergia, por exemplo, os médicos se baseiam sobretudo em testes que verificam a reação da pele a certas substâncias. Porém, como observa Smolensky, a reação da pele à histamina e aos alergênicos presentes na poeira comum e no pólen é mais pronunciada no fim da noite, logo antes da hora de dormir, quando poucos médicos costumam agendar uma consulta.[32] Por sua vez, a pressão sangüínea é mais alta durante a tarde, por isso os diagnósticos feitos de manhã podem subestimar a gravidade da hipertensão. Um paciente pode ser diagnosticado como normal por um médico que ele consultou pela manhã e considerado como hipertenso por outro especialista que o examinou à tarde.[33]

Se o ritmo for um fator tão importante para a doença como é para a saúde, os médicos deveriam prestar mais atenção à hora, não apenas para os exames diagnósticos, mas também para os tratamentos à base de drogas. Infelizmente, pesquisas indicam que muitos médicos ainda não estão convencidos de que os ritmos circadianos são um aspecto importante na doença ou na terapia.[34] Esse, sem dúvida, é um problema, afirmam os cronobiólogos, porque o corpo pode processar a mesma dose de uma droga de maneiras diferentes dependendo da hora do dia.

Embora as evidências diretas da modulação circadiana da ação de uma droga sejam raras, um estudo inovador realizado em 2006 mostrou que em ratos, pelo menos, o relógio circadiano dirige os ritmos nos genes que permitem ao corpo reagir a drogas e a outras substâncias estranhas.[35] Ratos com relógios normais eliminaram de seu organismo a droga pentobarbital muito mais rapidamente à noite do que durante o dia. Ratos que tiveram seus relógios manipulados apresentaram déficits severos na eliminação da droga de seus sistemas em todas as horas do dia. Eles também apresentaram efeitos colaterais mais tóxicos a dois agentes quimioterápicos.

As pesquisas em humanos sugerem efeitos circadianos semelhantes. Um estudo mostra que a anestesia usada em odontologia dura mais tempo se aplicada à tarde do que pela manhã: a lidocaína tomada entre 1 e 3 horas da tarde aliviou a dor de dente por três vezes mais tempo do que de manhã cedo.[36] Contudo, um relatório publicado em 2006 mostrou que pacientes que recebem anestesia para uma cirurgia durante a tarde sofrem mais dor e náusea pós-operatória do que aqueles que são anestesiados e operados pela manhã.[37] Isso pode resultar de erros na administração da anestesia em razão da fadiga do médico, porém isso também pode estar enraizado no modo como o corpo controla uma droga em particular em um momento particular do dia.

O ritmo no qual as drogas trabalham no organismo – a maneira como são absorvidas, metabolizadas e eliminadas – é determinado pelos ritmos circadianos em uma variedade de funções corporais. O sobe-e-desce diário dos diferentes hormônios afeta a absorção de uma droga. A natureza rítmica da atividade estomacal (esvaziando-se mais rapidamente de dia e mais lentamente à noite) significa que algumas drogas tomadas via oral antes de deitar podem chegar à circulação sangüínea mais lentamente. Os medicamentos tomados no fim do dia são em geral mais rapidamente eliminados pelo corpo porque uma temperatura corporal mais elevada acelera as reações químicas que o organismo usa para se desintoxicar de uma substância estranha. A oscilação desses efeitos conforme a hora do dia foi documentada para mais de cem drogas diferentes.[38]

O objetivo de controlar a hora adequada para a administração de um medicamento, diz o cronobiólogo Russell Foster, deve ser o de equilibrar o que o corpo faz à droga com o que a droga faz ao corpo.[39] Isso é especialmente verdade em relação às drogas para o tratamento do câncer, quando o controle do tempo pode significar a diferença entre a vida e a morte.

◎ ◎ ◎

Cerca de 25 anos atrás, minha mãe passou por tratamentos com radiação e quimioterapia por causa de um câncer cervical extremamente agressivo: ela foi diagnosticada em fevereiro e morreu em julho. Logo no início do tratamento, ela sofreu com náusea e perda do apetite. Procurei fazê-la comer oferecendo-lhe pequenas porções de seus pratos preferidos, uma boa lingüiça ou um queijo comprados na nova *delicatessen* perto de casa, até *brownies* com haxixe, que era conhecido por aliviar a náusea. Nada funcionava. Os desarranjos intestinais de minha mãe resultavam do efeito letal e altamente tóxico da quimioterapia nas células de seu trato gastrointestinal.

O objetivo do tratamento contra o câncer é matar as células do tumor sem matar as células normais. Muitas drogas anticâncer são elaboradas para destruir apenas as células que se dividem rapidamente.[40] Uma vez que as células cancerígenas se multiplicam a um ritmo mais rápido do que a maioria das células normais (a cada seis a doze horas, *versus* a cada 24 horas, respectivamente), elas são preferencialmente destruídas. Contudo, as drogas usadas pela quimioterapia são armas imprecisas. Elas atingem não apenas o alvo pretendido, mas também alguns observadores inocentes, ou seja, as células saudáveis do corpo que também se dividem depressa, como é o caso das células da medula óssea, dos folículos do cabelo e do revestimento da área digestiva. É isso o que causa os efeitos colaterais da terapia – anemia, perda de cabelo e transtornos gastrointestinais. A toxicidade dessas drogas limita a quantidade e a freqüência com que elas podem ser tomadas.

Francis Lévi acredita que o *momento* em que as pessoas recebem um tratamento anticâncer é, pelo menos, tão importante quanto *o que* elas recebem, determinando se o tratamento terá êxito ou será perigosamente tóxico.[41] Lévi, médico que estuda as interações circadianas com o câncer no Hospital Paul Brousse, perto de Paris, pertence a um grupo crescente de pesquisadores que acreditam que a hora é fundamental para o sucesso do tratamento contra o câncer.

A maioria dos pacientes de câncer ainda recebe a quimioterapia nas horas mais convenientes para os funcionários de um hospital. Porém, vários estudos feitos por Lévi e outros pesquisadores mostram que ministrar as drogas contra o câncer em certas horas do dia cuidadosamente escolhidas pode maximizar os efeitos terapêuticos, além de minimizar os efeitos colaterais.

A chave está em compreender as distintas horas em que a divisão celular ocorre tanto nas células cancerígenas como nas células normais. Tomemos como exemplo o linfoma. As células de certos tipos de linfoma tendem a se dividir entre 9 e 10 da noite, enquanto as células do intestino, por volta das 7 da manhã, e as da medula óssea, perto do meio-dia. William Hrushesky, pesquisador pioneiro de cronoterapia na Escola de Medicina da Universidade da Carolina do Sul, descobriu que as células do intestino proliferam 23 vezes mais durante o dia do que à noite.[42] Assim, um agente quimioterápico que é conhecido por danificar o intestino e a medula óssea poderia ser menos prejudicial – e mais eficiente contra as células do linfoma – se ministrado durante a noite.

Mais de duas décadas atrás, Hrushesky publicou um estudo sobre os horários de tratamento quimioterápico em 41 mulheres com câncer no ovário.[43] As mulheres tratadas em um dos horários desenvolveram apenas metade dos efeitos colaterais negativos sofridos pelas mulheres tratadas em outro horário. De acordo com Hrushesky, cada medida de toxicidade foi reduzida várias vezes dependendo da hora do dia em que as drogas foram ministradas. "Aquelas mulheres que receberam as drogas nas horas menos prejudiciais do dia também tiveram uma chance quatro vezes maior de sobreviver por cinco anos", diz Hrushesky. "Isso mostra que a suscetibilidade do câncer humano à quimioterapia depende da hora do dia em que essas drogas são recebidas".

Mais recentemente, Francis Lévi teve sucesso semelhante ao tratar um câncer colorretal avançado com uma droga chamada oxaliplatina.[44] Em um estudo, Lévi descobriu que quando a droga foi administrada em uma dose convencional e regular, o tumor foi reduzido em 30%; com a cronoterapia, em 51%. "Além disso", acrescenta Lévi, "a terapia mais eficiente também era a menos tóxica", com efeitos colaterais menos severos.

O quanto a prática de estabelecer cuidadosamente os horários para um tratamento contra o câncer tem sido aplicada pelos oncologistas? "Dez ou quinze anos atrás, a maioria das pessoas pensava que nós tínhamos vindo de um outro planeta", observa Lévi. "Agora, elas começaram a nos dar atenção, mas esse é um processo lento de aceitação".

A angústia de pensar se um tratamento de câncer com horários bem ajustados poderia ter salvado minha mãe – ou, pelo menos, aliviado seu sofrimento – me mantém muitas vezes acordada à noite, faça frio ou não.

É meia-noite, o fim oficial de mais um dia. Se você for como eu, daria qualquer coisa para deslizar até o cinzento mundo das sombras do sono. Nós gostamos dos limiares, mas não se passar por eles for demorado. Pense no sofrimento de Brick em *Gata em Teto de Zinco Quente* enquanto ele espera por aquele "clique" embalado pelo álcool que o conduz para o olvido; pense na espera intolerável da adolescência, como Theodore Roethke a chama, "um desejo por outro lugar e tempo, por uma outra condição"; pense no longo esforço para conseguir dormir. Em geral, durmo com facilidade assim que meu marido apaga a luz, como se houvesse um cabo ligando seu abajur ao meu cérebro. Porém, há noites em que as circunstâncias conspiram contra o sono: indigestão, um resfriado, ou apenas a mente voando em círculos como um inseto enlouquecido em torno da luz.

De fato, a ansiedade e o estresse estão entre as principais causas da dificuldade de adormecer que muitas pessoas têm. Existem medicamentos, é claro, incluindo uma geração inteiramente nova de soníferos "suaves". Porém, os especialistas afirmam que as pílulas para dormir, de qualquer espécie, desarranjam o sono normal. A melhor estratégia é uma boa "higiene do sono": ir para a cama sempre no mesmo horário, cobrir seu relógio, não se exercitar tarde da noite. A higiene do sono também pode ajudar a controlar a agitação mental e, talvez, a seguir o conselho do escritor inglês do século XVII, Robert Burton: "Ouça a doce Música... ou leia um bom Autor", na esperança de ter uma passagem rápida.

REFERÊNCIAS

1. Citado em Ekirch, A. R. *At day's close.* Nova York: Norton, 2005, p. 13.

2. A seguinte discussão sobre os aspectos circadianos das doenças vem de Smolensky, M. H.; Bing, M. L. "Chronobiology and chronotherapeutics in primary care". *Patient Care.* Clinical Focus supp., verão de 1997, p. 1-21; Smolensky, M. H. et al. "Medical chronobiology: concept and applications".

American Review of Respiratory Disease. V. 147, n. 6, parte 2, p. S2-19; SMOLENSKY, M. H.; LAMBERG, L. *The body clock guide to better health.* Nova York: Holt, 2000; FOSTER, R.; KREITZMAN, L. *Rhythms of life.* Londres: Profile Books, 2004, p. 212 f; BJARNASON, G. A.; JORDAN, R. "Rhythms in human gastrointestinal mucosa and skin". *Chronobiology International.* V. 19, n. 1, 2002, p. 129-40.

3. FOSTER, R.; KREITZMAN, L. Op. cit., p. 224; MARTIN, R. J. "Small airway and alveolar tissue changes in nocturnal asthma". *American Journal of Respiratory and Critical Care Medicine.* V. 157, n. 5, 1998, p. S188-90.

4. MARTIN, R. J. Op. cit.

5. HAYDEN, F. "Introduction: emerging importance of the rhinovirus". *American Journal of Medicine.* V. 112, n. 6A, 2002, p. 1s-3s; J. GWALTNEY, M. "Rhinoviruses". In: EVANS, A. S.; KASLOW, R. A. *Viral infection of humans: epidemiology and control.* 4. ed. Nova York: Plenum Press, 1997, p. 815-38.

6. FENDRICK, A. M. "The economic burd of non-influenza-related viral respiratory tract infection in the United States". *Archives of Internal Medicine.* V. 163, n. 4, 2003, p. 487-94.

7. CELSUS. *De Medicina.* V. 2. SPENCER, W. G. Londres: W. Heinemann, 1938, p. 91.

8. DOWLING, H. F. et al. "Transmission of the common cold to volunteers under controlled conditions". *American Journal of Hygiene.* V. 68, 1958, p. 659-65.

9. DOUGLAS, R. G. et al. "Exposure to cold environment and rhinovirus common cold: failure to demonstrate effect". *New England Jounal of Medicine.* V. 279, 1968, p. 742-47.

10. JOHNSON, C.; ECCLES, R. "Acute cooling of the feet and the onset of common cold symptoms". *Family Practice.* V. 22, n. 6, 2005, p. 608-13.

11. HENDLEY, J. O. Comunicação pessoal. Fev. 2007.

12. A discussão que segue sobre resfriados e vírus de resfriado vêm de uma entrevista com GWALTNEY, J. M. 8 mar. 2004; GWALTNEY, J. M. "Viral respiratory infection therapy: historical perspectives and current trials". *American Journal of Medicine.* V. 112, n. 6A, 2002, p. 33s-41s.

13. Gwaltney, J. M. "Clinical significance and pathogenesis of viral respiratory infections". *American Journal of Medicine.* V. 112, n. 6A, 2002, p. 13s-18s; Harris, J. M.; Gwaltney, J. M. "Incubation periods of experimental rhinovirus infection and illness". *Clinical Infectious Diseases.* V. 23, 1996, p. 1287-90.

14. Gwaltney, J. M.; Hendley, J. O. "Rhinovirus transmission: one if by air, two if by hand". *American Journal of Epidemiology.* V. 107, 1978, p. 357-61.

15. Gwaltney, J. M. et al. "Hand-to-hand transmission of rhinovirus colds". *Annals of Internal Medicine.* V. 88, n. 4, 1978, p. 463-67.

16. Gwaltney, J. M. "Transmission of experimental rhinovirus infection by contaminated surfaces". *American Journal of Epidemiology.* V. 116, n. 5, 1982, p. 828-33; Monto, A. "Epidemiology of viral respiratory infections". *American Journal of Medicine.* V. 112, n. 6A, 2002, p. 4s-12s.

17. Proctor, D.; Andersen, I. *The Nose: Upper Airway Physiology and the Atmospheric Environment.* Nova York: Elsevier BiomedicalPress, 1982, p. 203.

18. Gwaltney, J. M. et al. "Nose blowing propels nasal fluid into the paranasal sinuses". *Clinical Infectious Diseases.* V. 30, 2000, p. 387-91.

19. Suranyi, L. "Localization of the 'sneeze center'". *Neurology.* V. 57, n. 1, 2001, p. 161.

20. Irwin, R. S. et al. "Managing cough as a defense mechanism and a symptom: a consensus panel report of the American College of Chest Physician". *Chest.* V. 114, supp. 2, 1998, p. 133s-81s. Disponível em: <www.chestjournal.org/cgi/reprint/114/2/133S.pdf>. Acesso em: 23/6/2008.

21. Mazzone, S. B. "An overview of the sensory receptors regulating cough". *Cough.* V. 1, n. 2, DOI: 10.1186/1745-9974-1-2, 2005; Widdicombe, J. G. "Afferent receptors in the airways and cough". *Respiratory Physiology.* V. 114, 1998, p. 5-15; Mazzone, S. B. "Sensory regulation of the cough reflex". *Pulmonary Pharmacology and Therapy.* V. 17, 2004, p. 361-68.

22. A seguinte discussão é de uma entrevista com Gwaltney, J. M. 8 mar. 2004; Winther, B. et al. Viral-induced rhinits. *American Journal of Rhinology.* V. 12, n. 1, 1998, p. 17-20.

23. Cohen, S. et al. "Types of stressors that increase susceptibility to the common cold in healthy adults". *Health Psychology.* V. 17, n. 3, 1998, p. 214-23; Gwaltney, J. M.; Hayden, F. G. "Psychological stress and common cold". *New England Journal of Medicine.* V. 325, 1992, p. 644.

24. Gwaltney, J. M. "Clinical significance and pathogenesis of viral respiratory infections". *American Journal of Medicine.* V. 112, n. 6A, 2002, 13s-18s.

25. Muether, P. S.; Gwaltney, J. M. "Variant effect of first – and second – generation antihistamines as clues ti their mechanism of action on the sneeze reflex in the common cold". *Clinical Infectious Diseases.* V. 33, 2001, n. 1483-88.

26. Schroeder, K.; Fahey, T. "Systematic review of randomised controlled trials of over the counter cough medicines for acute cough in adults". *British Medical Journal.* V. 324, 2002, p. 329.

27. *Scientific American.* Mar. 1895. Citado em *Scientific American.* Mai. 1995, p. 10.

28. Gwaltney, J. M. et al. "Combined antiviral-antimediator treatment for the common cold". *Journal of Infectious Diseases.* V. 186, 2002, p. 147-54; Gwaltney, J. M. "Viral respiratory infection therapy: historical perspectives and current trials". *American Jounal of Medicine.* V. 112, n. 6A, 2002, 33s-41s.

29. Grant, A. C.; Roter, E. P. "Circadian sneezing". *Neurology.* V. 44, n. 3, 1994, p. 369-75.

30. Kuhn, J. et al. "Antitussive effect of guaifenesin in young adults with natural colds". *Chest.* V. 82, n. 6, 1982, p. 713-18.

31. Smolensky, M. H. et al. "Medical chronobiology: concepts and applications". *American Review of Respiratory Disease.* V. 147, n. 6, parte 2, 1993, p. S2-S19; Smolensky, M. H.; Lamberg, L. *The body clock guide to better health*; Foster, R.; Kreitzman, L. *Rhythms of Life.* P. 212 f.

32. Smolensky, M. H. et al. Op. cit.

33. Watanabe, Y. et al. "Thousands of blood pressure and heart rate measurements at fixed clock hours may mislead". *Neuroendocrinology Letters.* V. 24, n. 5, 2003, p. 339-40.

34. Smolensky, M. H. "Knowledge and attitudes of American physicians and public about medical chronobiology and chronotherapeutics. Findings of two 1996 Gallup surveys". *Chronobioligy International.* V. 15, 1998, p. 377-94; Foster, R.; Kreitzman, L. Op. cit. p. 226.

35. Green, C. B.; Takahashi, J. S. "Xenobiotic metabolism in the fourth dimension: PARtners in time". *Cell Metabolism.* V. 4, n. 1, 2006, p. 3-4; Green, C. B. Comunicação pessoal, out. 2006.

36. Reinberg, A.; Reinberg, M. "Circadian changes of the duration of action of local anaesthetic agents". *Naunyn-Schmiedeberg's Archives of Pharmacology.* V. 297, 1977, p. 149-59.

37. Wright, M. C. et al. "Time of day effects on the incidence of anesthetic adverse events". *Quality and Safety in Health Care.* V. 15, n. 4, 2006, p. 258-63.

38. Bjarnason, G. A. et al. "Circadian variation in the expression of cell-cycle proteins in human oral epithelium". *American Journal of Pathology.* V. 154, 1999, p. 613-22.

39. Foster, R.; Kreitzman, L. Op. cit., p. 215.

40. Smolensky, M. H.; Lamberg, L. Op. cit., p. 227-29; Bjarnason, G. A.; Jordan, R. "Rhythms in human gastrointestinal mucosa and skin". *Chronobiology International.* V. 19, n. 1, 2002, p. 129-40; . Foster, R.; Kreitzman, L. Op. cit., p. 216-19.

41. A discussão que segue referente ao trabalho de Lévi vem de "Circadian interactions with câncer". Apresentado no encontro anual da Society for Research on Biological Rhythms, Amélia Island, Flórida, 2002; Mormont, M. C.; Lévi, F. "Cancer chronotherapy: principles, applications, and perspectives". *Cancer.* V. 98, n. 4, 2003, p. 881-82.

42. Buchi, K. et al. "Circadian rhythm of cellular proliferation in the human rectal mucosa". *Gastroenterology.* V. 101, 1991, p. 410-15.

43. Hrushesky, W. "Circadian timing of cancer chemotherapy". *Science.* V. 228, 1985, p. 73-75. Resultados semelhantes foram encontrados em pesquisas feitas com crianças portadoras de leucemia. Em uma experiência envolvendo 118 crianças com leucemia aguda, aquelas que receberam medicamento ao entardecer ou à noite apresentaram três vezes mais tendência a uma re-

gressão do câncer do que aquelas medicadas de manhã; Rivard, G. E. et al. "Circadian time-dependent response of childhood lymphoblastic leukemia to chemotherapy: a long-term follow-up study of survival". *Chronobiology International.* V. 10, 1993, p. 201-4.

44. Lévi, F. et al. "Chronotherapy of colorectal cancer metastases". *Hepato-gastroenterology.* V. 48, 2001, p. 320-22.

12

O SONO

Os italianos a chamam *dormiveglia*; os alemães, *einschlafen*. Porém, a língua inglesa não possui uma única palavra, realmente expressiva, que descreva a passagem da vigília para o sono.* Eu não sei por que isso é assim. Talvez isso espelhe o valor que a nossa cultura atribui aos seus momentos de maior importância.

"A fraternidade do sono é a mais imbecil do mundo", disse o escritor Vladimir Nabokov, "com os deveres mais pesados e os rituais mais grosseiros".[1] Como perdemos completamente a consciência quando dormimos, durante séculos se pensou que o sono desligava o cérebro. Dormir era como um tipo de suspensão passiva da atividade mental, um período de ausência e de trevas – uma idéia que perdurou pelo século XX adentro.

Hoje, sabemos que o sono é uma viagem extraordinária com cinco fases que se repetem ciclicamente ao longo de toda a noite. Estas

* Em português, uma das definições da palavra "sonolência" é justamente a "transição entre o sono e a vigília;" também a palavra "adormecer", com a acepção de "pegar ou cair no sono", pode ser empregada nesse sentido (Fonte: *Novo Dicionário Aurélio – Século XXI*, de Aurélio Buarque de Holanda Ferreira). (N. T.)

consistem de estados bastante variados que envolvem mudanças nas ondas cerebrais, temperatura do corpo e bioquímica, na atividade perceptiva e motora voluntária, bem como nos pensamentos e no nível de consciência. Embora a profundidade e a qualidade da viagem possam diferir de pessoa para pessoa e de idade para idade, seu padrão é mais ou menos o mesmo: quatro ou cinco ciclos, cada um com uma duração aproximada de uma hora e meia, alternando entre o sono profundo calmo e o sono REM (movimentos rápidos dos olhos) ativo.

O cérebro não está exatamente "ausente" durante toda essa viagem, diz Jerry Siegel, pesquisador do sono na Universidade da Califórnia em Los Angeles.[2] "O cérebro ativamente coloca a si mesmo para dormir e, depois, auto-ativa-se durante o sono. Os neurônios ligam-se e desligam-se no sono; o que muda é seu padrão global de atividade." Enquanto algumas áreas do cérebro podem aquietar-se quando comparadas com sua atividade diurna, outras estão plenamente ativas. Mesmo durante o sono profundo, "quando a consciência pode estar totalmente obliterada", observa J. Allan Hobson, da Escola de Medicina de Harvard, "o cérebro ainda permanece aproximadamente 80% ativado e, portanto, capaz de manter um vigoroso e elaborado processamento de informações".[3]

Mesmo depois da descoberta da natureza cíclica do sono, permaneceu a crença de que dormir era principalmente a interrupção de funções; seu propósito seria curar a sonolência. Somente agora estamos acordando para sua espantosa complexidade e para a multiplicidade de maneiras com que ele afeta o corpo e a mente. Para manter a boa saúde, diz William Dement, o sono pode ser mais importante do que a dieta, os exercícios físicos e até a hereditariedade.[4]

Às vezes, quando não consigo dormir, pulo da cama e perambulo até o quarto da minha filha. Como é bem difícil examinar meu próprio sono, observar o dela é bastante esclarecedor. Uma das mãos repousa em seu rosto. A respiração é leve, mas regular. Embora o quarto esteja quente, ela está aninhada debaixo das cobertas porque a temperatura de seu corpo está em declínio.

Será que o sono acerca-se dela como uma raposa que avança devagar, cuidadosa e furtiva? Até recentemente, a ciência descrevia o adormecer como uma lenta diminuição do estado de vigília ao longo de vários minutos, enquanto o cérebro passava de 100% acordado para 100% adormecido. Agora, afinal de contas, parece que cair no sono não é um processo gradual, mas sim um salto súbito, uma rápida mudança neural do estado de consciência do mundo exterior para uma quase completa cegueira sensorial.

Como se descobriu, essa mudança é acionada por um interruptor do sono no hipotálamo do cérebro.[5] Constantin von Economo, neurologista austríaco, foi o primeiro a identificar a região do cérebro onde o interruptor se localiza ao estudar pacientes com encefalite letárgica, uma doença infecciosa em que o indivíduo apresenta apatia e sonolência, que varreu a Europa e a América do Norte na década de 1920.[6] A maioria dos pacientes de Economo dormia excessivamente, vinte horas ou mais por dia. Ele descobriu que essas pessoas apresentavam lesões no hipotálamo.

Recentemente, os cientistas conseguiram descrever com precisão o interruptor do sono como um núcleo de neurônios que trabalham juntos para desligar o circuito de vigília do cérebro.[7] É o que um engenheiro elétrico chamaria de um circuito *flip-flop*, explica o neurologista Clifford Saper, da Escola de Medicina de Harvard, ou seja, que tem dois estados estáveis e passa de um para o outro ao receber um sinal apropriado. Tais circuitos são projetados para produzir "estados distintos com transições súbitas, evitando estados transitórios", diz Saper. "Esse modelo de circuito pode explicar por que as transições entre despertar e dormir, com freqüência, são relativamente abruptas (a pessoa 'cai' no sono e, de repente, acorda)." As pessoas que sofrem de narcolepsia se comportam como se seus interruptores estivessem desestabilizados, facilmente cochilando durante o dia e acordando mais vezes à noite.

As células nesse núcleo interruptor são sensíveis a fatores ambientais como o calor, o que pode explicar por que um banho morno ou um dia quente causam sonolência. Porém, os cientistas suspeitam que o interruptor é principalmente dirigido por aqueles mesmos dois mecanismos que interagem durante a estagnação da tarde: a pressão homeostática para o sono e o sistema circadiano de vigília.[8] Durante a noite, o sistema circadiano envia um sinal tão potente de alerta que gera uma "zona de manutenção da vigília" entre as 6 e as 9 horas da noite, quando é difícil conseguir dormir, mesmo depois de uma privação severa de sono – exceto no caso das cotovias radicais. As pessoas dormem melhor se forem para a cama duas ou três horas depois dessa zona, quando a pressão para o sono é realmente intensa. Nesse período, o sistema circadiano de vigília começou seu caminho descendente em direção à noite, e o relógio mestre do corpo já enviou uma mensagem à glândula pineal para aumentar a produção de melatonina, que informa ao nosso corpo que está escuro, que é hora de dormir.

Quando o sono tomou conta da minha filha, seus músculos esqueléticos relaxaram e seu panda de pelúcia favorito, que ela segurava entre as mãos, caiu no chão.[9] Se ela tivesse na cabeça os eletrodos que os laboratórios do sono usam para registrar a atividade elétrica do cérebro, o delicado traçado inscrito no papel registraria nesse momento uma mudança das ondas alfa do estado de sonolência, semelhantes aos dentes regulares de um pente, para as ondas teta de baixa freqüência do meio-sono ou do início do sono.

Às vezes, nessa fase inicial do sono, a peculiar sensação de flutuar ou de cair que uma pessoa pode experimentar enquanto adormece é interrompida por um breve espasmo conhecido como puxão hipnal ou reflexo mioclônico – uma contração muscular rápida e involuntária de braços, pernas e, às vezes, do corpo todo – que a faz acordar com um sobressalto. Esse fenômeno é mais freqüente em adultos do que em crianças, e mais comum em pessoas que estão nervosas ou extremamente cansadas. Alguns biólogos evolutivos acreditam que esse espasmo pode ser um reflexo que os nossos antepassados arborícolas nos legaram – útil para impedir que eles caíssem de um galho enquanto dormiam.

Mesmo no meio-sono da fase 1, minha filha não me ouviria murmurar "boa noite", nem sentiria o cheiro convidativo das batatas assadas do jantar. Sua capacidade de perceber os sinais do mundo exterior se reduziu a zero. Entretanto, a sua mente pode vagar dos pensamentos tidos durante a vigília – as novas palavras que ela aprendeu ou a iminente visita da avó – para pensamentos do tipo associativo e, então, para imagens que mudam rapidamente, as chamadas alucinações hipnagógicas, que saltam de assunto em assunto e de uma perspectiva para outra. Se eu a tocasse de leve nesse momento para despertá-la e lhe perguntasse se ela havia adormecido, provavelmente ela negaria.

Isso não aconteceria alguns minutos mais tarde. À medida que seu sono se aprofunda, no princípio um polígrafo saltaria com os picos efêmeros de sono (pequenas explosões de atividade registradas no eletroencefalograma) e com os chamados complexos K da fase 2 do sono, depois mudaria para as ondas delta mais longas da fase 3 e, finalmente, para as sincronizadas e lentas ondas oceânicas da fase 4 do sono profundo. Os neurônios de seu cérebro, que funcionam individualmente quando ela está acordada, começam a disparar em sincronia, produzindo essas grandes e lentas ondas.

Nessa fase, eu teria de sacudi-la energicamente para fazê-la despertar. Agora, sua respiração está lenta e regular; seus músculos estão flácidos. A glândula pituitária pode ter começado a liberar ondas de hormônios essenciais, incluindo os hormônios gonádicos, importantes no desenvolvimento dos órgãos sexuais, além dos hormônios do crescimento, que estimulam as células a se dividir e se multiplicar. Grande parte do crescimento de seus ossos pode acontecer justamente nesse momento. Quando os cientistas implantaram minúsculos sensores nas tíbias de cordeiros e mediram o comprimento do osso a cada três minutos durante três semanas, eles descobriram que 90% do crescimento ocorria quando os cordeiros dormiam ou estavam deitados em repouso.[10]

Essa fase do sono profundo pode durar de trinta a 45 minutos antes que os sinais do sono mais leve reapareçam. A duração dos estágios de sono profundo em qualquer indivíduo pode ser afetada pelos genes. Quando pesquisadores suíços estudaram um determinado gene que regula a adenosina em um grupo de mais de cem estudantes voluntários, eles descobriram que 10% dos estudantes que apresentavam uma mutação no gene amealharam trinta minutos extras de sono profundo e disseram acordar menos freqüentemente do que os estudantes sem a mutação.[11]

As fases do sono são como mergulhar em águas cada vez mais profundas. Se eu observar minha pequena mergulhadora por um bom tempo, posso vê-la reaparecer na superfície de repente. É quando ela troca de posição, ficando de bruços ou de lado. Sua respiração e ritmo cardíaco se aceleram como se ela estivesse em pleno movimento ou experimentando emoções. As células se ativam na região motora de seu cérebro, mas um sistema complexo de neurotransmissores impede que esses sinais cerebrais alcancem e ativem de fato os seus músculos esqueléticos; ao contrário, esses músculos se tornam tão completamente relaxados que eles estão virtualmente paralisados.[12] Menos os músculos de seus olhos, que se movimentam energicamente sob as pálpebras. Embora possa parecer estranho, o controle de seu cérebro sobre os processos fisiológicos essenciais diminui, inclusive a manutenção da temperatura do corpo e dos níveis adequados de gases no sangue. Um polígrafo revelaria a ocorrência de ondas teta irregulares, pontuadas com pequenas explosões de ondas alfa e beta, enquanto os neurônios dão início a uma grande atividade, como se estivessem no período de vigília.

Esse é o sono REM, um estado estranho que, de certa maneira, assemelha-se mais ao estado de vigília do que ao sono. Durante os cinco ou dez minutos seguintes, o corpo da minha filha permanece inerte ali, mas sua mente está fora em uma singular aventura, vendo e ouvindo coisas que não estão ali. Cerca de um quarto de uma noite de repouso é ocupado pelo sono REM, por quatro ou cinco períodos em uma noite, com uma duração que vai de cerca de dez minutos, no início da noite, a meia hora quando o amanhecer se aproxima. Essa é a fase dos sonhos intensos. Se eu sacudir o ombro de minha filha nesse momento e lhe perguntar o que se passava por sua mente, ela poderia descrever um sonho em que voava ou navegava por um rio de tinta.

Todo mundo sonha, afirma J. Allan Hobson; qualquer impressão contrária deve-se provavelmente a uma falha de memória.[13] Nós sonhamos tanto na fase do sono REM como no sono não-REM, mas os sonhos da fase não-REM tendem a ser curtos, fragmentados e insensatos. Por sua vez, o sono REM hospeda o tipo de devaneio delirante caracterizado por estranhas e vívidas alucinações, pensamentos ilógicos, emoções e confabulações.

Os recentes avanços nos estudos com imagem nos ofereceram um quadro incrivelmente claro do lugar onde a atividade onírica acontece – ou seja, quais regiões do cérebro estão ligadas e quais desligadas.[14] As regiões do córtex pré-frontal, responsáveis pela memória de trabalho, atenção e volição, estão em silêncio. Os sistemas neurotransmissores necessários para essas funções durante o estado de vigília – especificamente a serotonina, a histamina e a noradrenalina – estão simplesmente inoperantes durante o sono REM, explica Jerry Siegel; com eles, a compreensão, a racionalização e a noção lógica do tempo. Em plena atividade estão as regiões corticais, essenciais para o processamento espaço-visual, incluindo o hipocampo, o centro dedicado ao senso de lugar e direção.[15] Isso pode contribuir para a aparente "navegação virtual" própria do sonhar. Também ativos estão a amígdala e o sistema límbico, ambos importantes para os sentimentos de raiva, ansiedade, alegria e medo que tão freqüentemente acompanham uma história de sonho.

Ao contrário de minha filha, cujos sonhos – pelo menos aqueles dos quais ela se lembra – são quase todos meigos, eu costumava ter pesadelos nefastos e horríveis quando era criança. Tore Nielsen, do Laboratório do Sonho e do Pesadelo, do Hôpital du Sacré-Coeur, em Montreal, acredita que, em alguns casos, os pesadelos podem surgir de transtornos no ritmo circadiano – da atividade REM que está com a fase avançada (isto é, ocorre mais cedo no ciclo do que o normal), uma hipótese que merece estudos, diz ele.[16]

Em sua pesquisa sobre os sonhos, Nielsen descobriu que, em geral, as mulheres têm mais pesadelos do que os homens.[17] Em um grupo de mais de mil estudantes universitários, as mulheres relataram ter dois pesadelos por mês (os homens, aproximadamente um e meio) e uma prevalência mais alta de sonhos em que o medo é tema recorrente. "Essa diferença de gênero é bastante forte", observa Nielsen, "aparecendo logo no início da adolescência e de presença constante até a velhice. O conteúdo perturbador dos sonhos pode ser uma função da biologia feminina – por exemplo, as flutuações hormonais mensais – ou pode dever-se a influências socioculturais que afetam as mulheres de maneira diferenciada, como experiências traumáticas, depressão e transtornos do sono".[18]

O pesadelo de infância de que eu me lembro melhor se passava em uma casa rosa-claro perto da minha casa. O homem e a mulher que viviam ali pairavam em uma sacada que se estendia por sobre a calçada onde minha mãe se encontrava, quando percebeu que o casal a chamava pelo nome. Quando minha mãe olhou para cima, eles jogaram sabão nos olhos dela, uma correnteza de pó branco cegante. Eu tentava gritar, mas o som nunca saía da minha boca. E quando eu tentava ir em seu socorro, descobria que todos os meus músculos estavam paralisados (como de fato estavam, no sono REM). Eu acordava de estalo e ficava ali deitada, imobilizada, com o coração batendo violentamente. Era só um sonho, eu dizia a mim mesma. Porém, eu não conseguia apagar da minha mente a imagem de minha mãe ali desamparada e cega, por isso, para me tranqüilizar, eu ía até o quarto dela para vê-la dormir serenamente.

Esse sonho era vívido e vividamente é lembrado. Por que tantos outros se esvaíram? Por muitas manhãs acordei apenas com os vestígios de um sonho enterrados bem fundo ou dispersos como ossos em uma ruína antiga. Seus resíduos permanecem, mas a história do sonho se perde. "Os sonhos da fase REM tendem a ser esquecidos se forem seguidos por prolongados períodos de sono não-REM", explica Allan Rechtschaffen, diretor aposentado do Laboratório de Pesquisa do Sono da Universidade de Chicago.[19] Os sonhos de que nos lembramos são aqueles que surgem no período final do sono REM do qual despertamos.

Em média, sonhamos por um período que vai de uma hora e meia a duas horas por noite, divididas em quatro ou cinco sonhos distintos. Se alcançarmos a idade de 75 anos, teremos passado aproximadamente seis anos da nossa vida sonhando vividamente, com um total de cerca de 100 mil a 200 mil sonhos.

Agora mesmo eu poderia ter um breve devaneio. De volta para a cama, o relógio marca 0h38 da madrugada. O cansaço trava uma batalha com a tensão; meu físico, exausto das atividades do dia, clama por um bom sono, mas minha mente está alerta, vigilante. Os exercícios nem sempre levam a uma boa noite de repouso, mas tendem a melhorar os padrões de sono para os insones (pelo menos, tanto quanto os remédios para dormir, de acordo com alguns estudos) e até mesmo para os que dormem bem, aumentando modestamente a duração e a profundidade do sono.[20] Alguns cientistas acreditam que o impacto positivo dos exercícios físicos no sono pode ser intensificado pela exposição à luz que em geral os acompanha. Uma dose diária de luz natural forte tem mostrado efeitos não apenas antidepressivos, como também indutores do sono. Em geral, os adultos sedentários têm aproximadamente vinte minutos de exposição diária à luz natural, enquanto as pessoas que se exercitam têm cerca de três vezes mais do que isso.

Outra alternativa é tomar um cálice de bebida alcoólica para ajudar a adormecer, mas a prática não é recomendada. Embora um drinque antes de deitar possa, de início, provocar uma certa sonolência, tão logo o álcool seja processado pelo corpo, seu efeito será estimulante, interrompendo o sono mais tarde durante a noite. Recentemente, os pesquisadores estudaram as possíveis razões para isso.[21] O álcool afeta o tálamo, uma região do cérebro responsável pelos ritmos dormir-acordar e pelas ondas que ocorrem durante a fase 2 do sono. Tão sensível é o tálamo, afirmam os pesquisadores, que apenas uma ou duas doses são suficientes para produzir um sono mais leve no meio da noite ou até mesmo levar a um estado de completa vigília.

Tenho certeza de que conseguirei conciliar o sono em algum momento. Não sou como os insones incuráveis para quem a noite não é uma descida certa rumo ao oblívio, mas antes uma planície de desesperada vigília. Além do mais, eu tenho muitos compromissos no dia seguinte para me dar ao luxo de perder uma só hora de descanso.

Perder o sono nem sempre parece ser um *castigo*. Certa vez, quando eu dormia em uma cabana nas montanhas de New Hampshire, o barulho de algum animal noturno me fez despertar. Então, eu me esgueirei até a extremidade da plataforma de madeira e ali me deitei no saco de dormir para observar a lua crescente lentamente deslizar pelo céu. A noite estava cheia de estrelas, de orvalho e de perfumes estranhos e, assim, as horas se passaram, suavemente, com gradativas alterações de temperatura e luminosidade. Eu me senti energizada, maravilhada e feliz por permanecer acordada a noite inteira e, assim, poder testemunhar sua passagem.

Porém, eu era jovem na época. Hoje, sou mãe e uma profissional preocupada com meu sono. Assim, o que devo fazer? Tensão e ansiedade deixam o sono escapar. E então?

O sono é o alívio para o suor do trabalho, a cura suave da natureza, o bálsamo das mentes aflitas. É a fraternidade imbecil de Nabokov ou a coisa suave do poeta inglês S. T. Coleridge, cantado em verso e prosa por muitos. O número de metáforas usadas para descrever o sono é quase igual ao número de teorias sobre o que ele *faz*. Nas últimas décadas, fizemos excelentes progressos em compreender a fisiologia e a arquitetura neural do sono, mas seu propósito permanece um dilema biológico de primeira ordem. Qual poderia ser a vantagem de um processo tão complicado e perigoso como desligar nossos sistemas sensoriais e paralisar nossos músculos, colocando o nosso organismo em risco durante um terço de nossas horas todos os dias? Não seria bem melhor estarmos sempre prontos, bastando levantar e sair?

"Se o sono não serve a uma função absolutamente vital", observou certa vez Allan Rechtschaffen, "então, ele é o maior erro que o processo evolutivo já cometeu".[22]

Entretanto, essa função vital tem perversamente escapado aos pesquisadores. Um dos métodos mais comuns usados pela ciência para revelar o funcionamento de um órgão ou um determinado comportamento é removê-lo. Assim, Rechtschaffen e seus colegas da Universidade de Chicago realizaram uma famosa série de experiências mostrando que ratos privados do sono comem mais do que o habitual, mas ainda assim perdem peso e duplicam o gasto de energia. Além disso, os animais perdem o controle sobre a temperatura corporal e desenvolvem feridas nas patas e nas caudas, que não curam. Depois de aproximadamente duas semanas e meia, eles morrem – mais rapidamente do que se totalmente privados de comida.

Por razões óbvias, nenhuma experiência como essa foi realizada com seres humanos. Contudo, em 1965, o aluno do segundo grau Randy Gardner decidiu ficar sem dormir durante 264 horas para bater o recorde mundial como parte de um projeto para a Feira de Ciências de San Diego. Depois de onze dias de vigília contínua, Gardner não sofreu nenhuma psicose e nenhum problema médico sério, mas mostrou déficits de concentração, motivação e percepção – como mostra William Dement, que o observou.[23] Dement começou a passar as noites na casa de Gardner a partir do segundo dia da experiência para se certificar de que o jovem ficaria acordado e para monitorar sua saúde física e mental. No quinto dia da própria vigília, Dement dirigiu na contramão e quase colidiu com um carro da polícia.

Esses casos de privação de sono são extremos, é claro. "Uma outra experiência de longo prazo e de grandes proporções sobre os efeitos da privação do sono encontra-se atualmente em andamento na cultura contemporânea", diz Charles Czeisler.[24] Em 2005, uma pesquisa conduzida pela Fundação Nacional do Sono, dos Estados Unidos, descobriu que aproximadamente 40% dos americanos dormem menos de sete horas por noite durante a semana de trabalho.[25] Isso é uma ou duas horas a menos de sono do que as pessoas dormiam cinqüenta anos atrás. Além disso, uma em cada seis pessoas disseram dormir menos de seis horas por noite – uma significativa redução no sono que pode trazer sérias conseqüências.

Vamos considerar o caso da minha amiga Harri, uma mulher vibrante em seus 50 e poucos anos de idade, professora de leitura. Em uma manhã de primavera, Harri acordou com uma amnésia profunda. Ela simplesmente não conseguia se lembrar de nada do que havia feito ou dito na noite anterior. Ela se lembrava de ter feito o jantar e de ter sentado com a família para comer, mas as horas que se seguiram ao jantar eram um espaço em branco.

Harri não bebe, não fuma nem consome nenhuma droga e se considera com boa saúde. O lapso de memória assustou-a um pouco, mas ela atribuiu o evento ao estresse. Porém, isso voltou a acontecer; depois, mais duas vezes em uma semana. Uma noite, quando seu filho ligou da faculdade, ela falou com ele longamente, mas na manhã seguinte não tinha nenhuma lembrança da conversa. Mais tarde, seu filho lhe contou que ela havia sido tão apática ao telefone que ele havia gritado: "*Chame o papai!*".

Finalmente, Harri resolveu consultar uma neurologista. "Eu só queria saber que eu não tinha nenhum tumor cerebral", disse ela. "Eu acreditava que seria capaz de lidar com qualquer outra coisa." Em princípio, a médica suspeitou de epilepsia, mas uma bateria de eletroencefalogramas e outros exames deram resultados normais. Então, ela começou a investigar os hábitos de sono de Harri. Desde quando Harri podia se lembrar, ela dormia apenas cinco horas por noite. "Não é que eu não estivesse cansada", disse ela. "Eu só pensava que deveria me esforçar o quanto podia, roubando duas ou três horas extras para trabalhar."

Eu posso entender a tentação. Ao permanecer acordada apenas mais uma hora por dia durante, digamos, setenta anos, uma pessoa poderia acrescentar à sua vida 25.550 horas de leitura. Contudo, enganar o sono tem um preço. O resultado da falta acumulada de sono de Harri, disse-lhe a médica, era um estado patológico de sonambulismo. Depois do jantar, seu cérebro cochilava enquanto o corpo continuava a realizar as atividades da noite.

Seguir o tratamento foi simples: dormir pelo menos sete horas por dia. É o que Harri faz agora, religiosamente, e seus episódios de amnésia desapareceram.

Sono "em demasia entorpece os espíritos", escreveu Robert Burton em seu *Anatomy of melancholy* [Anatomia da melancolia, de 1621], "enche a cabeça de desagradáveis humores; causa destilações, reumas, grande estoque de excrementos no cérebro e em todas as outras partes". Apenas uma década atrás, eminentes pesquisadores do campo do sono dedicavam-se ativamente a convencer as pessoas de que elas não precisavam dormir muito para dormir bem.[26] A idéia era de que apenas um "núcleo" de quatro ou cinco horas de sono era necessário e suficiente; as três ou quatro horas remanescentes que passávamos na cama eram opcionais, um luxo ou uma barreira contra futuras sobrecargas fisiológicas, mas desnecessárias para o bom funcionamento do cérebro. As horas excedentes de sono eram como os quilos a mais de gordura corporal que carregamos como uma proteção anacrônica contra os tempos de escassez e fome; em nosso modo de viver atual, simplesmente não precisamos mais deles.

Mais recentemente, os cientistas reverteram inequivocamente essa convicção. Embora o número ideal de horas de sono ainda esteja em discussão, cada vez mais evidências indicam que, para a maioria das pessoas, esse número ótimo está entre sete e oito horas; menos de seis simplesmente não é o bastante.[27] David Dinges e seus colegas da Universidade da Pensilvânia descobriram que as pessoas que dormiram menos de seis horas por noite durante duas semanas mostraram uma queda no desempenho cognitivo equivalente a duas noites de privação total de sono.[28] Embora os indivíduos que dormiram menos tivessem se sentido apenas um pouco sonolentos, eles tiveram resultados insatisfatórios em quase todos os testes de agilidade, atenção, coordenação e tarefas cognitivas. Por sua vez, aqueles que dormiram apenas quatro horas por noite durante as mesmas duas semanas tiveram lapsos importantes como os da minha amiga Harri, quando simplesmente deixaram de reagir a um estímulo.

Outros estudos relataram que, em termos de efeitos sedativos e de prejuízos no desempenho, perder duas horas de sono das regulares oito é equivalente a beber duas ou três cervejas; já perder quatro horas é como beber cinco cervejas; e perder uma noite inteira de sono é como enxugar dez.[29]

Às vezes, podemos compensar a falta de sono. A sensação de sonolência pode ser neutralizada pelos sinais de alerta do nosso relógio circadiano e por estímulos de excitação, interesse ou estresse. Alguns estudos sugerem que a perda de sono pode de fato aumentar a atividade em partes do córtex normalmente não envolvidas em uma determinada tarefa, sugerindo que o cérebro é capaz de chamar reforços para combater os efeitos entorpecentes da falta de sono.

Entretanto, há limites. "Com uma noite maldormida, algumas pessoas não sentem muito impacto", diz Czeisler. "Porém, todo mundo sofre depois de uma ou duas semanas porque os efeitos são cumulativos. Uma semana de sono reduzido leva a um nível de prejuízos equivalente a 24 horas consecutivas de vigília. Duas semanas equivalem a 48 horas."[30]

Com uma insônia prolongada, é freqüente as pessoas passarem a sofrer de microssonos, aqueles episódios de sono de três a dez segundos de duração que ocorrem durante o período de vigília. Quando você está dirigindo por uma estrada a cem quilômetros por hora, é tempo suficiente para sair da pista centenas de metros.[31] A Secretaria Nacional de Estradas de Rodagem e Segurança do Tráfego dos Estados Unidos calcula que a sonolência dos motoristas aumenta em pelo menos quatro vezes o risco de um acidente ou de um quase-acidente, e ainda que a sonolência é responsável por pelo menos 100 mil acidentes e 1.500 mortes todos os anos no país.[32]

A sonolência é considerada a principal causa de acidentes em virtualmente todas as formas de transporte, superando o álcool e as drogas. Como William Dement esclarece, a maioria das pessoas não sabe que a falta de sono, e não o álcool, foi um fator determinante que levou o *Exxon Valdez* ao desastre em 1989, derramando milhões de litros de óleo cru.[33] O oficial no controle do navio-petroleiro trabalhava na ocasião com apenas seis horas de sono ao longo de dois dias – não o suficiente para manter uma pessoa alerta, de acordo com o Conselho Nacional de Segurança dos Transportes dos Estados Unidos. Esse também foi o caso da tragédia de 2002 em Webbers Falls, em Oklahoma, quando uma barcaça atingiu uma ponte de uma rodovia interestadual, matando quatorze pessoas, e ainda o caso da explosão do ônibus espacial *Challenger*. Na noite anterior ao lançamento do *Challenger*, os gerentes da Nasa, a agência espacial norte-americana, haviam dormido menos de duas horas. O relatório sobre o desastre sugeriu que a falta de sono pode ter prejudicado o julgamento dos profissionais a respeito de lançar o foguete, apesar das temperaturas estarem muito baixas para permitir que os anéis de vedação funcionassem corretamente.[34]

Como os especialistas poderiam estar tão equivocados no passado sobre os efeitos cognitivos devastadores da falta de sono acumulada? Em parte, porque os cientistas se basearam nas sensações de sonolência subjetivas relatadas pelos próprios indivíduos, em vez de realizarem testes de desempenho objetivos, explica Czeisler.[35] Somos péssimos juízes da nossa própria sonolência e de seu impacto no funcionamento do nosso corpo. Tendemos a não reconhecer os sinais de fadiga severa nem perceber o efeito que ela traz ao modo como ouvimos, lemos, calculamos, falamos, operamos máquinas ou dirigimos. "Além disso, a maioria das pessoas", acrescenta Czeisler, "já esqueceu como é realmente se sentir acordada".

Os estragos ocasionados pela falta de sono vão muito além do funcionamento da mente. Eve Van Cauter, pesquisadora do sono na Universidade de Chicago, descobriu que restringir o sono a quatro ou menos horas por noites sucessivas resulta em alterações distribuídas por todo o corpo, incluindo algumas que causam doenças e que se parecem com as marcas do envelhecimento.

Com o objetivo de verificar a crença popular de que a perda de sono aumenta as chances de uma pessoa adoecer, Van Cauter examinou o efeito da falta de sono na reação imunológica do corpo à vacinação.[36] Ela e sua equipe administraram vacinas contra a gripe em um grupo de 25 voluntários que haviam dormido apenas quatro horas por noite durante seis noites. Dez dias depois da vacinação, a reação de seus anticorpos se mostrou menos da metade do que a reação das pessoas que haviam dormido normalmente.

Van Cauter também descobriu que a perda de sono prejudica a capacidade do corpo de realizar processos metabólicos básicos, como regular o açúcar no sangue e os níveis hormonais, gerando alterações que muito se assemelham aos efeitos do envelhecimento.[37] Depois de várias noites dormindo menos do que o necessário, um grupo de onze rapazes esbeltos e saudáveis começou a mostrar dificuldades no processamento do açúcar no sangue, causando uma condição semelhante ao diabetes em seu estágio inicial. A capacidade da insulina de reagir à glicose havia se reduzido em um terço, e o organismo deles levava 40% mais tempo que o normal para regular o açúcar no sangue após uma refeição rica em carboidratos. Os rapazes também mostraram níveis altos de cortisol durante a noite, justamente quando se espera que o hormônio diminua. Esse pico de cortisol fora de hora – um fator de risco para a hipertensão – é típico de muitas pessoas mais velhas. Em alguns indivíduos, a falta severa de sono fez o corpo de um jovem de 18 anos de idade parecer o de um muito mais velho.

Em sua maioria, as pessoas sabem por experiência própria que, quando estão cansadas em razão do pouco sono, tendem a comer mais. Van Cauter e sua equipe descobriram uma explicação: a falta de sono reduz o estoque de leptina do corpo, o hormônio que sinaliza a saciedade e regula o equilíbrio de energia. Ela e sua equipe relataram que indivíduos cujo sono foi limitado a quatro horas por noite apresentaram 18% menos leptina no sangue e 28% mostraram níveis mais elevados de grelina, o "hormônio da fome", do que as pessoas que dormiram sete ou oito horas por noite.[38] Eles também sentiram mais fome e tiveram mais apetite por alimentos ricos em carboidratos e calorias, como bolos e pães. O corpo parece reagir à perda de algumas horas de sono da mesma maneira que reage a um déficit de cerca de mil calorias – informando aos seus sistemas para reduzir o metabolismo, depositar mais gordura e aumentar o apetite, particularmente por alimentos ricos em calorias.

De fato, Van Cauter acredita que a epidemia de falta de sono em nossa sociedade pode ser responsável pela epidemia de obesidade. Realmente, em 2005, os pesquisadores mostraram que a obesidade está firmemente correlacionada ao tempo de sono.[39] A pesquisa com 9.500 pessoas de todos os Estados Unidos, com idades entre 32 e 49 anos, revelou que os indivíduos que dormiam cinco horas por noite eram 60% mais propensos a se tornar obesos do que aqueles que dormiam sete horas ou mais.

Outro estudo sobre os hábitos de sono e o peso de 68 mil mulheres durante um período de dezesseis anos foi publicado em 2006.[40] Como as mulheres do estudo anterior, aqui também aquelas que dormiam cinco horas ou menos eram mais propensas a engordar com o passar do tempo do que outras que dormiam sete horas – porém, não porque elas comiam mais ou se exercitavam menos. Na realidade, em média, as carentes de sono no estudo consumiam menos calorias e mostravam basicamente o mesmo nível de atividade física. O culpado, na verdade, poderia ser uma taxa metabólica menor ou uma reduzida termogênese das atividades não relacionadas aos exercícios – os movimentos NEAT que vimos anteriormente neste livro – que pode ocorrer devido à falta de sono.

Se você dormir, terá menos tempo para trabalhar e se divertir. Se você não dormir, perderá a capacidade de se concentrar, reagir rapidamente e combater infecções. Você também ficará mais suscetível a um maior risco de desenvolver diabetes e obesidade, pressão alta e problemas cardíacos.

São preocupações suficientes para manter qualquer um acordado a noite inteira.

Entretanto, como diz Allan Rechtschaffen, "os efeitos da privação de sono por si só não revelarão a função do sono".[41] Dizer que o sono é necessário para permanecermos alertas, despertos e saudáveis é inadequado, afirma Rechtschaffen. "Mal começamos a ter a compreensão necessária sobre a fisiologia do sono para podermos prevenir os efeitos de sua privação. Por acaso ficaríamos satisfeitos se chegássemos à conclusão de que a função de comer serviria para prevenir um aumento do apetite? Precisamos saber muito mais."

Algumas pistas surgiram de fontes inesperadas: a girafa e os soricídeos, por exemplo. Jerry Siegel e outros pesquisadores investigaram o sono de dúzias de espécies em busca de seu propósito.[42] Todos os animais dormem, diz Siegel. Existe, por exemplo, o sono de certos pássaros que mantêm um olho aberto para vigiar as redondezas enquanto cochilam. No caso dos golfinhos, o cérebro adormece metade de cada vez, o que lhes permite nadar e controlar a respiração voluntariamente, ao mesmo tempo em que têm um sono repousante. Primeiro, um hemisfério dorme por algumas horas, depois o outro, até que o golfinho satisfaça as suas necessidades de sono.

Ao examinar o sono animal, Siegel descobriu alguns padrões inesperados: "A quantidade de tempo que um animal dorme e o tempo de duração do sono REM variam enormemente nas diferentes espécies de animais", observa ele, "mesmo entre espécies da mesma ordem". Isso é surpreendente, porque espécies relacionadas normalmente têm estrutura cerebral e DNA semelhantes e, assim, esperava-se que os seus hábitos de sono também fossem similares. Contudo, existem algumas regras gerais: os herbívoros, que precisam comer o dia todo para satisfazer as suas necessidades, têm sonos mais curtos; os carnívoros, que conseguem uma refeição em um só bote fatal, dormem mais tempo. Os humanos onívoros ficam no meio. Para Siegel, a maneira com que a natureza adaptou o sono às condições de vida de um organismo sugere que a principal função do sono pode ser ajudar uma criatura a explorar seu nicho ecológico específico.

Sejam quais forem as funções que ocorrem durante o sono, explica Siegel, elas podem ter migrado para o período de 24 horas porque é eficiente realizá-las nesse tempo. Uma dessas tarefas é o reparo de lesões metabólicas durante o estado de vigília. "A duração do sono está relacionada ao tamanho do corpo", explica Siegel. "Quanto maior o animal, mais breve o sono." As girafas e os elefantes dormem de duas a quatro horas por dia; os tatus e os gambás, aproximadamente dezoito horas. Siegel acredita que os longos períodos de sono estão relacionados de alguma maneira à alta taxa metabólica dos animais pequenos, que gera mais lesões celulares, requerendo assim mais dos benefícios restauradores de dormir.

A restauração realizada durante o sono pode ser especialmente importante para o cérebro. Dormir pode oferecer ao cérebro a oportunidade de se restaurar e de realizar alguns "serviços domésticos", como reabastecer o estoque de proteínas e fortalecer as sinapses, explica Siegel. Para realizar essas tarefas, o cérebro precisa se desligar, de maneira que a atividade metabólica dos neurônios não atrapalhe.

A temperatura cerebral mais baixa e a taxa metabólica reduzida que acompanham o sono profundo podem permitir às enzimas restaurar e rejuvenescer as células de modo mais eficaz.

A maioria dos cientistas acredita que o sono tem mais do que uma função e que o sono REM e o não-REM desempenham diferentes e importantes papéis no funcionamento do corpo. Os seres humanos e os animais privados de um ou de outro tipo de sono irão compensar mais tarde essa carência. Quanto mais privadas de sono as pessoas forem, mais rapidamente elas mergulharão no sono não-REM profundo. Se forem privadas apenas do sono REM, elas penetrarão quase que imediatamente no REM mais intenso do que o normal, com movimentos de olhos mais freqüentes.

Siegel suspeita que a chave para o trabalho do sono REM pode estar nos sistemas de células cerebrais que estão desligados durante esse estado do sono.[43] Dois sistemas de neurotransmissores que são suspensos durante o sono REM, a noradrenalina e a serotonina, estão normalmente ativos durante a vigília, possibilitando a movimentação do corpo e elevando a consciência sensorial. Para Siegel, a paralisação desses sistemas mantém sua sensibilidade e seu funcionamento estável durante o dia. Isso pode explicar o efeito estimulante da privação do sono REM no humor de pessoas com depressão. Privar o cérebro desse tipo de sono – ou seja, permitir que os sistemas de serotonina e noradrenalina continuem a produzir essas substâncias – aumenta a quantidade de serotonina disponível para as células. Esse é o mesmo princípio de funcionamento de certas drogas antidepressivas, como Prozac e Zoloft.

Outra escola de pensamento sugere um papel mais revolucionário para o sono REM: quase literalmente formar a mente.

A primeira vez que observei o sono REM foi enquanto segurava nos braços a minha filha ainda bebê. Quase imediatamente após adormecer, eu podia ver os movimentos de seus olhos saltando sob as pálpebras. Os bebês normalmente passam quatro vezes mais tempo no sono REM do que os adultos, aproximadamente oito horas diariamente. "Realmente, a maioria dos animais nascidos imaturos dorme muito e tem um tempo total de REM mais alto no nascimento e ao longo da vida", afirma Siegel.

Por quê? Uma teoria sustenta que o sono REM ajuda a estabelecer as conexões cérebrais durante períodos cruciais de desenvolvimento. A idéia é a seguinte: no nascimento, o cérebro possui muito mais neurônios do que precisa. À medida que amadurece na infância, o cérebro corta as células e conexões redundantes no córtex para fortalecer as redes fundamentais. As células que estão inativas são eliminadas. O cérebro dos bebês, como o dos adultos, precisa de períodos de sono profundo e tranqüilo para sua própria recuperação e restauração. Porém, esse sono desativa as células cerebrais. Assim, prossegue a teoria, o sono REM entra em ação para manter os neurônios das redes essenciais ativos na mente do bebê que repousa, para que eles não sejam eliminados.[44]

Então, por que o sono REM permanece durante a fase adulta?

Temos de descobrir.

Quando eu estava no colégio, havia a moda de estudar enquanto dormíamos, ouvindo informações gravadas sobre fatos e personalidades. Acreditava-se que, como em um passe de mágica, todo esse conteúdo ficaria impregnado em nosso cérebro dormente bem a tempo das provas na manhã seguinte. Chamado de *sleep learning* (aprenda dormindo) – método de obter novos conhecimentos enquanto dormimos –, foi o foco de investigações durante décadas. Na década de 1940, um cientista relatou ter eliminado o hábito de roer unhas de quase um terço dos meninos em um acampamento de verão influenciando-os milhares de vezes enquanto eles dormiam no decorrer de oito semanas. Mais recentemente, um grupo de pesquisadores finlandeses afirmou ter ensinado recém-nascidos humanos a dintinguir os sons de vogais semelhantes enquanto eles eram rapidamente adormecidos, o que sugeriu aos cientistas que "essa rota para a aprendizagem pode ser mais eficiente em recém-nascidos do que em adultos".[45]

Contudo, a maioria dos cientistas concorda que a aprendizagem durante o sono – ou seja, ativamente adquirir novos conhecimentos – é provavelmente impossível. Com certeza, as tentativas de ensinar a adultos adormecidos um novo vocabulário, idiomas estrangeiros ou listas de itens falharam estrondosamente. Todavia, existem evidências que sustentam a idéia de que o sono – REM, de ondas lentas ou ambos – pode ser essencial para uma aprendizagem efetiva e para a formação da memória após a ocorrência de um fato: o cérebro adormecido processa, organiza e guarda informações que ele recolhe durante o período em que está acordado.

"A maioria das pessoas sabe que precisamos de uma boa noite de sono para estar em boa forma e, assim, podermos aprender uma tarefa ou fazer uma prova", diz Charles Czeisler. "O que muitos não percebem é que o sono que dormimos à noite *após* aprender a tarefa é essencial para aprendê-la bem, para consolidar a memória daquela tarefa."

Robert Stickgold e seus colegas de Harvard recentemente demonstraram que o sono da noite posterior ao aprendizado de uma tarefa visual ou uma habilidade motora era essencial para melhorar o desempenho.[46] As pessoas a quem se ensinou a tarefa visual não conseguiram melhorar seu desempenho além de um certo nível sem antes "consultar o travesseiro". Aquelas a quem se ensinou a tarefa motora mostraram 20% de aumento na velocidade depois de uma noite de sono, enquanto um período equivalente de tempo que passaram acordadas não lhes trouxe nenhum benefício.

Alguns anos atrás, cientistas descobriram que as mesmas regiões do cérebro ativadas enquanto as pessoas aprendiam uma tarefa eram novamente ativadas durante o sono REM.[47] É o chamado fenômeno da repetição. Um estudo recente mostrou que a região exata do hipocampo que se ativou durante o aprendizado de uma tarefa espacial – encontrar o caminho em uma cidade virtual – era novamente ativada durante o sono de ondas lentas.[48]

Talvez o sono permita ao cérebro revisar as conexões neurais feitas durante o dia.[49] Ou talvez ele sirva para restabelecer a força dessas conexões, restaurando a homeóstase do cérebro, observa o neurobiólogo Giulio Tononi. Em 2004, Tononi e seus colegas informaram ter descoberto que regiões específicas do cérebro usadas durante o dia no aprendizado de uma tarefa mostravam uma atividade de ondas lentas durante a noite.[50] A equipe pediu a voluntários que executassem uma tarefa que exigia uma complicada coordenação entre mãos e olhos antes que fossem dormir. A tarefa é conhecida por requerer atividade de uma região particular do córtex parietal direito do cérebro. Depois de treinar, os indivíduos dormiram enquanto sua atividade cerebral era monitorada por meio de imagens de MRI e de leituras de eletroencefalograma captadas de 256 eletrodos colocados em sua cabeça. Os resultados mostraram que durante o sono após o treinamento, a atividade de ondas lentas aumentou somente naquela região que se esperava ser ativada pela tarefa. Além disso, quanto mais profundamente essas regiões cerebrais dormiram, mais o indivíduo melhorou a execução da tarefa no dia seguinte.

A nova descoberta de que mais gosto sugere que o sono pode não apenas descansar o nosso cérebro ou reforçar o que aprendemos, mas também ajudar a gerar novos *insights*. Uma equipe conduzida por Ullrich Wagner, da Universidade de Lübeck, na Alemanha, recolheu evidências experimentais de que o sono não consolida apenas as memórias recentes; alterando a maneira como a memória é estruturada no cérebro, o sono também pode estimular o pensamento inovador e as soluções criativas para problemas difíceis.[51]

Em 2004, a equipe de Wagner decidiu investigar a teoria da criatividade testando o desempenho de indivíduos em uma tarefa desafiadora de lógica. Os indivíduos foram instruídos para transformar uma série de seqüências de oito dígitos em novas seqüências usando duas regras para relacionar os dígitos e, então, deduzir o mais rapidamente possível o último número na nova seqüência. Porém, eles não foram informados sobre uma terceira regra escondida, que era um atalho rápido para a resposta. Os indivíduos foram treinados na tarefa e testados, então, houve uma pausa de oito horas antes de serem reexaminados. Um grupo dormiu durante a pausa; o outro permaneceu acordado. Entre os que dormiram, 60% descobriram o atalho – mais do que o dobro daqueles que ficaram acordados. O uso da regra escondida não poderia ter se originado da prática, concluiu Wagner, mas deve ter surgido durante o sono, quando os elementos da tarefa aprendida no treinamento foram reorganizados. Durante o sono, enquanto o nosso cérebro transforma as nossas memórias recentes em permanentes, ele as reorganiza; esse rearranjo da memória favorece o aparecimento de novos *insights*.

Portanto, diz Wagner, a melhor maneira de lidar com um problema pode ser ponderá-lo antes de ir para a cama e, depois, consultar o travesseiro.

A história da literatura registra numerosos casos de *insight* que emergiram durante ou logo após o sono.[52] Dizem que o poema "Kubla Khan" apareceu para Coleridge em um sonho. O escritor britânico Robert Louis Stevenson alegou ter sonhado cenas importantes de seu livro *O estranho caso do Dr. Jekyll e do Sr. Hyde.*[53] "Há muito tempo eu vinha tentando escrever uma história [...] sobre aquela forte sensação de um homem e seu duplo ser", escreveu ele. "Durante dois dias, continuei a atormentar meu cérebro em busca de um enredo de qualquer tipo; e, na segunda noite, sonhei com a cena na janela e com uma cena após a transformação, na qual Hyde, procurado por algum crime, toma a poção e sofre a mudança na presença de seus perseguidores."

A ciência também contabiliza histórias de descobertas que surgiram de estados sonolentos.[54] O químico russo Dmitri Mendeleev sonhou com uma tabela periódica em que todos os elementos encontravam seu próprio lugar. Sonhos originais em duas noites consecutivas ajudaram o farmacologista Otto Loewi a divisar os experimentos que revelariam a transmissão química dos impulsos nervosos. Uma noite, o grande químico Friedrich August Kekulé meditava sobre a misteriosa estrutura dos compostos aromáticos, como o benzeno, que são encontrados em óleos e especiarias fragrantes. Então, ele virou a poltrona para a lareira e cochilou. "Os átomos saltitavam diante dos meus olhos", escreveu ele. "Longas fileiras [...] todas entrelaçadas e se movimentando como uma serpente. Mas, olhe! O que foi isso? Uma das serpentes havia agarrado o próprio rabo e a forma girou zombeteira diante dos meus olhos." Ali, no sonho de um anel, estava a solução da estrutura do benzeno.

Alguns colocariam em dúvida essas histórias de descobertas por meio do sono ou dos sonhos, argumentando que os momentos de heureca! originaram-se não no sono, mas naquele estado de sonolência, de *dormiveglia*, quando a mente consciente ainda está em funcionamento – ou, no caso de Coleridge, em um estupor induzido pelo ópio. Porém, a possibilidade de que os sonhos poderiam estimular o pensamento criativo faz sentido para mim. Eu me lembro daquele sonho que tive uma década atrás, em que eu mergulhava de cabeça em uma poça de lama, um devaneio que resolveu minhas dúvidas sobre fazer um curso de medicina. Às vezes, diante de uma decisão difícil, o pensamento racional, a enumeração de prós e contras, simplesmente não funciona. Consultar o travesseiro funciona de fato, talvez criando uma espécie de ensaio prático de vários enredos e cenários e testando a nossa reação emocional a eles. Ou talvez relacionando elementos diferentes que jamais pensaríamos em combinar quando estamos acordados. Ou talvez apenas nos dando um descanso da nossa mente racional.

REFERÊNCIAS

1. Nabokov, V. *Speak, memory*. Nova York: Vintage, 1989, p. 108.

2. O material a seguir sobre sono é de Siegel, J. M. "The phylogeny of sleep". Apresentado na reunião anual da Society for Research on Biological Rhythms, Ilha Amélia, Flórida, 2002 (posteriormente, reunião SRBR, 2002); comunicação pessoal com Siegel, J. M. 15 fev. 2005; Siegel, J. M. "Clues to the functions of mammalian sleep". *Nature*. V. 437, 2005, p. 1264-71.

3. Hobson, J. A. "Sleep is of the brain, by the brain, and for the brain". *Nature*. V. 437, 2005, p. 1254.

4. Dement, W. C.; Vaughan, C. *The promise of sleep*. Nova York: Dell, 2000.

5. Citações de Saper referindo-se ao interruptor do sono são de Saper, C. B. "Hypothalamic regulation of sleep and circadian rhythms". *Nature*. V. 437, 2005, p. 1257-63.

6. Economo, C. von. "Sleep as a problem of localization". *Journal of Nervous and Mental Disorders*. V. 71, p. 249-59, 1930.

7. Saper, C. B. Op. cit.

8. Colwell, C. S.; Michel, S. "Sleep and circadian rhythms: do sleep centers talk back to the clock?". *Nature Neuroscience*. V. 6, n. 10, 2003, p. 1005-6; Deboer, T. et al. "Sleep states alter activity of suprachiasmatic nucleus neurons". *Nature Neuroscience*. V. 6, n. 10, 2003, p. 1086-90; Dijk, D. J.; Czeisler, C. A. "Contribution of the circadian pacemaker and the sleep homeostat to sleep propensity, sleep structure, electroencephalographic slow waves, and sleep spindle activity in humans". *Journal of Neuroscience*. V. 15, 1995, p. 3526-38.

9. As descrições que seguem sobre desenhos dos estágios do sono são de Dement, W. C.; Vaughan, C. Op. cit., p. 18-22; Lavie, P. *The enchanted world*

of sleep. New Haven: Yale University Press, 1996, p. 26 f; Siegel, J. M. "Why wee sleep". *Scientific American.* Nov. 2003, p. 92-97.

10. Noonan, K. J. "Growing pains: are they due to increased growth during recumbency as documented in a lamb model?". *Journal of Pediatric Orthopaedics.* V. 24, n. 6, 2004.

11. Rétey, J. V. et al. "A functional genetic variation of adenosine deaminase affects the duration and intensity of deep sleep in humans". *Proceedings of the National Academy of Sciences.* V. 102, 2005, p. 15676-81.

12. Siegel, J. M. "Clues to the functions of mammalian sleep". *Nature.* V. 437, 2005, p. 1264-71.

13. Hobson, J. A. Op. cit.

15. Siegel, J. M. Op. cit.

16. Nielsen, T. A.; Stenstrom, P. "What are the memory sources of dreaming?". *Nature.* V. 437, 2005, p. 1286-89.

17. Nielsen, T. A. "Chronobiological features of dream production". *Sleep Medicine Review.* V. 8, 2004, p. 403-24.

18. Nielsen, T. A. "The typical dreams of Canadian university students". *Dreaming.* V. 13, n. 4, 2003, p. 211.

19. Nielsen, T. A. Comunicação pessoal. Set. 2006.

20. Rechtschaffen, A. Comunicação pessoal, 11 fev. 2005.

21. Youngstedt, S. D.; Kline, C. E. "Epidemiology of exercise and sleep". *Sleep and Biological Rhythms.* V. 4, n. 3, 2006, p. 215, 2006; veja também Youngstedt, S. D. et al. "No association of sleep with total daily physival activity in normal sleepers". *Physiology and Behavior.* V. 78, 2003, p. 395-401; Youngstedt, S. D. "Does exercise truly enhance sleep?". *Physician and Sports Medicine.* V. 25, n. 10, 1997, p. 72-82.

22. Mu, J. et al. "Ethanol influences on native T-type calcium current in thalamic sleep circuitry". *Journal of Pharmacology and Experimental Therapy.* V. 307, n. 1, 2003, p. 197-204.

23. Rechtschaffen, A.; Bergmann, B. M. "Sleep deprivation in the rat: an update of the 1989 paper". *Sleep.* V. 25, 2002, p. 18-24.

24. Dement, W. C.; Vaughan, C. Op. cit., p. 245.

25. Esta e as citações que seguem são de Czeisler, C. A. "Sleep: what happens when doctors do without it?" *Medical Center Hour.* University of Virginia, 1 mar. 2006.

26. Disponível em: <www.sleepfoundation.org/press/index.php?secid=&id=120>. Acesso em: 25/6/2008.

27. Lavie, P. *The enchanted world of sleep*, p. 114; Czeisler, C. A. "Quantifying consequences of chronic sleep restriction". *Sleep.* V. 26, n. 3, 2003, p. 247-48; Dongen, H. P. A. Van et al. "The cumulative cost of additional wakefulness". *Sleep.* V. 26, n. 2, 2003, p. 117.

28. Veja Kripke, D. F. et al. "Mortality associated with sleep duration and insommia". *Archives of General Psychiatry.* V. 59, 2002, p. 131-36.

29. Dongen, H. P. A. Van et al. Op. cit.

30. Roehrs, T. et al. "Ethanol and sleep loss: a 'dose' comparison of impairing effects". *Sleep.* V. 26, n. 8, 2003, p. 981-85; Dawson, D.; Reid, K. "Fatigue, alcohol and performance impairment". *Nature.* V. 388, 1997, p. 235.

31. Czeisler, C. A. "Sleep: whar happens when doctors do without it?"; Barger, L. K. et al. "Extended work shifts and the risk of motor vehicle crashes among interns". *New England Jounal of Medicine.* V. 352, 2005, p. 125-34.

32. Dement, W. C., Vaughan, C. Op. cit., p. 218.

33. Press release. "Breakthrough research on real-world driver behavior released". 20 abr. 2006, disponível em: www.nhtsa.gov; Página editorial, *Nature Insight: Sleep.* V. 437, p. 1206, 2005.

34. Dement, W. C.; Vaughan, C. Op. cit., p. 51-53; Foster, R.; Kreitzman, L. *Rhythms of life.* Londes: Profile Books, 2004, p. 208-9.

35. Disponível em: <http://history.nasa.gov/rogersrep/v2appg.htm#g25>. Acesso em: 25/6/2080.

36. Czeisler, C. A. Op. cit.

37. Spiegel, K. et al. "Effect of sleep deprivation on response to immunization". *Journal of the American Medical Association.* V. 288, n. 12, 2002, p. 1471-72.

38. Spiegel, K. et al. "Impact of sleep debt on metabolic and endocrine function". *Lancet.* V. 354, 1999, p. 1435-39; Tasali, E. "Slow wave activity levels

are correlated with insulin secretion in healthy young adults". *Sleep*. Abstract. V. 26, supp. A62, 2003.

39. Spiegel, K. et al. "Brief communication: sleep curtailment in healthy young men is associated with decreased leptin levels, elevated ghrelin levels, and increased hunger and appetite". *Annals of Internal Medicine*. V. 141, 2004, p. 846-50; veja também Spiegel, K. "Sleep curtailment results in decreased leptin levels and increased hunger and appetite". *Sleep*. V. 26, supp. Abstract, 2003, p. A174.

40. Gangwish, J. E. et al. "Inadequate sleep as a risk factor for obesity: analyses of the NHANES I". *Sleep*. V. 28, n. 10, 2005, p. 1217-20. Para um estudo similar de crianças, veja Chaput, J.-P. et al. "Relationship between short sleeping hours and childhood overweight/obesity: results from the 'Quebec en Forme' Project". *International Journal of Obesity*. V. 30, n. 7, 2006, p. 1080-85.

41. Relatório apresentado por Patel, S. na conferência American Thoracic Society International. San Diego, 23 mai. 2006.

42. Rechtschaffen, A.; Bergmann, B. M. "Sleep deprivation in the rat: an update of the 1989 paper". *Sleep*. V. 25, 2002, p. 18-24; comunicação pessoal com Rechtschaffen, A. 16 fev. 2005.

43. A discussão que segue vem de Siegel, J. M. "Clues to the functions of mammalian sleep". *Nature*. V. 437, 2005, p. 1264-71; Siegel, J. M. Op. cit.; Siegel, J. M. Op. cit.

44. Siegel, J. M. Op. cit.; Siegel, J. M.; Rogawski, M. A. "A function for REM sleep: regulation of noradrenergic receptor sensitivity". *Brain Research Review*. V. 13, 1988, p. 213-33.

45. Morrissey, M. J. "Paradoxical sleep and its role in the prevention of apoptosis in the developing brain". *Sleep*. Abstract. V. 26, supp. 2003, p. A46.

46. Cheour, M. et al. "Speech sounds learned by sleeping newborns". *Nature*. V. 415, 2002, p. 599-600.

47. Stickgold, R. et al. "Visual discrimination learning requires sleep after training". *Nature Neuroscience*. V. 3, 2000, p. 1237-38; Walker, M. P. et al. "Practice with sleep makes perfect: sleep-dependent motor skill learning". *Neuron*. V. 35, 2002, p. 205-11.

48. Maquet, P. et al. "Experience-dependent changes in cerebral activation during REM sleep". *Nature Neuroscience.* V. 3, n. 8, 2000, p. 831-36.

49. Peigneux, P. et al. "Are spatial memories strengthened in the human hippocampus during slow-wave sleep?". *Neuron.* V. 44, 2004, p. 535-45.

50. Hairston, I. S.; Knight, R. R. "Sleep on it". *Nature.* V. 430, 2004, p. 27-28.

51. Huber, R. et al. "Local sleep and learning". *Nature*, 430, 2004, p. 78-81.

52. Wagner, U. et al. "Sleep inspires insight". *Nature.* V. 427, 2004, p. 352-55.

53. Lavie, P. Op. cit., p. 90.

54. Lavie, P. Op. cit., p. 90; Hennessy, J. P. *Robert Louis Stevenson.* Nova York: Simon and Schuster, 1975, p. 207; citado em Hennessy, J. P. *Across the Plains.* Disponível em: <http://sunsite.berkeley.edu/literature/stevenson/plains/plains8.html>. Acesso em: 25/6/2008.

55. Lavie, P. *Op. cit.* p. 90; Mazzarello, P. "What dreams may come". *Nature.* V. 408, 2000, p. 523; Dement, W. C.; Vaughan, C. Op. cit., p. 321.

A HORA DO LOBO 13

São 2 horas da madrugada, muito tempo depois de ter apagado a luz, mas você ainda resmunga e se revira na cama, arrastando-se para dentro da longa escuridão da noite sem encontrar Morfeu.* Quem mais está acordado a essa hora esquecida por Deus? Motoristas de caminhão, médicos em hospitais, pilotos e controladores de tráfego aéreo, padeiros, músicos, boêmios voltando para casa e muitos, muitos idosos.

O envelhecimento desarranja o sono e os ritmos circadianos. Quando William Dement e Mary Carskadon estudaram o sono de homens e mulheres saudáveis, com idades que variavam entre 65 e 88 anos, eles descobriram que a maioria experimentava "microdespertares" freqüentes – o oposto dos microssonos.[1] Esses breves despertares podem durar apenas alguns segundos, porém podem ocorrer entre duzentas e mil vezes por noite, interrompendo gravemente o sono profundo. Essa perda de sono profundo, na verdade, começa na

---

* Na mitologia greco-romana, um dos filhos do deus do sono Hypnos (Somnus), Morfeu é aquele que assume formas humanas e aparece no sonho das pessoas como se fosse a pessoa amada (do grego, *morphe*). (N. T.)

meia-idade.[2] Entre os 36 e 50 anos, menos de 4% do nosso tempo de sono é do tipo profundo, cerca de um quinto do que desfrutávamos quando mais jovens.

Para piorar as coisas, o envelhecimento pode também desarranjar a amplitude e a estabilidade dos nossos ritmos circadianos. Existem evidências que sugerem que, nos idosos, os picos máximos de hormônios como a melatonina e o cortisol, bem como a temperatura do corpo e outras funções, não são mais tão altos, e os seus níveis mínimos não são mais tão baixos.[3] Com freqüência, as pessoas mais velhas têm ritmos equivalentes aos das cotovias radicais; sua temperatura corporal atinge seu ponto mais baixo bem antes do amanhecer, por exemplo, e elas adormecem e acordam muito mais cedo do que os mais jovens.

Biólogos circadianos ainda procuram compreender o que provoca essas mudanças. Em parte, elas podem ter raízes nas mudanças relacionadas à idade dos olhos – o amarelecer dos cristalinos, por exemplo, que bloqueia parte da luz necessária para acertar corretamente os ritmos circadianos – ou, possivelmente, mudanças no SCN, o nosso relógio mestre.[4] Os cientistas já sabem que o envelhecimento normal não altera o tamanho do SCN, nem o número de células que ele contém.[5] Porém, pelo menos um novo estudo, realizado por Gene Block e seus colegas da Universidade da Virgínia, sugere que o envelhecimento desestabilize o funcionamento das células no SCN, especialmente em sua capacidade de sincronizar os relógios nos tecidos de todo o corpo.[6]

Para descobrir como o envelhecimento pode afetar os genes do relógio do nosso corpo, a equipe estudou ratos idosos que tiveram os seus genes de relógio geneticamente modificados com um gene de luciferase, aquela espécie de proteína luminescente que "pisca" no mesmo ritmo das células nas quais foi implantada. Eles descobriram que os ritmos nas células do SCN dos ratos eram normais, mas os ritmos das células em alguns tecidos periféricos mostravam uma fase avançada ou até mesmo ausente. Como os ritmos nessas células periféricas podiam ser restaurados por meio da aplicação de uma substância, a equipe imaginou que o problema poderia estar não nos relógios das células, mas na falha do SCN em lhes enviar os sinais apropriados. Talvez, portanto, essa falha de comunicação entre o relógio "avô" e os minúsculos relógios periféricos seja a responsável pelas muitas velhas almas que rondam as cozinhas vagamente iluminadas na calada da noite.

Em outras culturas, como a !Kung, de Botsuana, a Efe, do Congo, ou a Gebusi, da Nova Guiné, qualquer pessoa pode estar acordada a qualquer hora da madrugada. Nas sociedades tradicionais não ocidentais, a atividade social e freqüentes interrupções muitas vezes são incorporadas ao sono de uma noite, diz Carol Worthman, antropóloga da Universidade de Emory.[7] Quando Worthman conduziu o primeiro estudo sobre os padrões de sono em uma grande variedade de culturas tradicionais, ela descobriu que o modelo ocidental de dormir, com uma hora habitual para ir para a cama e um único período de sono solitário, é realmente raro. Na cultura Efe, diz Worthman, virtualmente ninguém dorme sozinho, "é bem comum encontrarmos dois adultos, um bebê, uma outra criança, um avô e, talvez, um visitante dormindo todos juntos em um pequeno espaço". Acordar é comum, incluindo todos os movimentos e barulhos do ir-e-vir cambaleante das pessoas e as saídas para urinar. Muitas vezes, os Efes vão para a cama e, então, logo se levantam porque ouvem que algo interessante está acontecendo – uma conversa ou música – e querem participar. Uma pessoa pode despertar a qualquer hora da noite e começar a cantar, tocar *kalimba* (uma espécie de instrumento tocado com os dedos polegares) ou dançar. Por sua vez, os !Kung freqüentemente passam as primeiras horas da madrugada em animadas conversas, que servem para entreter, debater, solucionar conflitos e disputas, e tratar de relacionamentos problemáticos. Já os homens Gebusi passam a noite inteira em sessões espirituais e outras atividades sociais.

Houve um tempo em que a noite alta também teria visto muitos ocidentais em estado de alerta ou, pelo menos, semi-acordados. Não se sabia muito sobre os antigos padrões de sono ou sobre a atividade noturna na Europa até A. Roger Ekirch, professor de história no Instituto Politécnico da Virgínia, brilhantemente curar tamanha ignorância.[8] Ao examinar registros históricos no período entre 1300 e 1800, Ekirch encontrou numerosas referências sugerindo que a maioria dos europeus dividia seu descanso em duas fases: um "primeiro sono" e depois um "segundo sono" ou um "sono matutino". (Alguns antigos livros de medicina recomendavam deitar do lado direito durante o primeiro sono e do lado esquerdo durante o segundo, para facilitar a digestão e maximizar o conforto.) Os dois períodos de sono normalmente eram entrecortados por uma hora ou mais de vigília silenciosa. Durante esse interlúdio, muitas vezes, as pessoas levantavam e se movimentavam ou ficavam na cama para conversar, rezar, fazer amor, refletir sobre os sonhos que precederam seu despertar, ou simplesmente deixar sua mente vaguear em um estado de semiconsciência.

O hábito de dormir em turnos é típico de muitos mamíferos.[9] Seria esse um padrão mais natural para as nossas noites, datando talvez do nosso passado remoto? Teriam os nossos antepassados pré-históricos também desfrutado de um interlúdio da meia-noite, o antípoda escuro da sesta do meio-dia?

Thomas Wehr, do Instituto Nacional de Saúde Mental, idealizou uma experiência que indicou uma resposta.[10] Para reproduzir as condições de uma antiga noite de inverno, ele submeteu voluntários a passar quatorze horas por dia na completa escuridão (das 6 horas da tarde às 8 horas da manhã), sem nenhuma luz artificial, por um período de um mês. Nas primeiras semanas, os indivíduos dormiram um único e longo período de até onze horas – talvez para compensar sua privação de sono. Porém, por fim, eles passaram para um padrão de dois períodos distintos, dormindo durante quatro horas, das 8 da noite até a meia-noite, despertando logo após o sono REM e permanecendo acordados durante algumas horas em um descanso calmo e "não ansioso", então, adormecendo novamente às 2 da madrugada por outras quatro horas, até acordar às 6 da manhã para começar o dia.

Wehr monitorou seus níveis de temperatura, hormônios e secreção de melatonina, além dos padrões de eletroencefalograma, e descobriu que a química das suas noites diferia dos padrões normais, com níveis mais altos de melatonina e de secreção do hormônio do crescimento relacionada ao sono por toda a noite. O período de descanso também apresentou uma química singular, com uma expressiva elevação nos níveis de prolactina, o hormônio envolvido na lactação e (em galinhas) na incubação. Esse distintivo estado endocrinológico pode ter induzido à auto-reflexão e a uma espécie de calma meditação, observa Wehr. Além disso, o padrão de sono em duas fases – despertar do sono de sonhos para um descanso tranqüilo – pode ter oferecido o meio de acesso aos sonhos que nós perdemos hoje em dia. "É tentador especular", escreve Wehr, "que, nos tempos pré-históricos, esse arranjo constituía um canal de comunicação entre os sonhos e a vida acordada, canal esse que foi gradualmente sendo fechado à medida que os seres humanos comprimiram e consolidaram seu período de sono. Nesse caso, então, essa alteração poderia oferecer uma explicação fisiológica de por que os humanos modernos parecem ter perdido o contato com sua fonte de mitos e fantasias."

Wehr acredita que o nosso padrão natural de sono realmente é o do tipo em duas fases – pelo menos durante as longas noites de inverno – e que o nosso hábito atual de consolidar o sono em um único turno é um artifício da vida contemporânea. "Os humanos modernos já não percebem mais que eles são capazes de experimentar uma série de modos alternativos de sono, que podem ter ocorrido sazonalmente nos tempos pré-históricos", afirma ele, "mas que agora subjazem dormentes em sua fisiologia". Hoje, estamos presos a um padrão perpétuo de um dia longo/uma noite curta – e a balança está ficando cada vez mais desequilibrada.

Você acende o abajur ao lado da cama, uma entre os milhares de possíveis fontes de luz artificial por meio das quais encurtamos as nossas noites e negamos a nós mesmos o acesso a uma vida de sonhos. Thomas Edison, mais do que ninguém, colocou a escuridão e o sonho no ostracismo.

Por dezenas de milhares de anos, para os seres humanos o anoitecer era o sinal para dormir; e o amanhecer, o sinal para despertar. O sol era a única fonte de luz para recalibrar os nossos relógios internos, acertando-os aos ciclos do dia e às estações do ano. Depois disso, vieram as fogueiras e as tochas e lamparinas que queimavam gordura animal, piche e petróleo, fornecendo bastante luz para podermos enxergar, mas não o suficiente para termos de reajustar os nossos relógios biológicos. Então, veio a invenção da lâmpada incandescente em 1879 e, a partir daí, a rápida expansão da luz artificial. Subitamente, a nossa espécie parecia estar livre das correntes do ciclo solar, capaz de fingir que cada noite era uma longa noite de verão. Entretanto, como os nossos relógios internos ainda estão vinculados a um antigo padrão de luz-escuridão, há altos custos associados a essa iluminação de 24 horas – cuja magnitude estamos apenas começando a descobrir agora.

O relógio do nosso corpo precisa de escuridão tão desesperadamente quanto precisa de luz. Em 2005, cientistas da Universidade de

Vanderbilt mostraram que a luz constante desregula a atividade dos neurônios que formam o SCN.[11] Ao acender abajures e luzes após o pôr-do-sol, inconscientemente reajustamos os nossos relógios biológicos.[12] A exposição mesmo a níveis baixos de luz (por exemplo, 100 lux* – semelhante à iluminação ambiente de escritórios e salas de estar) pode afetar a fase dos nossos ritmos.[13] A equipe de Charles Czeisler descobriu que, durante as primeiras horas da noite biológica, nossos marca-passos circadianos são especialmente vulneráveis.[14] A exposição à luz tarde da noite atrasa a fase do nosso relógio, de forma que ele age como se o amanhecer viesse mais tarde. Por sua vez, a exposição no começo da manhã avança o relógio, assim ele espera um amanhecer mais cedo. A luz durante a noite suprime a produção do hormônio chamado melatonina. Até mesmo uma exposição breve à luz no meio da noite reduz radicalmente a atividade de uma enzima necessária para produzir esse hormônio.[15]

Nós somos a única espécie que ilumina sua noite biológica, que desconsidera os seus próprios ritmos, cruza os fusos horários, trabalha e dorme em horas que correm contra os seus relógios internos. Nós ignoramos o que os nossos relógios lembram, colocando-nos em risco.

Tomemos como exemplo as viagens transmeridianas. Pouco tempo atrás, eu me sentei a uma mesa em uma pequena aldeia na China com vários dignitários e cientistas locais. Diante de nós, estava uma variedade de alimentos lindos e exóticos, incluindo tigelas de *ni do*, uma sopa de ninho de passarinhos. A sopa, conforme entendi, é feita dos ninhos do andorinhão, estruturas surpreendentemente robustas, tecidas com a saliva viscosa da ave, que são cozidas em caldo de galinha. Eu sabia que precisava experimentar a cara iguaria, mas, ao levar

* Unidade de medida de iluminamento no Sistema Internacional, igual ao iluminamento de uma superfície plana com área de 1 m^2, e que recebe um fluxo luminoso uniformemente distribuído. (N. T.)

a colher à boca, hesitei. Não que eu recusasse a idéia de me refestelar com as fibras gelatinosas das glândulas salivares de um pássaro. Sempre me orgulhei de ser uma aventureira do paladar, pronta para provar todos os tipos de comidas autênticas. Porém, meu estômago não aceitou nada desse prato – nem de outro qualquer. Eu havia acabado de chegar à China no dia anterior, e minhas entranhas se sentiam como se ainda estivessem na Virgínia, nos Estados Unidos. E, de fato, um amigo cientista confirmou mais tarde, elas estavam mesmo.

Quando você voa longas distâncias ao redor do mundo, dizem, sua alma leva aproximadamente três dias a mais para chegar ao destino.[16] O mesmo vale para seu estômago. Realmente, até pode parecer que você chega inteiro, diz Michael Menaker, mas, em sentido horário, partes diferentes de seu corpo seguirão mais lentamente. Para cada fuso horário que cruzamos, pode levar até um dia para os nossos sistemas se ajustarem completamente ao novo horário. Dois terços dos viajantes de longa distância relatam sintomas do *jet lag* – letargia e desorientação mental, estômago enjoado, fadiga diurna, dificuldades para dormir à noite (após vôos em direção ao leste) ou para acordar muito cedo (após vôos em direção ao oeste), lapsos de memória e de agilidade, perda de apetite, só para mencionar alguns dos problemas. Freqüentemente, os viajantes são acordados no meio da noite por ondas de hormônios que sinalizam o amanhecer. Em geral, os sintomas se mostram piores quando viajamos do oeste para o leste, talvez porque seja mais fácil para o corpo se ajustar a um dia mais longo do que a um mais curto.

Menaker acredita que o desconforto e o mal-estar causados pelo *jet lag* surgem de uma perda de sincronia entre o relógio mestre do corpo e os seus relógios periféricos, e entre os próprios relógios periféricos, à medida que eles procuram se ajustar a um novo fuso horário, cada um em seu próprio ritmo. Em um estudo, Menaker e seus colegas usaram ratos geneticamente modificados para monitorar o impacto das mudanças de horário nos ritmos circadianos de diferentes órgãos.[17] Os resultados sugeriram que o relógio mestre do SCN no cérebro, que governa os nossos grandes ritmos, como a temperatura do corpo, volta ao normal dentro de um dia, aproximadamente; porém, os relógios periféricos em nossos tecidos – nos pulmões, músculos e fígado, por exemplo – podem levar uma semana ou mais para acertar o passo. Por isso, quando o cérebro sinaliza aos músculos para se exercitarem, os músculos podem não responder bem, já que seu relógio ainda os mantém em sono profundo. Da mesma maneira, meu cérebro pode dizer que está na hora de saborear um *ni do* na China, mas para meu fígado atracado lá atrás na Virgínia ainda estamos no meio da noite.

Essa demora na modificação do relógio é essencial na vida normal. Se os nossos relógios internos alterassem o seu ritmo instantaneamente a cada mudança súbita na luz, eles girariam para a frente e para trás toda vez que entrássemos ou saíssemos de um ambiente escuro. O sistema é projetado para se ajustar facilmente a pequenas e graduais mudanças nos padrões de claridade e escuridão, como as mudanças na duração do dia nas diferentes estações do ano. "Contudo, as viagens transmeridianas são um evento antinatural para o qual o corpo não está preparado", afirma Menaker. "Cruzar fusos horários provoca grandes e abruptas mudanças no ciclo de luz, que desorganizam severamente todo o sistema."

Saltar fusos horários ocasionalmente é uma coisa. Fazer disso uma rotina freqüente é outra totalmente diferente. Kwangwook Cho, da Universidade de Bristol, inspirou-se em seus próprios sintomas de *jet lag* – desorientação mental e lapsos de memória – para investigar os efeitos de viagens transmeridianas freqüentes.[18] Em um estudo com vinte comissários de bordo que trabalhavam em linhas aéreas internacionais, Cho descobriu que cinco anos de viagens de longa distância causaram problemas de memória e inaptidão cognitiva. Exames feitos com amostras de saliva e imagens cerebrais revelaram a possível causa: os comissários que voavam mais de sete fusos horários com menos de cinco dias para se recuperar entre os vôos mostraram níveis elevados de cortisol, o hormônio do estresse. Quando o corpo é constantemente submetido a sinais desordenados de luz e escuridão, comuns nas viagens de longa distância, ele fica confuso sobre se é noite ou dia e mantém a produção de cortisol ininterruptamente. Como os estudos sobre o estresse crônico já demonstraram, o cortisol em altas concentrações danifica as células cerebrais. De fato, as imagens do cérebro revelaram um encolhimento do lobo temporal dos comissários, incluindo o hipocampo, a região cerebral tão essencial ao aprendizado e à memória.

Pode-se ouvir o zumbido distante do tráfego em uma avenida próxima. Quem mais está de pé no breu da noite? Há mais de cem anos, apenas os guardas-noturnos, os porteiros e talvez os cozinheiros trabalhavam nas horas da escuridão. Hoje, cerca de 15% da força de trabalho nos Estados Unidos é formada por pessoas que trabalham à noite, controlando o tráfego aéreo, dirigindo caminhões e servindo nos hospitais, corpo de bombeiros, delegacias de polícia, fábricas e estações de energia nuclear – trabalho que as coloca radicalmente fora de fase em relação aos estímulos de tempo naturais.[19]

Para compreender os efeitos do trabalho noturno no corpo, Josephine Arendt, do Centro para o Estudo da Cronobiologia, em Surrey, Inglaterra, realizou extensos estudos de campo com trabalhadores em plataformas de petróleo no Mar do Norte.[20] O trabalho nessas plataformas é desafiador e perigoso, diz ela. "Para ter um emprego lá, é preciso ser aprovado em um teste em que você é pendurado de cabeça para baixo na água por um helicóptero. Se você puder sair dessa situação crítica, você pode trabalhar na plataforma – e se espera que você cumpra horários difíceis."

Estudar os operários não foi nada fácil. "Conseguir que 45 trabalhadores coletassem urina a cada quatro horas durante quatorze dias é um grande feito", diz Arendt. "As plataformas faturam aproximadamente 3 milhões de dólares por dia, por isso as interrupções no trabalho para urinar por causa de estudos sobre os ritmos circadianos não são particularmente bem-vindas. " Apesar disso, Arendt conseguiu os seus dados. Ela comparou operários que trabalhavam em dois turnos diferentes durante duas semanas: o primeiro, um simples turno de doze horas, com trabalhadores no turno da noite ou do dia; o segundo, um ciclo "suingue" de sete turnos da noite seguidos por sete turnos do dia.

"O turno suingue era o pior", diz Arendt. O exame de urina dos trabalhadores desse turno revelou que os seus níveis de melatonina nunca sincronizavam com os novos horários, assim eles tinham dificuldade para dormir. Isso é verdade para muitos trabalhadores desse tipo de turno que tentam dormir em fases que estão em conflito com os seus ciclos circadianos, quando a melatonina está em declínio e a temperatura corporal está em elevação. Assim, seu sono fica desarticulado, fora do lugar, e eles acordam mais cansados do que nunca. "É importante ir dormir na fase circadiana certa", explica Arendt. "Se você for dormir durante seu dia biológico, após sua temperatura ter atingido o ponto mais baixo, seu sono será de baixa qualidade." Estudos sugerem que os turnos de trabalho no período noturno reduzem o tempo de sono em uma média de três a quatro horas por noite.

Arendt encontrou sinais de outros sérios problemas de saúde a longo prazo. Quando os trabalhadores de qualquer horário precisavam fazer as suas refeições tarde da noite, seu sangue mostrava níveis anormalmente altos de ácidos graxos, que estão associados a doenças do coração, além de uma tolerância reduzida à glicose, um fator de risco no caso do diabetes e de outros transtornos metabólicos.

Esse tipo de turnos de trabalho provavelmente provoca o mesmo desarranjo no sistema circadiano que o *jet lag* crônico: os relógios desajustados dos trabalhadores afetam a memória, cognição e vários sistemas do organismo, resultando em colesterol alto, pressão alta, transtornos do humor, infertilidade e um risco mais alto de ataque do coração e de câncer.

Uma pesquisa com 78.500 mulheres no Estudo da Saúde das Enfermeiras revelou que as profissionais que haviam trabalhado no turno da madrugada durante dez anos tinham 60% mais risco de desenvolver câncer de mama e um risco maior em relação ao câncer de cólon comparadas com aquelas que não trabalhavam à noite.[21] Alguns anos depois, um estudo japonês com mais de 14 mil homens mostrou que os trabalhadores que oscilavam entre os turnos do dia e da noite tinham o triplo da taxa normal de câncer de próstata.[22] Além disso, em experiências nas quais os pesquisadores interferiram nos ritmos circadianos de ratos para reproduzir as condições de trabalhadores noturnos, o crescimento do tumor acelerou-se.[23]

O que poderia ser responsável pela ligação entre trabalho noturno e câncer?

Alguns cientistas acreditam que a resposta pode estar bem no fundo dos nossos genes. Os desajustes em nossos ritmos causados pelo horário de trabalho podem mudar severamente a expressão dos genes reguladores, que, por sua vez, podem afetar os genes que controlam o crescimento. Em um estudo de 2006, William Hrushesky e sua colega Patricia Wood mostraram que esses genes reguladores controlam as enzimas, as quais controlam a síntese de DNA, a divisão celular e a formação de vasos sangüíneos tanto nos tecidos normais do intestino e da medula óssea quanto, em tempos diferentes, nos tecidos cancerosos.[24]

A luz artificial também exerce uma influência na conexão entre o desajuste circadiano e o desenvolvimento do câncer. Há anos a ciência já sabe que a exposição à iluminação noturna restringe a produção normal de melatonina no corpo. Além disso, estudos com animais mostraram que a supressão de melatonina estimula o desenvolvimento de cânceres. Contudo, a primeira evidência experimental importante da existência de uma ligação entre os dois surgiu em 2005.[25]

Uma equipe de pesquisadores extraiu três amostras de sangue de um grupo de doze mulheres no decorrer de 24 horas: durante o dia, à noite e novamente depois da exposição a uma forte luz à noite. Em seguida, a equipe injetou as diferentes amostras de sangue em um tumor de mama humano que havia sido implantado em um rato. Os resultados mostraram que o tumor cresceu mais rapidamente quando exposto ao sangue retirado da amostra do dia e da amostra da iluminação noturna. As duas amostras continham baixos níveis de melatonina. O estudo, afirmam os pesquisadores, indica de maneira consistente que a exposição à luz artificial durante a noite reduz a produção de melatonina, o que estimula o crescimento do tumor. Eis aí, possivelmente, a explicação para o aumento do risco de câncer de mama em mulheres que trabalham à noite.

Os turnos de trabalho noturnos e as freqüentes mudanças de horários geram um importante problema de saúde, não apenas para o trabalhador individualmente, afirma Arendt, mas para toda a sociedade. Quando os trabalhadores ficam desorientados pelas disfunções circadianas e fatigados por causa da falta crônica de sono, os acidentes acontecem. A explosão na fábrica da Union Carbide em Bhopal, na Índia, em 1984, que matou milhares de pessoas, ocorreu logo após a meia-noite. A crise de 1979 na usina nuclear localizada em Three Mile Island, na Pensilvânia, começou às 4 horas da madrugada, quando os operários que haviam recentemente trocado o turno do dia pelo da noite não detectaram uma válvula emperrada.[26] E o pior acidente nuclear do mundo, na usina de Chernobyl, na Ucrânia, em

1986, começou à 1h23 da madrugada, resultado de uma série de erros cometidos por operadores do turno da noite.[27]

Se eu realmente quisesse companhia a essa hora da noite, saberia onde encontrá-la. As luzes brilham forte no hospital-escola descendo a rua, onde médicos residentes trabalham até trinta horas sem interrupção, em um total de oitenta horas por semana.

Aqui está outro exemplo de como a vida moderna pressiona o sistema circadiano. A tradição das longas horas de trabalho para os médicos residentes nos Estados Unidos é o legado de William Steward Halsted, brilhante cirurgião que trabalhou na virada do século XX no Hospital Johns Hopkins, em Baltimore.[28] Nos círculos médicos, sabe-se que Halsted promoveu a idéia de que os jovens médicos deveriam morar no hospital e trabalhar por 24 horas para que pudessem atender o maior número possível de pacientes. O que a maioria das pessoas não sabe é que Halsted era viciado em cocaína. Hoje, o seu sistema de horários "heróicos" permanece uma marca de excelência na formação médica, apesar dos evidentes riscos que apresenta.

Exatamente neste momento, sem ter dormido um só minuto nas últimas 24 horas, qual seria seu desempenho, como médico, ao tomar uma decisão crítica sobre um diagnóstico, a dosagem de um medicamento ou o possível perigo para um paciente? Como você se sentiria ao ser tratado por um jovem médico em uma situação semelhante?

Apesar de toda a pesquisa mostrando que a privação do sono prejudica o desempenho cognitivo, até recentemente havia poucos estudos medindo os seus efeitos nos erros médicos. Em 2004, uma equipe de cientistas do Estudo sobre Horários de Trabalho, Saúde e Segurança da Escola de Medicina de Harvard relatou que os médicos residentes trabalhando em turnos de trinta horas sofreram o dobro de falhas de atenção durante o período da noite do que os residentes cujo trabalho era limitado a dezesseis horas sucessivas.[29]

Além disso, o grupo das trinta horas cometeu erros médicos significativamente mais sérios e cinco vezes mais erros importantes de diagnóstico. "Quando as pessoas se mantêm acordadas por 17 a 19 horas, seu desempenho é equivalente a alguém com um nível de álcool no sangue de 0,05%", explica Charles Czeisler, membro da equipe.[30] Quando ficam acordadas durante 24 horas, o nível sobe para 0,10%. "O risco de cometer um erro depois de trabalhar durante 24 horas seguidas é tão grande", afirma ele, "que especialistas em sono e legisladores de Massachusetts sugeriram que pode ser um imperativo ético os hospitais notificarem os pacientes se o médico que for tratá-los estiver acordado por 22 das últimas 24 horas."

Os riscos inerentes às longas horas de trabalho dos residentes não estão limitados aos pacientes de um hospital; os próprios residentes estão em perigo. Um estudo de 2006 conduzido pelo grupo de Harvard descobriu que os residentes que enfrentam essa maratona de horários e turnos tinham cerca de 61% maior risco de ferirem a si mesmos com uma agulha ou um bisturi, expondo-se ao risco de contrair hepatite, HIV e outras doenças infecciosas.[31] Lapsos de concentração e fadiga eram as causas mais freqüentemente apontadas para esses acidentes.

Médicos residentes sobrecarregados pelas horas de trabalho também podem ser um perigo para eles próprios e para os outros quando dirigem de volta para casa após deixarem seu plantão no hospital. Estudos com pessoas que dormem regularmente apenas cinco ou seis horas por noite (a média para a maioria dos médicos residentes) descobriram que seu tempo médio de reação triplicou.[32] "Isso significa que quando os residentes dirigem para casa depois de um longo turno de trabalho, se uma criança surgir na frente do carro", diz Czeisler, "eles levarão três vezes mais tempo para desviar ou para pôr o pé no freio". Em 2005, o grupo de Czeisler informou que os residentes que cumprem longos turnos de trabalho de mais de 24 horas têm o dobro do risco de se envolver em um acidente de carro a caminho de casa, e cinco vezes o risco de sofrer um quase-acidente.[33]

"Diante de tais evidências, seria razoável perguntar o que os profissionais da área estão fazendo para tratar do problema", observa Chris Landrigan, também integrante da equipe de Harvard.[34] Em 2003, a profissão implementou limites nacionais de horas de trabalho para médicos em treinamento. "Entretanto, as normas ainda permitem que estagiários e residentes trabalhem trinta horas seguidas – bem além dos limites considerados aceitáveis em outras profissões em que a segurança é um fator de risco", afirma Landrigan. As atividades de pilotos, motoristas profissionais e operários de usinas nucleares, por exemplo, estão todas limitadas a um período entre oito a doze horas consecutivas de trabalho. Além disso, um estudo conduzido por Landrigan em 2006 relatou que 84% dos residentes não cumprem os limites.[35] "Limitar as horas de trabalho dos residentes sem dúvida alguma representa um desafio cultural e financeiro para a medicina", observa Landrigan, "mas ele tem sido abordado com sucesso em outros países: por exemplo, no Reino Unido e na Nova Zelândia, onde as horas de trabalho consecutivas dos médicos em treinamento são limitadas a turnos de treze e dezesseis horas, respectivamente."

Agora, imagine que o jovem médico norte-americano tratando de você tivesse um medicamento capaz de vencer a sonolência, uma espécie de pílula mágica engolida de manhã que prometesse dois dias inteiros de vigília absoluta. Existem, de fato, essas drogas "da vida moderna", elaboradas para matar a sonolência e melhorar o desempenho cognitivo, entre elas, modafinil e CX717, apresentadas como "exclusivos agentes promotores do despertar" com "mecanismos específicos de ação desconhecidos".[36] A droga CX717 está em estudo como um ativador do estado de vigília para soldados em combate. Chamadas *eugeroics* (do grego, cujo significado é "bom despertar"), essas drogas parecem ter algumas das desvantagens de outros estimulantes: agitação, risco de dependência, colapso pós-pílula. Apesar de seus benefícios, entretanto, elas nem sempre são completamente eficazes.[37] De acordo com um estudo de 2005, realizado pela equipe de Czeisler, por exemplo, pessoas que tomaram modafinil para enfrentar uma noite de trabalho podem ainda manifestar sonolência excessiva e desempenho insuficiente.

Qual é a real segurança que têm médicos e outros trabalhadores para operar sob a presunção de que estão acordados e alertas porque tomaram uma droga? Cada vez mais os médicos prescrevem esse tipo de medicamento para trabalhadores noturnos, pilotos, motoristas de caminhão e para os seus colegas de profissão. Além disso, já é possível avistar no horizonte farmacológico uma outra onda de drogas, desta vez oferecendo uma dose condensada de sono supostamente mais restaurador do que sua versão natural, reduzindo a necessidade de pausas verdadeiras.

Ninguém sabe os efeitos de longo prazo que podem advir da sabotagem do sono natural e da interferência nos relógios do corpo. Até onde iremos para servir a uma sociedade de 24 horas?

Você conseguiu cochilar? Talvez sejam 3 ou 4 horas da madrugada, a hora dos erros de quem trabalha à noite, dos acidentes de carro e de caminhão, a hora da insuficiência cardíaca e das crises de úlcera gástrica, da síndrome da morte súbita de bebês e das fraturas ósseas, a hora das enxaquecas e dos ataques de asma. Um pouco mais tarde, será a hora de maior incidência de mortes por qualquer causa – talvez por causa da elevação da pressão sangüínea e dos níveis de cortisol que ocorrem agora, em antecipação à hora de acordar.[38] Parece estranho que mais freqüentemente terminemos a vida não no final do dia, mas em seu começo, como se quiséssemos negar que a morte é um fim. Porém, essa é a linguagem do corpo, todo paradoxo, surpresa, contradição.

Essa, a hora do lobo, é também a hora em que a temperatura corporal atinge seu ponto mais baixo e, da mesma maneira, o nosso espírito, quando os temores emergem e também os pesares e as preocupações. "Na verdadeira noite escura da alma são sempre três horas da manhã", disse o escritor americano F. Scott Fitzgerald. Nesse momento em que o sono deveria ser doce e profundo, a mente inquieta se preocupa com as coisas deixadas de lado pela luz do dia e pela distração: remorso por uma palavra errada ou um gesto de amor não oferecido, as dívidas crescentes, o ritmo frenético da vida, a decadência do envelhecer.

Observe a palavra "tempo" [*time*] no *Webster's Third New International Dictionary* [Terceiro Novo Dicionário Internacional da Webster] e você verá que esse verbete ocupa mais espaço do que "vida" ou "amor", mais espaço do que "Deus" ou "verdade". E isso sem contar as inúmeras combinações e expressões fronteiriças, hora, pausa, intervalo, tempo perdido, passatempo, o tempo voa, todas relativas ao tempo, mas sempre inexoráveis. "Os deuses condenam o homem que descobriu como distinguir as horas", escreveu o dramaturgo romano Tito Maccio Plauto.[39] "Quem neste lugar ergueu um relógio de sol, para dilacerar e mutilar meus dias tão desgraçadamente em pequenos pedaços?"

Desde Plauto, nós nos tornamos ainda mais desesperadamente preocupados como o tempo, subdividindo os nossos dias em porções cada vez menores. Nos últimos cinqüenta anos, aumentamos imensamente a precisão com que medimos o tempo. Relógios de quartzo são precisos até um segundo ao mês; os melhores relógios atômicos de césio, até um segundo em trinta milhões de anos. Em 2005, os cientistas inventaram um relógio óptico mil vezes mais preciso do que o relógio de césio; ele usa o estrôncio, elemento que vibra 429.228.004.229.952 vezes a cada segundo.[40]

Como se todos esses instrumentos de alta precisão fizessem o tempo fluir de acordo com o nosso desejo – mais depressa durante uma dor aguda, por exemplo, ou mais devagar à medida que envelhecemos.

Vladimir Nabokov disse uma vez que as primeiras criaturas da terra a tomar consciência do tempo também foram as primeiras a sorrir. Eu não sei. Quando os relógios digitais entraram na moda, lamentei a perda da face circular do relógio, com os seus ponteiros imitando o movimento cíclico das sombras sobre um relógio de sol. Talvez isso seja uma simples nostalgia de quando eu podia correr em volta do *playground* ou pintar círculos com os dedos, vermelho, azul e amarelo, um a um dentro de rodas marrons, e acreditar no final que eu tinha precisamente a mesma idade de quando havia começado.

Até uma certa idade, o tempo parece, bem, cíclico. Amanhecer após amanhecer, um dia terminando no seguinte, em cada final um começo, e assim por diante, até você ter 40 ou 50 anos, quando o problema na vida, como disse a escritora inglesa Virgínia Woolf, é "como agarrá-la cada vez mais apertada a você, tão depressa ela parece se esvair, e tão infinitamente desejada ela é".[41] De repente, os 28 mil dias de uma longa vida humana parecem cruelmente breves e inadequados. De repente, você está bem a caminho, dos dentes estragados, do queixo flácido e dos joelhos instáveis, a senilidade.

Hoje, o tempo parece uma seta realmente veloz, mas nos conforta saber de um segredo surpreendente sobre os relógios que governam os nossos corpos: de certo modo, eles desafiam o tempo linear.

O que pode estar no coração dos relógios de todo o nosso corpo é um engenhoso mecanismo automático que permite a uma célula contar o tempo.[42] Um grupo de genes interage em um circuito de *feedback* negativo para produzir a oscilação, ou tique-taque, em sua própria linguagem. Alguns desses genes produzem proteínas da luz do dia, que se acumulam durante o dia. Quando alcançam o nível máximo à noite, eles encerram a atividade bioquímica que conduz à sua própria produção. O resultado é um circuito vigoroso e autossustentável que gira continuamente por 24 horas.

Imagine se pudéssemos sentir a rotação desses círculos íntimos que dirigem os nossos corpos. Talvez isso pudesse moderar o nosso hábito de contar minutos digitalizados e horas lineares; talvez pudesse restabelecer a nossa experiência infantil do tempo como um anel girando, feito das circunferências menores de um dia. No mínimo, isso poderia estimular mais respeito por nossos ritmos cíclicos naturais.

Há uma fina faixa de lua no céu. Eu me recosto por um momento na escuridão e penso nos pequenos circuitos do corpo, em suas cotovias ou corujas internas e nas úteis populações microbianas, os seus maravilhosos sentidos e seu amor à luz natural, sua necessidade de sono. Embora ainda saibamos pouco sobre os muitos aspectos da existência corporal, as lacunas em nosso conhecimento estão se estreitando. O corpo é como a Antártida, um continente sendo desbravado, mapeado, até mesmo transformado. Com uma nova compreensão, vêm novas e úteis ferramentas para fazer o melhor desses nossos estranhos e temporários receptáculos.

Com os primeiros sinais pálidos de luz no horizonte, o sono finalmente toma posse, doce e irresistível, subjugando pensamentos e sensações. Qualquer que seja seu propósito, agradeça a dádiva de cada dia morrer com ele. Há pessoas que prefeririam correr sem parar. Porém, não consigo continuar implacavelmente, dia e noite, com mente, corpo e espírito em um único estado, não consigo negar a mim mesma a possibilidade de um novo começo.

REFERÊNCIAS

1. Carskadon, M. A. et al. "Sleep and daytime sleepiness in the elderly". *Journal of Geriatric Psychiatry.* V. 13, n. 2, 1980, p. 135-51; Coleman, R. M. et al. "Sleep-wake disorders in the elderly: polysomnographic analysis". *Journal of the American Geriatric Society.* V. 27, n. 9, 1981, p. 289-96; Dement, W. C.; Vaughan, C. *The promise of sleep.* Nova York: Dell, 2000, p. 121; veja também Dijk, D. J. et al. "Age-related increase in awakenings: impaired consolidation of non-REM sleep at all circadian phases". *Sleep.* V. 24, n. 5, 2001, p. 565-77.

2. Cauter, E. V. "Age-related changes in slow wave sleep and REM sleep and relationship with growth hormone and cortisol levels in healthy men". *Journal of the American Medical Association.* V. 284, 2000, p. 861-68.

3. Duffy, J. F. et al. "Later endogenous circadian temperature nadir relative to an earlier wake time in older people". *American Journal of Physiology.* V. 275, n. 5, parte 2, 1998, p. R1478-87; Cauter, E. V. et al. "Effects of gender and age on the levels of circadian rhythmicity of plasma cortisol". *Journal of Clinical Endocrinology and Metabolism.* V. 81, 1996, p. 2468-73; Reilly, T. et al. "Aging, rhythms of physical performance, and adjustment to changes in the sleep-activity cycle". *Occupational and Environmental Medicine.* V. 54, 1997, p. 812-16; Duffy, J. F.; Czeisler, C. A. "Age-related change in the relationship between circadian period, circadian phase, and diurnal preference in humans". *Neuroscience Letters.* V. 318, n. 3, 2002, p. 117-20; Czeisler, C. A. et al. "Association of sleep-wake habits in older people with changes in output of circadian pacemaker". *Lancet.* V. 340, 1992, p. 933-36; Aujard, F. et al. "Circadian rhythms in firing rate of individual suprachiasmatic nucleus neurons from adult and middle-aged mice". *Neuroscience.* V. 106, n. 2, 2001, p. 255-61; Satinoff, E. "Patterns of circadian body temperature rhythms in aged rats". *Clinical and Experimental Pharmacology and Physiology.* V. 25, n. 2, 1998, p. 135-40.

4. Charman, W. N. "Age, lens transmittance, and the possible effects of light on melatonin suppression". *Ophthalmic and Physiological Optics.* V. 23, 2003, p. 181-87.

5. Madeira, M. D. et al. "Age and sex do not affect the volume, cell numbers, or cell size of the suprachiasmatic nucleus of the rat: an umbiased stereological study". *Journal of Comparative Neurology*. V. 361, n. 4, 1995, p. 585-601.

6. Yamazaki, S. "Effects of aging on central and peripheral mammalian clocks". *Proceedings of the National Academy of Science*. V. 99, n. 16, 2002, p. 10801-6; Aujard, F. et al. "Circadian rhythms in firing rate"; D. E. Koller. "Aging alters circadian and light-induced expression of clock genes in golden hamsters". *Journal of Biological Rhythms*. V. 18, n. 2, 2003, p. 159-69.

7. Worthman, C. M.; Melby, M. "Toward a comparative developmental ecology of human sleep". In: Carskadon, M. A. *Adolescent sleep patterns: biological, social, and psychological influences*. Nova York: Cambridge University Press, p. 69-117; comunicação pessoal com Worthman, C. 8 ago. 2006.

8. Ekirch, A. R. *At day's close*. Nova York: Norton, 2005.

9. Tobler, I. "Napping and polyphasic sleep in mammals". In: Dinges, D. F.; Broughton, R. J. *Sleep and alertness: chronobiological, behavioral, and medical aspects of napping*. Nova York: Raven Press, 1989, p. 9-30.

10. Wehr, T. A. "In short photoperiods, human sleep is biphasic". *Journal of Sleep Research*. V. 1, n. 2, 1992, p. 103-7.

11. Ohta, H. et al. "Constant light desynchronyzes mammalian clock neurons". *Nature Neuroscience*. V. 8, n. 3, 2005, p. 267-69.

12. Zeitzer, J. M. et al. "Temporal dynamics of late-night photic stimulation of the human circadian timing system". *American Journal of Physiology: Regulatory, Integrative, and Comparative Physiology*. V. 289, n. 3, 2005, p. R839-44.

13. Boivin, D. B. et al. "Dose-response relationships for resetting of human cardian clock by light". *Nature*. V. 379, 1996, p. 540-42.

14. Khalsa, S. B. S. et al. "A phase response curve to single bright light pulses in human subjects". *Journal of Physiology*. V. 549, pt. 3, 2003, p. 945-52; Zeitzer, J. M. et al. "Sensitivity of the human circadian pacemaker to nocturnal light: melatonin phase resetting and suppression". *Journal of Physiology*. V. 526, n. 3, 2000, p. 695-702.

15. Gaste, J. A. "Melatonin production: proteasomal proteolysis in serotonin N-acetyltransferase regulation". *Science*. V. 279, 1998, p. 1358-60.

16. Dunlop, C.; Cortazar, J. In: *Los autonautas de la cosmopista o un viage atemporal.* 1983, citado em Foster, R.; Kreitzman, L. *Rhythms of life.* Londes: Profile Books, 2004, p. 201.

17. Yamazaki, S. et al. "Resetting central and peripheral circadian oscillators in transgenic rats". *Science.* V. 288, 2000, p. 682; comunicação pessoal com Menaker, M. Mar. 2005.

18. Cho, K. "Chronic 'jet lag' produces temporal lobe atrophy and spatial cognitive déficits". *Nature Neuroscience.* V. 4, n. 6, 2001, p. 567-68; Cho, K. et al. "Chronic jet lag produces cognitive déficits". *Journal of Neuroscience.* V. 20, 2000, p. RC66.

19. Bureau of Labor Statistics. "Workers on flexible and shift schedules in 2004 summary". Disponível em: www.bls.gov/news.release/flex.nro.htm, reimpresso em: 16 out. 2006.

20. Arendt, J. "Shift-work: adapting to life in a new millennium". Apresentação no encontro de 2002 da Society for Sleep Research and Biological Rhythms, Ilha de Amélia, Flórida; comunicação pessoal com Arendt, J. 21 mar. 2005.

21. Schernhammer, E. S. et al. "Rotating night shifts and risk of breast cancer in women participating in the Nurses' Health Study". *Journal of the National Cancer Institute.* V. 93, n. 20, 2001, p. 1563-68; Schernhammer, E. S. et al. "Night-shift work and risk of colorectal cancer in the Nurses' Health Study". *Journal of the National Cancer Institute.* V. 95, n. 11, 2003, p. 825-28.

22. Kubo, T. et al. "Prospective cohort study of the risk of prostate cancer among rotating-shift workers: findings from the Japan collaborative cohort study". *American Journal of Epidemiology.* V. 164, n. 6, 2006, p. 549-55.

23. Fu, L. et al. "The circadian gene *Period2* plays an important role in tumor suppression and DMA-damage response in vivo". *Cell.* V. 111, 2002, p. 41-50; Rosbash, M.; Takahashi, J. S. "The cancer connection". *Nature.* V. 420, 2002, p. 373-74.

24. Wood, P. A. et al. "Circadian clock BMAL-$_1$ nuclear translocation gates WEE$_1$ coordinating cell cycle progression, thymidylate synthase, and $_5$-fluorouracil therapeutic index". *Molecular Cancer Therapeutics.* V. 5, n. 8, 2006, p. 2023-33.

25. Blask, D. E. et al. "Melatonin-depleted blood from premenopausal women exposed to light at night stimulates growth of human breast cancer xenografts in nude rats". *Cancer Research.* V. 65, 2005, p. 11174-84.

26. *Report of the President's Commission on the Accident at Three Mile Island.* Washington: U. S. Government Printing Office, 1979. Disponível em: <www.pddoc.com/tmi2/kemeny/accident/htm>. Acesso em: 25/6/2008.

27. Anderson, M. AM. "Living in the shadow of Chernobyl". *Science.* V. 292, 2001, p. 420-21.

28. Czeisler, C. "Sleep: what happens when doctors do without it?". Medical Center Hour, University of Virginia, 1 mar. 2006; Markel ,H. "The accidental addict". *New England Journal of Medicine.* V. 352, 2005, p. 966-68.

29. Landrigan, C. et al. "Effect of reducing interns' work hours on serious medical errors in intensive care units". *New England Journal of Medicine.* V. 351, 2004, p. 1838-48.

30. Esta e as citações que se seguem são de Czeisler, C. Op. cit.

31. Ayas, N. et al. "Extended work duration and the risk of self-reported percutaneous injuries in interns". *Journal of the American Medical Association.* V. 296, p. 1055-62, 2006.

32. Wyatt, J. K. et al. "Circadian temperature and melatonin rhythms, sleep, and neurobehavioral function in humans livings on a 20-h day". *American Journal of Physiology.* V. 277, n. 4, parte 2, 1999, p. R1152-63.

33. Barger, L. K. et al. "Extended work shifts and the risk of motor vehicle crashes among interns". *New England Journal of Medicine.* V. 352, 2005, p. 125-34.

34. Comunicação pessoal. Landrigan, C. Out. 2006.

35. Landrigan, C. et al. "'Interns' compliance with accreditation council for graduate medical education workhour limits". *Journal of the American Medical Association.* V. 296, n. 9, 2006, p. 1063-70.

36. Walsh, J. K. "Modafinil improves alertness, vigilance, and executive function during simulated night shifts". *Sleep.* V. 27, n. 3, 2004, p. 434-39.

37. Czeisler, C. et al. "Modafinil for excessive sleepiness associated with shift-work sleep disorder". *New England Journal of Medicine.* V. 353, n. 5, 2005, p. 476-86.

38. Dement, W. C.; Vaughan, C. *Op. cit.* p. 107; Foster, R.; Kreitzman, L. Op. cit., p. 12; . Smolensky, M. Lamberg, L. *The body clock guide to better health.* Nova York: Holt, 2000, p. 133.

39. Citado em Foster, R.; Kreitzman, L. Op. cit., p. 12.

40. Takamoto, M. et al. "An optical lattice clock". *Nature.* V. 435, 2005, p. 321-24.

41. Carta para Gerald Brennan, 25 dez. 1922. In: Nicolson, N.; Trautmann, J. *The letters of Virginia Woolf.* Nova York: Harcourt, 1976. V. 2, p. 598.

42. Shearman, L. et al. "Interacting molecular loops in the mammalian circadian clock". *Science.* V. 288, 2000, p. 1013-19.

AGRADECIMENTOS

EU GOSTARIA DE AGRADECER a três cientistas que me ajudaram de várias maneiras e que dedicaram suas carreiras ao estudo do tempo no corpo: Mike Menaker, do Centro para o Estudo do Tempo Biológico da Universidade da Virgínia, que leu partes do manuscrito em vários estágios e ofereceu sugestões úteis; William Hrushesky, da Universidade da Carolina do Sul, cujo excelente artigo sobre o tempo na saúde e na doença publicado em 1994 em *The Sciences* introduziu-me no tema da cronobiologia, e que mais tarde me indicou algumas leituras no campo da cronoterapia; e Michael Smolensky, da Universidade do Texas, cujo livro, escrito em colaboração com Lynne Lamberg, *The Body Clock Guide to Better Health* [O Relógio do Corpo: Guia para uma Saúde Melhor] (Henry Holt, 2000), foi uma obra muito bem-vinda e importante sobre o papel do relógio biológico na saúde e na vida cotidiana.

Eu não posso agradecer o bastante a esses cientistas e aos muitos outros que me ajudaram a preparar este livro. Por sua generosa e gentil orientação, pelas sugestões de leituras complementares e pelas correções do meu manuscrito, sou especialmente grata a Josephine

Arendt, da Universidade de Surrey; Paul Breslin, do Centro Monell Chemical Senses; David E. Cummings, da Universidade de Washington; William C. Dement, da Escola de Medicina da Universidade de Stanford, autor, em parceria com Christopher Vaughan, do excepcional livro *The Promise of Sleep* [A Promessa do Sono] (Random House, 1999); A. Roger Ekirch, do Virgínia Tech, que não apenas ofereceu sugestões úteis e estímulo, mas também inspiração na forma de seu magistral trabalho sobre a noite, *At Day's Close: Night in Times Past* [No Final do Dia: a Noite em Tempos Passados] (Norton, 2005); Helen Fisher, da Universidade Rutgers; Jeffrey Gordon, da Universidade de Washington; Jay A. Gottfried, da Universidade do Noroeste; Carla Green, da Universidade da Virgínia; Jack Gwaltney, da Universidade da Virgínia, que esclareceu minhas muitas perguntas sobre o resfriado comum; H. Craig Heller, da Universidade de Stanford; Richard Ivry, da Universidade da Califórnia em Berkeley; Eric Kandel, da Universidade de Colúmbia; Christof Koch, do Instituto de Tecnologia da Califórnia; Art Kramer, da Universidade de Illinois; Christopher Landrigan, do grupo para o Estudo sobre Horários de Trabalho, Saúde e Segurança da Escola de Medicina de Harvard; Joseph LeDoux, da Universidade de Nova York; Daniel E. Lieberman, da Universidade de Harvard; Bruce McEwen, da Universidade Rockefeller, cujo livro *The End of Stress as We Know it* [O Fim do Estresse como Nós o Conhecemos] (Dana Press, 2002) foi uma excursão maravilhosa pelo assunto; Janet Metcalfe, da Universidade de Colúmbia; Thomas Reilly, da Universidade John Moores, Liverpool; Craig Roberts, da Universidade de Liverpool; Till Roenneberg, do Centro para o Estudo da Cronobiologia da Universidade Ludwig-Maximilians, em Munique; Mel Rosenberg, da Universidade de Tel Aviv; Timothy Salthouse, da Universidade da Virgínia; Sally e Bennett Shaywitz, da Escola de Medicina de Yale; Jerome Siegel, da Universidade da Califórnia em Los Angeles; Ullrich

Wagner, da Universidade de Lübeck; e Charles Wysocki, do Centro Monell Chemical Senses.

Também sou profundamente agradecida aos seguintes cientistas, que leram trechos do manuscrito e ofereceram comentários úteis: Paul Bach-y-Rita, da Universidade de Wisconsin; James Blumenthal, da Universidade Duke; Jan Born, da Universidade de Lübeck; Richard A. Bowen, da Faculdade do Estado do Colorado; Arthur Burnett, da Escola de Medicina Johns Hopkins; William Carlezon, da Universidade de Harvard; Mary Carskadon, da Universidade Brown; Priscilla Clarkson, da Universidade de Massachusetts; Richard Cytowic; Angelo Del Parigi, da Pfizer Global R & D; Scott Diamond, da Universidade da Pensilvânia; Brad Duchaine e Henrik Ehrsson, da Universidade de Londres; Jeffrey Flier, da Escola de Medicina de Harvard; Kevin Foster, da Universidade de Harvard; Lynn Hasher, da Universidade de Toronto; J. Owen Hendley, da Universidade da Virgínia; J. Allan Hobson, da Universidade de Harvard; Gert Holstege, da Universidade de Groningen; Jim Hudspeth, da Universidade Rockefeller; Laura Juliano, da Universidade Americana; Philip Kilner, da Faculdade Imperial de Londres; Kristen Knutson, da Universidade de Chicago; Barry Komisaruk, da Universidade Rutgers; Peretz Lavie, do Instituto de Tecnologia Technion de Israel; Peter Lucas, da Universidade George Washington; Sara Mednick, do Instituto Salk para Estudos Biológicos, David Meyer, da Universidade de Michigan; Michael Miller, do Centro Médico da Universidade de Maryland; Tore Nielsen, da Universidade de Montreal; Tim Noakes, da Universidade da Cidade do Cabo; Charles P. O'Brien, da Universidade da Pensilvânia; Håkan Olausson, do Hospital Universitário de Sahlgrenska; Steven Platek, da Universidade de Liverpool; George Preti, do Centro Monell Chemical Senses; Eric Ravussin, do Centro de Pesquisa Biomédica de Pennington; Naftali Raz, da Universidade do Estado de Wayne; Allan Rechtshaffen; Marianne

Regard, do Hospital Universitário de Zurique; Michael Sayette, da Universidade de Pittsburgh; Dee Silverthorn, da Universidade do Texas; Dana Small, da Escola de Medicina da Universidade de Yale; Esther Sternberg, dos Institutos Nacionais de Saúde; D. Michael Stoddart, da Universidade da Tasmânia; Henning Wackerhage, da Universidade de Aberdeen; Peter Weyand, da Universidade Rice; Carol Worthman, da Universidade de Emory; e Shawn Youngstedt, da Escola de Saúde Pública Arnold da Universidade da Carolina do Sul.

Erros ainda podem estar escondidos nestas páginas, mas graças a todos esses pesquisadores que cito nos parágrafos acima não há muitos mais.

No decorrer dos quatro anos que levei para escrever este livro, tive a grande satisfação de receber uma bolsa de pesquisa em não-ficção do Fundo Nacional para as Artes, dos Estados Unidos. Eu não poderia ter terminado o livro sem esse apoio. Meus agradecimentos vão para o falecido Cliff Becker, pelo seu interesse em meu projeto e, especialmente, por sua defesa apaixonada da literatura.

Por muitos tipos diferentes de ajuda, meu profundo muito obrigada à minha querida amiga e colaboradora Miriam Nelson, que me ofereceu os conhecimentos, o apoio e o entusiasmo que ela dedica a seu grande círculo de amigos. Também desejo manifestar minha gratidão a Francesca Conte, Harri Wasch e Heather Sellers, que compartilharam comigo as histórias de suas vidas, e ao meu amigo Dan O' Neill, que leu os primeiros rascunhos do manuscrito e fez muitas sugestões inteligentes e úteis. Obrigada também aos meus caros editores da revista *Yale Alumni Magazine*, Kathrin Lassila e Bruce Fellman, e da revista *National Geographic*: Lynn Addison, Oliver Payne, Jennifer Reek e Caroline White.

Sou grata a Laurence Cooper, por seu cuidadoso trabalho de edição do manuscrito, a Will Vincent, por seu competente e jovial apoio no processo de publicação, e a Martha Kennedy, por sua sugestão inspirada para o título do livro e pela programação visual da sobrecapa original. Meus agradecimentos especiais também a Janet Silver por sua paciência e seu generoso apoio, e a Melanie Jackson, sempre uma fonte de sabedoria e bom senso. A Amanda Cook direi apenas o seguinte: você é a editora com quem todo escritor sonha – inteligente, talentosa, articulada e, ainda por cima, divertida. Eu não posso agradecer-lhe o bastante por sua ajuda na formatação, no desenvolvimento e no aperfeiçoamento deste livro.

Finalmente, minha mais profunda gratidão vai para minhas queridas meninas, Zoë e Nell, e para meu marido, Karl, por seu amor e por sua disposição de enfrentar, com uma coragem e fortaleza tão características dele, o mundo exterior enquanto eu estava completamente absorvida em um universo interior.